HET EEUWIGE GEZEIK

Giphart & Kluun

Het Eeuwige Gezeik

Voetbal Inside © 2017 RTL Nederland bv
© Ronald Giphart & Kluun
© Omslagfoto: Paul Tolenaar
Omslagontwerp: The Stone Twins
Typografie: Crius Group, Hulshout
Tekstbewerking: Joke Jonkhoff

ISBN 978 90 488 3617 8
ISBN 978 90 488 3618 5 (e-book)
NUR 489

www.voetbalinside.nl

www.overamstel.com

OVERAMSTEL
uitgevers

Voetbal Inside is een imprint van Overamstel uitgevers bv

Alle rechten voorbehouden. Niets uit deze uitgave mag worden verveelvoudigd en/of openbaar gemaakt door middel van druk, fotokopie, microfilm of op welke wijze ook, zonder voorafgaande schriftelijke toestemming van de uitgever.

Inhoud

Voorwoord	7
1889-1974 | De Druiper	11
1974 | 25 minuten Wereldkampioen	31
1976 | Van Totaal naar Afbraak	67
1978 | De Paal	75
1978 tot 1988 | De Wijnstekers-Jaren	101
1988 | Das Land des Europameisters	113
1990 | De Fluim	141
1992 | Penaltydrama deel I	149
1994 | Advocaatje USA'tje	157
1996 | De Kabel	175
1998 | Penaltydrama deel II	183
2000 | Penaltydrama deel III	193
2002 | De neus van Van Gaal	203
2004 | De Wissel	211
2006 | De Slag bij Nürnberg	227
2008 | De Vriendenploeg	233

2010 | Treitertoeters en Teringbeesies 243
2014 | Vijf drie twee 259
~~2016/2018/2020~~/2022 | Het Masterplan 275

Oranje op eindtoernooien 293
Bronvermelding en geraadpleegde literatuur 301

Voorwoord

In de zomer van 1988 won Nederland haar eerste en enige internationale prijs ooit. Het land werd ondergedompeld in een bad van superioriteit: eindelijk waren we de besten.

Van Europa dan.

De beste van de wereld zijn we nooit geworden. Dat is een hele prestatie voor een land dat spelers voortbracht als Beb Bakhuys, Abe Lenstra, Faas Wilkes, Kees Rijvers, Johan Cruijff, Willem van Hanegem, Frank Rijkaard, Ronald Koeman, Marco van Basten, Ruud Gullit, Dennis Bergkamp, Clarence Seedorf, Patrick Kluivert, Edgar Davids, Edwin van der Sar, Ruud van Nistelrooij, Robin Van Persie, Arjen Robben en trainers als Rinus Michels, Louis van Gaal, Johan Cruijff en Guus Hiddink.

1974. 1978. 1998. 2010. 2014. In meer dan de helft van alle WK's waaraan Nederland deelnam, haalden we de halve finale. We speelden drie WK finales en twee halve finales.

En toch werden we het nooit. Telkens als er iets goed dreigde te gaan, ging het fout met Oranje.

Commentator Herman Kuiphof sprak bij de 2-1 van Gerd Müller in de finale van het WK 1974, het beste toernooi dat we ooit speelden: 'Zijn we er toch ingetuind!'

Kuiphof had gelijk, maar niet zoals hij het bedoelde.

We verloren niet van de Duitsers.

We verloren van onszelf.

Dát is het verhaal van Nederland.

Altijd - we herhalen: altijd - gebeurt er iets waardoor Nederland zichzelf onderuit haalt. Commentaroren van buitenlandse kranten en tv-zenders vragen zich met open mond af hoe wij het toch voor elkaar krijgen om onszelf uit het toernooi te kegelen. Conflicten met sponsors. Conflicten over geld. Conflicten tussen spelers. Conflicten tussen spelers en trainer. Conflicten tussen spelers en bond. Conflicten tussen spelers en pers. Penaltydrama's. Geslachtsziektes. Vuurwerkbommen. Kaartinicidenten. Kaartenregens. En, de rode draad in Het Eeuwige Gezeik: Johan Cruijff.

Aan de hand van negentien EK's en WK's, een gemist toernooi onder Louis van Gaal tussendoor én de Wijnstekers-jaren, gaan we verklaren waarom Nederland, ondanks haar surplus aan talent, nooit wereldkampioen is geworden.

We hebben ook goed nieuws. Op de achterflap schreven we het al: dit is een feelgood boek in barre voetbaltijden.

Het komt namelijk goed. Meer dan goed: in 2022 worden we dan eindelijk, dankzij een briljant plan van de KNVB, wereldkampioen.

Jawel, u leest het goed: over vijf jaar zijn we wereldkampioen.

Maar tot die tijd wordt het een en al ellende. We wensen u veel moed toe met dit boek. Nee, nu niet meteen naar de laatste bladzijde gaan om het zoet te proeven. Eerst het zuur.

We beginnen bij het begin, bij de geslachtsziekte die ons de wereldtitel van 1934 kostte.

Sterkte en veel plezier met Het Eeuwige Gezeik.

Ronald Giphart						Kluun

1889-1974

De Druiper

De KNVB werd opgericht in 1889. Dat is hartstikke mooi, maar de eerste vijfenveertig jaar van het Nederlands voetbalelftal kunnen we afdoen met twee woorden: meteen vergeten.

Pas begin jaren dertig komt er schot in. Nederland wint wel eens een wedstrijd en het WK in 1934 in Italië komt in zicht. Wat we in 1934 nog niet wisten, is dat er een vloek op Italië rust voor Oranje. We noemen alvast de tenenkrommende trip van het Oranje van 1990 (het fluim-WK) en het abominabele EK van 1980. Van dat laatste EK weten we ons amper nog wat te herinneren, maar we rakelen deze afgang met plezier voor u op. De Italiaanse ellende begon al in 1934: 27 mei 1934 werd de eerste zwarte dag in de geschiedenis van Oranje. Er zouden er vele volgen.

Om zich voor het WK 1934 in Italië te plaatsen, moest Nederland eerst haar kwalificatiepoule winnen. Bij het Europees kampioenschap 2016 in Frankrijk waren er zesendertig wedstrijden nodig om acht landen naar huis te sturen. Dat was vroeger anders. De kwalificatiepoules bestonden uit drie landen, waarbij ieder land één uit- en één thuiswedstrijd speelde. Wedstrijden die er niet meer toe deden, omdat de nr. 1 positie in de poule al was beslecht, werden gecanceld. Scheelde een hoop gereis.

Nederland lootte een poule met een thuiswedstrijd tegen de Iersche Vrijstaat en een uitmatch tegen de Belgen. Dat was niet bepaald appeltje eitje, want in de jaren daarvoor verloor Nederland zowat alles wat er viel te verliezen. Slechts drie van de eenentwintig wedstrijden werden gewonnen. De status van het Oranje van toen valt met die van het Oranje van tegenwoordig te vergelijken.

In 1928, enkele jaren daarvoor, was Karel Lotsy in vaste dienst bij Oranje gekomen als voorzitter van de keuzecommissie die bepaalde welke elf spelers werden opgesteld voor een interland. Lotsy stond bekend om zijn psychologisch inzicht en zijn vermogen spelers te motiveren middels donderspeeches, waarover *De Telegraaf* in 1934 schreef: 'Als de heer Lotsy spreekt, pakt elk woord, is die vaak als een kogel van Bakhuys of Vente' en 'Even is het stil, dan davert het applaus als een orkaan door de eensklaps stil geworden ruimte.' Die ruimte was de Wondertent, het verblijf van de Oranjespelers in die tijd. Lotsy was de man van de poëtische vondsten. Tot voor kort dachten wij dat niemand in de vaderlandse voetbalgeschiedenis kon tippen aan het gedicht *Kein Keloel / Fussballe* van de grote dichter Ernst Happel. We hadden buiten Karel Lotsy gerekend. Lotsy was zijn tijd ver vooruit met een vorm van abstracte poëzie die zijn weerga niet kent. Lotsy spoorde zijn spelers aan met yells waarvan geen levend wezen zich de herkomst kan voorstellen:

*Heja, heja
litsjumeaux
kwatta, kwatta!*

Even terug.

Voor 1930 maakten de spelers van Oranje pas kennis met elkaar in de kleedkamer voorafgaand aan een interland. Zo werkt het natuurlijk niet, dacht Lotsy, en hij voerde het gezamenlijke trainingskamp in. De eerste wedstrijd onder Lotsy in de kwalificatieronde bleek een eitje. We wonnen met 5-2 van de Ierse Vrijers, met doelpunten van Kick Smit, twee maal Beb Bakhuys, Leen Vente (in Rotterdam heette destijds iedereen Leen of Cor) wederom Kick Smit (weinigen weten dat de benaming 'kicksen' afkomstig is van Kick Smit, en misschien is het ook maar goed dat niet veel mensen hiervan op de hoogte zijn, want helemaal zeker weten we het niet). De tegendoelpunten kwamen van Johnny Squires en Paddy Moore.

Op zondag 29 april 1934 moesten we naar het Bosuilstadion in Antwerpen voor de wedstrijd tegen de Belgen, onder wie bekende namen als André Vandeweyer op doel, Louis Versyp op 7, Bernard Voorhoof als hangende midvoor en de illustere Jean Capelle van Standard Luik als rechtsbinnen. Niet de minsten. Deze namen komen terug bij de overhoring.

Nederland was favoriet. Een maand ervoor hadden we nog

vriendschappelijk tegen België gespeeld in het Olympisch Stadion in Amsterdam. (32.000 bezoekers, toegang 83 cent plus 17 cent belasting, 5.440 gulden die zo naar de staatskas vloeide. Ketsjing!)

Dit was de tijd waarin de kiem werd gelegd voor de haat die de Belgen voelen als het gaat om die arrogante Ollanders, die er maar lustig op los scoren, alsof het allemaal niets kost. In Amsterdam werd het 9-3. Vijf keer Vente, nog altijd een record. Wie deed ons wat, zou je zeggen.

En inderdaad, ook de kwalificatiewedstrijd in het Bosuilstadion wonnen we met 2-4. Twee vingers in de neus. Doelpuntenmakers uiteraard weer Beb Bakhuys (2), Leen Vente en Kick Smit. Dit is de wedstrijd waarin Beb Bakhuys zijn befaamde Beb Bakhuysdoelpunt scoorde: een snoekduik gevolgd door een kopbal die het net der vijand deed bollen, later door onder anderen Theo de Jong herhaald in de wedstrijd tegen Bulgarije op het WK van 1974 (4-1). Ook Pierre van Hooijdonk deed regelmatig een Beb Bakhuysje na het maken van een doelpunt, in de tijd dat hij nog voetbalde in plaats van onzin uitkraamde als analist. Arjen Robben is een andere bekende specialist in de Beb Bakhuysduik, hetgeen hem soms een penalty, maar vaker een gele kaart opleverde.

Vraag ons niet waarom, maar zowel de Belgen als de Nederlanders mochten naar het WK in Italië. Hadden we feitelijk voor de kat z'n kut gewonnen. De Ieren mochten thuis voor de tv de wedstrijden volgen, die helaas voor hen nog niet was uitgevonden. De overlevering wil dat pas eind jaren dertig de uitslagen van het WK bekend werden in Iersche Vrijstaat.

We gingen naar Rome, ofwel, zoals Willy Derby zong in dit wonderschone lied:

We gaan naar Rome, we gaan naar Rome

't Vijandelijke net dat trilt
Dat gaat zoo keer op keer

Als Holland dat niet wint
Eet ik geen macaroni meer

Die laatste zinnen alleen al. Neemt u die nog eens rustig tot u. Willy Derby is de naam. Dan heb je als land geen Bob Dylan nodig.

Nederland werd voetbalgek in de zomer van 1934. We waren het enige land in Europa dat de uitzendrechten kocht voor radioverslagen van het WK, met Han Hollander als onze nationale spreekbuis vanuit het stadion in den verre. Negenduizend Nederlanders waagden, net als Hannibal ooit (maar dan in tegengestelde richting) de overtocht per trein, auto, bus en zelfs fiets over de Alpen.

Er zat een klein minpunt in de tekst van het lied van Willy Derby.

We gingen helemaal niet naar Rome.

Verre van zelfs. We kwamen tot in Milaan, 560 km en nog

een week verwijderd van Roma. De uitdrukking 'Rome is nog ver' stamt uit deze tijd.

Daar hoort een verhaal bij en dat verhaal heeft zijn oorsprong in die gewonnen kwalificatiewedstrijd tegen de Belgen in het voorjaar van 1934.

Op die avond gebeurde iets.

De auteurs dezes weten niet hoe het met u zit, maar als wij iets gewonnen hebben – een voetbalwedstrijd, een prijs in de krasloterij, al is het een literaire prijs – moet dat worden gevierd. Zo dacht ook Oranje na de beslissende kwalificatiewedstrijd in Antwerpen. Men ging op stap.

En hoe vergaat het je als groep uitgelaten, viriele jongemannen dan na een paar borrels, op zo'n avond in den verre: je krijgt zin. Op naar de havenwijk in Antwerpen, waar zich niet geheel toevallig ook een aantal smoezelige bordelen bevond. Een van de Oranje-spelers, een gezonde Hollandse knaap met bijbehorende portie appetijt, betrad het etablissement, dong met Hollandse koopmansgeest nog honderdtwintig franc af van de prijs en liet zich in de zes minuten daarna een lekker potje pijpen. Dat bleef helaas die avond een keer niet zonder gevolgen. Niet dat, net als in 1974, de spelersvrouwen erachter kwamen, nee, er ging iets anders mis.

Iedere man weet dat bordeelbezoek in havenwijken niet van gevaren is ontbloot. Er loopt schorriemorrie rond en het tocht er, je loopt er zo een verkoudheid op. Een van de spelers, de overlevering vertelt niet welke, kreeg op de terugweg naar

Nederland, ongeveer bij Brasschaat, last van een niet te harden jeuk, die bij Breda langzaam overging in een branderig gevoel en tegen de tijd dat de spelersbus de grote rivieren overstak was uitgegroeid tot een pijn waarbij de gemiddelde man desnoods een gekarteld broodmes zou gebruiken om de opgedane ellende uit zijn lichaam te snijden.

Het verhaal lekte uit, media spraken er schande van, en terecht, als u het ons vraagt. Hoerenbezoek, terwijl je vrouw thuis met de koters zit, dat geeft geen pas.

In tegenstelling tot de ploeggenoten en de krantenlezers, kon Karel Lotsy niet lachen om de genitale wratten van de ongelukkige speler, zo vlak voor het WK in Italië. Lotsy, geboren in het Amerikaanse Baltimore en via Malabar (Nederlands-Indië), Parijs, Svalöf (dat ligt in Zweden, maar niemand weet precies waar) en Leiden in Koog aan de Zaan terechtgekomen en overleden, was een man van de wereld. Lotsy wist donders goed wat de behoeftes van jonge, potente knapen waren. Hij was zelf, zij het lang geleden, ook jong geweest en de excursie van het team naar de Antwerpse havenwijk had een zekere voorspellende waarde in zich, dacht Lotsy. Als dit al gebeurde na één lullige overwinning op de Belgen, wat moest dat dan wel niet worden als achttien heren drie weken lang (daar ging men althans van uit) lang bij elkander moesten doorbrengen, zonder vrouwen. In katholieke internaten kwam je gemakkelijker aan je gerief. Drie weken onthouding, dat kan je niet vragen van gezonde mannen.

Het was tijd voor een list. Tegenwoordig zijn wij, mannen, allemaal op de hoogte van de werking van medicijnen als Viagra, maar wat weinigen weten is dat er ook middelen op de markt zijn die een lustverlagend effect hebben.

Karel Lotsy wist dit wel. Of liever: doelman/kinderarts/ teamarts Gejus van der Meulen wist van het bestaan van een dergelijk drankje. Van der Meulen, met honderd tegendoelpunten nog altijd de meest gepasseerde doelman aller tijden in Oranje, was naast zijn keeperstalent graag bereid zijn medische expertise aan het team ter beschikking te stellen, op voorwaarde dat mevrouw Van der Meulen voor drie weken mee mocht naar Italië en zelf het drankje niet zou hoeven innemen. Lotsy ging akkoord. Het deel van de selectie dat zelf getrouwd was (iedereen) en dat net voor weken afscheid had genomen van hun vrouw, nam dit coach Lotsy en dr. Van der Meulen niet in dank af, maar inspraak, daar had Karel Lotsy een broertje dood aan.

Voor de eerste wedstrijd, tegen de zwakker geachte Zwitsers, nam de selectie haar intrek in het statige hotel Regina Olga, met uitzicht op het Comomeer, één van de mooiste wateren van Europa, tenminste, als je tachtig bent en slecht ter been. Voor een selectie voetballers van in de twintig is het Comomeer saaier dan het lezen van de verplichte literatuurlijst van een middelbare school.

Lotsy liet de selectie in het trainingskamp Cernobio aan haar lot over. Hij reisde met de trein van Como naar Rome, om daar drie dagen lang deel te nemen aan allerlei bondsvergaderingen met bijbehorende Blatteriaanse bobo-bacchanalen in plaats van gewoon te zijn op de plek waar hij hoorde te zijn: bij zijn mannen. Lotsy kwam echter pas een dag voor de wedstrijd tegen de Zwitsers terug in het trainingskamp en trof aan het Comomeer een lusteloze, lamlendige selectie aan. Dat had deels met Como te maken, maar meer met dokter/doelman Van der Meulen en mevrouw Van der Meulen, die als een Yolanthe Kabouter met de Bergen overal in het hotel was waar haar man was. Als enige vrouw. De spelersselectie werd het zo beu dat men eiste, in het bijzijn van 'Moe' van de Meulen, dat haar man solidair was en ook een dagelijkse dosis van het goedje kreeg toegediend.

Het drankje miste zijn uitwerking niet. Reservedoelman Leo Halle zei veel later tegenover verslaggever Nico Scheepmaker: 'Het werd zo'n klein knopje, ik kon 'm niet eens meer uit m'n gulp krijgen als ik naar de wc moest!'

In de openingswedstrijd tegen de Zwitsers stond er op 27 mei 1934 een Nederlands Elftal op het veld dat weliswaar geen enkele geslachtsziekte meer onder de leden had, maar niet vooruit was te branden. Verdedigers als Sjef van Run (PSV) en Henk Pellikaan (LONGA) werden aan alle kanten voorbijgelopen door de Zwitsers en ons binnentrio Vente-Smit-Bakhuys stond rond de middencirkel te geeuwen als gecastreerde stieren op een warme zomerdag in een weiland. Al na zeven minuten scoorde de Zwitsers: de brildragende Kielholz, na een magnifiek ééntweetje tussen Bossi en Von Känel.

Het werd uiteindelijk 3-2 voor de Zwitsers.

Men zat er niet echt mee dat we al na negentig minuten naar huis gingen, getuige de wedstrijdanalyse van de meegereisde ingenieur Ad van Emmenes: 'Het resultaat mag dan tegenvallen, we moeten vooral niet te lang treuren.' (Een opmerking die, zo wil de overlevering, ingenieur Van Emmenes zes jaar later heeft herhaald toen de Duitsers de Grebbeberg nog makkelijker veroverden dan de Zwitsers de tweede ronde op het desastreuze WK in Italië.)

Enfin. Gebeurd is gebeurd. Niet meer over zeveren, ruim tachtig jaar na dato. Door. Zegt de naam Bob Glendenning u iets? Waarschijnlijk niet, want die hebben we tot nu toe niet genoemd, dus waarom zou het zo zijn. Toch is Bob Glendenning, een kroegbaas afkomstig uit een geslacht van vermaard whiskydrinkers, niet onbelangrijk. Of eigenlijk wel, maar we willen graag compleet zijn in dit historisch overzicht. Glendenning was al sinds 1928 verbonden aan het Nederlands Elftal. Als bondscoach. Jawel, gek genoeg was niet Karel Lotsy, maar Bob Glendenning de officiële bondscoach van Oranje in de jaren dertig. Een soort Zwartkruis/Happelconstructie (1978) avant la lettre. Laat de KNVB maar schuiven. Even de cv van Glendenning. Na een loopbaan als kroegbaas (het voert te ver om in dit kader alle etablissementen op te noemen waar hij als kastelein heeft gediend) werd hij trainer van HFC, vervolgens van het Dordtse DFC, en daarna, vanaf 1928, de allereerste fulltime bondscoach van Oranje, een functie die tot dan toe door zzp'ers werd bekleed. Waarschijnlijk waren we met de drankenkast van de kastelein/bondscoach in 1934 verder gekomen dan met het lustverlagende drankje van dokter/doelman Gejus van der Meulen.

Over het WK van 1938, vier jaar later, kunnen we kort zijn. Het is een WK dat niemand zich meer herinnert – en terecht. Weer plaatsten we ons ten koste van de Belgen en weer verloor Oranje zijn eerste wedstrijd, maar daar gaan we deze keer niet over mekkeren, want de tegenstander was wereldkampioen Tsjecho-Slowakije. Nederland speelde zonder Beb Bakhuys, want die was prof geworden (bij FC Metz) en dat was vies, zo oordeelde de KNVB.

De laatste wedstrijd die Glendenning als bondscoach diende, was in 1940 tegen de Belgen (4-2-overwinning, tweede interland van Abe). Drie weken later zou men spelen tegen Luxemburg, een wedstrijd die vanwege politieke strubbelingen met de Duitsers geen doorgang vond. Glendenning ging terug naar Engeland, overleed hetzelfde jaar aan de gevolgen van een (naar we aannemen mislukte) operatie en werd begraven in Bolton in het graafschap Lancashire. Toen de KNVB er jaren later achter kwam dat het graf van onze gewaardeerde bondscoach er verwaarloosd bij lag, heeft men een nieuwe grafsteen laten bezorgen. Dat mag ook wel eens gezegd.

Van 1938 tot 1974 plaatste Nederland zich voor geen enkele WK-eindronde. Toch staan we even stil bij deze periode en wel om het Gouden Binnentrio: Abe Lenstra, Faas Wilkes en Kees Rijvers. Voor de jonge lezertjes: ieder land speelde in die tijd een bijkans diapositieve variant op het 5-3-2-systeem van Louis van Gaal op het WK van 2014: 2-3-5, met vijf aanvallers. Een linksbuiten, een linksbinnen, een midvoor, een rechtsbinnen en een rechtsbuiten. Over Aanvalluuuuuh gesproken. Abe had al twee wedstrijden gespeeld voor het uitbreken van de Tweede Wereldoorlog, Faas debuteerde in 1946, waarmee het trio voor het eerst als trio optrad. Er dreigden gouden tijden aan te breken.

Maar dit boek heet niet voor niets *Het Eeuwige Gezeik*: heb je eindelijk een goeie ploeg, gooien (het zal eens niet zo zijn) de Duitsers roet in het eten door een oorlog te beginnen. Dag Gouden Binnentrio. In 1942 en 1946 werd er geen WK gehouden en de investering om een hele selectie naar het toernooi van 1950 in Brazilië af te laten reizen, kwam te vroeg voor een land in wederopbouw.

Maar er is ook altijd wat: kwamen de Duitsers niet vanuit het oosten ons land binnenvallen, dan wel het water vanuit het westen. Door de Watersnoodramp van 1953 nam Oranje in 1954 niet deel aan het WK in Zwitserland. In twaalf jaar tijd speelde Oranje maar tien wedstrijden met Wilkes-Rijvers-Lenstra. Met z'n drieën scoorden ze in die tien wedstrijden in totaal 23 keer. Aardig moyenne. Nederland verloor in twaalf jaar slechts éénmaal, op de Olympische Spelen in Londen in 1948. Londen ligt dichterbij dan Rio de Janeiro, dat weet een kind, dus daar zond de KNVB onze nationale ploeg wel met een gerust gemoed naar toe. We verloren prompt, van gastland Groot-Brittannië, en dat gunden we ze ook wel, minder dan een decennium na de bevrijding.

Toen we eindelijk van de malheur van de Tweede Wereldoorlog en de Watersnoodramp waren hersteld, bedacht de KNVB wel weer wat anders om niet succesvol te worden: Rijvers en Wilkes kozen voor een buitenlandse betaalde carrière bij respectievelijk AS Saint-Étienne en Inter Milan en met voetbal was het in die tijd als met literatuur nu: als je daar je geld mee verdient, ben je verdacht. Exit Rijvers en Wilkes.

We maken een sprongetje naar 1956. We speelden tegen Duitsland en dan weet je het wel. De Duitsers beleefden zoals bekend hun gloriejaren van 1940-1944, maar na 1945 viel de Duitse ploeg in rap tempo uiteen. De leegloop bij Ajax na het winnen van de Champions League in 1995 was er niets bij. Bij klasbakken als Eichmann, Goebbels, Rommel, Himmler en de meedogenloze linksback Arthur Seyss-Inquart, die ook nog enkele jaren hier in Nederland op huurbasis speelde, hadden hun carrière inmiddels beëindigd. De generatie die daarna opstond in Duitsland sprak minder tot de verbeelding. Weinigen herinneren zich nog spelers als Fritz Herkenrath, Ausputzer Horst Eckel (die later ook een bijrol speelde in het derde seizoen van de Duitse Krimi *Tatort*), Joseph Röhrig en de trage linksbuiten Robert Schlienz, maar vergis je niet: het waren stuk voor stuk spelers met ruime internationale ervaring, opgedaan in wedstrijden in Dresden, Leningrad en Noord-Afrika.

Bij laatstgenoemde Robert Schlienz ontbrak de linker-onderarm. Dat is nog eens wat anders dan het manchet van René van de Kerkhof in 1978. In de Nederlandse pers werd in de weken voor de wedstrijd tegen de Duitsers druk gespeculeerd over de oorzaak van het missen van dit ledemaat, met flauwe aantijgingen en smakeloze grappen als 'dat krijg je ervan als je jarenlang met je linkerarm staat te zwaaien naar de Führer', maar zoekt u het gerust na: het was gewoon een auto-ongeluk. Schlienz werd geschept door een vrachtwagen die onderweg was naar het jaarlijkse circusfestival in Solingen, met een olifant als lading. Dat laatste is onzin, maar gunt u de schrijvers van dit boek ook hun pleziertjes.

Hoewel die Mannschaft van de jaren vijftig bij het grote publiek nooit zo bekend is geworden als de Duitse wonderploeg van begin jaren veertig, lukte het ze in 1954 wel wat ze tien jaar ervoor niet was gelukt: de beste van de wereld worden.

En toen kwam Oranje. In 1940 werden we op de Wageningse Berg nog overlopen door de Duitse ploeg, die vooral in de lucht heer en meester was en in 1945 hadden we de hulp van Britse en Amerikaanse aanvallers nog nodig om op het nippertje een nederlaag af te wenden, maar in 1956 was het Abe Lenstra die zowat in zijn eentje de Duitsers mores leerde. Onder leiding van de (we verzinnen het niet) Duitse bondscoach Max Merkel (geen familie van) werd het in het Rheinstadion in Düsseldorf 1-2 voor een ontketend Nederland.

Lenstra tekende voor beide Nederlandse doelpunten. Zelfs het tegendoelpunt werd de Duitsers niet zelf gegund: die jaste de Nederlandse stopperspil Cor van der Hart onhoudbaar achter de doelman. Na de Tweede Wereldoorlog was het de tweede grote overwinning in successie op Den Duitscher. Jammer dat het deze keer vriendschappelijk was.

Er is een gezegde dat als een vlinder in het Amazonegebied van Brazilië met zijn vleugels wappert, hij een orkaan boven Japan kan veroorzaken. We noemen dit de chaostheorie. Een ander voorbeeld van deze theorie stamt uit de middeleeuwen: als de spijker niet uit het hoefijzer had gestoken, was het paard het hoefijzer niet kwijtgeraakt, was het paard niet gestruikeld, was de ridder niet van het paard gevallen, was de slag niet verloren, was het land niet verslagen. Wij noemen het een *alsdannetje*.

Tijd voor een voetbal-alsdannetje.

Laten we eens teruggaan naar die noodlottige avond waarop speler X (zou het Beb Bakhuys zelf zijn geweest?) in de rosse buurt van de Antwerpse haven belandde en die vuile hoer hem niet een geslachtsziekte had bezorgd. Dan had Beb Bakhuys (laten we het maar op hem houden, het is feitelijk gezien de meeste logische speler die dit kon overkomen; wij zouden het ook wel weten als we net met een vliegende kopbal hadden gescoord) niet dat virus van nog geen 0,01 nanomillimeter – zo klein zijn de verschillen tussen goot en glorie in de topsport! – opgelopen, dan had Karel Lotsy het niet op zijn heupen gekregen en had bondsarts Van der Meulen de voltallige selectie van het Nederlands Elftal in de weken voorafgaand aan het eindtoernooi niet gedwongen dat sinistere lustverlagende drankje te drinken en waren we ongetwijfeld wereldka... Nu ja, oordeelt u zelf.

We beginnen met een zekerheidje. De spelers zouden opgepept en vol levenslust het veld zijn opgegaan op die noodlottige 27e mei 1934. Zwitserland was een matige ploeg met bovendien de nodige interne strubbelingen (neemt u dit van ons aan; we hebben voor dit boek meer naslagwerken geraadpleegd dan Loe de Jong voor zijn standaardwerk *Het Koninkrijk der Nederlanden in de Tweede Wereldoorlog*). We durven hier te stellen dat we de Zwitsers van de mat hadden geveegd.

En als we die eerste alp eenmaal hadden genomen, dan had de weg naar Rome voor ons open gelegen, exact zoals Willy Derby had voorspeld in zijn lied. Om de zwakte van het deelnemersveld te duiden: wereldkampioen Uruguay kwam niet opdagen, omdat die boos was dat de Europese landen niet waren gekomen naar het WK van 1930 in Uruguay. De Engelsen deden niet mee omdat ze geen zin hadden zich voor het karretje van Il Duce te laten spannen. Het valt niet uit te sluiten dat we in dit deelnemersveld zo door hadden kunnen wandelen naar de finale tegen thuisland Italië. Dat hadden we kunnen winnen, waarom niet. De bal is rond en we waren er nu toch. Of we Rome levend hadden verlaten, met Il Duce Benito Mussolini op het ereterras, valt te betwijfelen. Net zoals Oranje Buenos Aires nooit levend had verlaten als Robbie Rensenbrink die bal in de finale in 1978 voor de ogen van generaal Videla niet op de paal, maar erin had geschoten. Maar we waren wel wereldkampioen geworden.

Stelt u zich eens voor: Nederland wereldkampioen 1934. Dat is wel even wat anders dan de geschiedenis in te gaan als de ploeg die in de eerste wedstrijd werd uitgeschakeld door een stel Alpenweidevoetballers.

We zullen niet zo ver gaan om te stellen dat dat stomme drankje van Dr. Van der Meulen Hitler er enkele jaren later van had weerhouden Nederland aan te vallen, maar dat de Führer wel link had uitgekeken om Rotterdam te bombarderen. *'Nein! Nicht Rotterdam, do lebt Beb Bakhaus, der Flugkopfball-torschütze der Holländer, der Angstgegner meiner Freund Benito! Lassen wir Bern bombardieren, das ist einfacher!'* (En al zou Hitler toch de euvele moed hebben gehad ons de oorlog te verklaren: je zal als Duitse bommenwerper in een Heinkel HE111 richting Rotterdam vliegen en onderweg een spandoek *'Jetzt fliegen sie in das Land des Weltmeisters'* zien hangen. Denkt u dat hij had doorgevlogen? Nou? Dat bedoelen we.)

Ja, als onze jongens van stavast dat klotedrankje niet hadden gedronken, had de oorlog een stuk korter geduurd. We hadden geen geldgebrek gehad en al begin jaren vijftig een betaald voetbalcompetitie gehad in Nederland. Faas Wilkes en Kees Rijvers waren gewoon in Nederland gebleven, waar genoeg te verdienen was geweest. Ons Gouden Binnentrio had niet twaalf, maar tientallen interlands samen gespeeld.

En wat dacht u van Beb Bakhuys, Leen Vente, Jan van Roessel, Piet van der Kuil, Piet Romeijn, Kick Smit, Cor van der Hart, Hans Kraaij. Zomaar wat namen van Nederlandse vedetten waarmee we in de eerste vijfentachtig jaar van de Nederlandse voetbalgeschiedenis, tot aan 1973 toe, geen prijs hebben gewonnen. Niks. Nul komma nul. We hebben decennia lang geen deuk in een pakje boter geschoten, op die ene lullige vriendschappelijke wedstrijd tegen Duitsland in 1956 na, toen Abe het op de heupen kreeg. Vijfentachtig jaar hebben we drooggestaan. Dat is langer dan de Tachtigjarige Oorlog tegen de Spanjaard. Schan-da-lig. Als Lotsy en Dr. Van der Meulen dat verdoemde drankje niet hadden geschonken, was er in 1942 en 1946 ook gewoon een wereldkampioenschap geweest. Is het dan heel vreemd om te veronderstellen dat ten minste één van die WK's (en dan zijn we nog conservatief) tussen 1934 en 1954 voor óns was geweest?

En waarschijnlijk ook Songfestivals, maar daar willen we vanaf wezen, want daar hebben we geen verstand van.

Nog één ding. Het een heeft niets met het ander te maken, maar Dr. Van der Meulen, de doelman en ploegarts die onze jongens dat desastreuze lustverlagende drankje gaf, weigerde later in de oorlog niet alleen Joodse patiënten te ontvangen, nee, hij nam aan het Oostfront dienst als arts van de SS. In 1947 werd hij veroordeeld tot enkele jaren gevangenisstraf. Ook Karel Lotsy lijkt in de jaren veertig, laten we het voorzichtig zeggen, niet van onbesproken gedrag te zijn geweest. Een collaborateur was hij niet, weten we intussen, maar, zoals zijn achterneef Dirk Lotsy zei: 'Hij was veel te meegaand jegens de Duitse bezetter.'

Reservedoelman Leo Halle, de man die zijn eigen pielemuis amper nog kon vinden bij het plassen, door bondscoach Lotsy gepasseerd in de eerste en enige wedstrijd op het WK ten faveure van zijn SS-maatje eerste keus Van der Meulen, ging in de oorlog in het verzet. Wij durven het niet hardop te zeggen, maar had-ie dat maar tijdens het trainingskamp aan het Como-meer in 1934 gedaan.

1974

25 minuten Wereldkampioen

Herman Brusselmans schreef: 'Voetbal is als het leven zelve: pure kunst, met maar bitter weinig kunstenaars.' Dat is wijs gesproken. En toch is er één jaar geweest waarin zich behoorlijk veel kunstenaars aandienden, spelers die Oranje glans hebben gegeven. Dat was in het jaar 1974. Negentienvierenzeventig! In grote dikke vette chocoladeletters:

1974

Na een ellenlang tijdperk genaamd Ellende, kwam behoorlijk onverwachts het Magnifieke Mooie Onstuimige Geweldige Gouden Voetbaljaar. De Genesis van het Nederlandse landenvoetbal. Wat deden we in godsnaam voordat 1974 in ons leven kwam?

Voor we verdergaan...

Bekijk het eerst eens vanuit ons perspectief: de schrijvers van dit boek waren tien en acht jaar oud, de een van ons was een multi-inzetbare aanvallende libero bij de Rooms-Katholieke Tilburgse Voetbal Vereniging (ook wel Rotte Koeien tegen Vette Varkens) en de ander een geenbenige bankzitter bij Eendracht Brengt Ons Hoger in Dordrecht (ook wel Elf Boeren Op Hol). Plotseling — voor ons vanuit het niets — woonden we in het béste land op aarde en waren we de béste voetballers ter wereld. We waren onoverwinnelijk, althans, op dat ene onbeduidende finaletje na.

We willen niet al te hoogdravend klinken, maar 1974 heeft ons in alles gevormd. Voor '74' waren we op z'n hoogst bleekneuzige slapgeschouderde wereldvreemde heikneuters, na '74' waren we bleekneuzige slapgeschouderde wereldwijze geweldenaars. Wij, we waren Cruijff, Van Hanegem, Neeskens, Rep, Krol, Jansen, Haan, Rensenbrink, Jongbloed, allemaal tegelijk en nog veel meer. 1974 was het beste dat ons ooit had kunnen overkomen. Het kon simpelweg niet misgaan met ons. Zo jong als we nog maar waren: ons leven was nu al geslaagd. Al was de wereld rot, voos en ongrijpbaar: wij waren Oranje. Had je wat?

Maar... dit boek gaat niet om ons. Het gaat om ons allemaal. Oranje bleek veel groter dan de optelsom van al die miljoenen mannen, jongens, oude van dagen, vrouwen, meisjes, supporters die zich vereenzelvigden met dat elftal dat in Duitsland de wereld voetballes gaf en dat het beeld van Nederland in het buitenland voor altijd veranderde.

Inmiddels zijn er meters boeken over het wereldkampioenschap van 1974 geschreven, het tijdschrift *Hard gras* bracht er een dubbelnummer over uit, Auke Kok publiceerde zijn everseller *1974, wij waren de besten* (2004) en vele schrijvers kwamen met terugblikken en een analyses. 1974 hoort bij Nederland, omdat het voetbal van Oranje een weerspiegeling was van de tijd, van de maatschappelijke ontwikkelingen, van de positie van ons land ten opzichte van de rest van de wereld. Het jaar 1974 bleek voer voor sociologen.

Laten we bij het begin beginnen. Wie 6 juli 1966 googlet, komt verrassend weinig tegen. Er gebeurde die dag hoegenaamd niets. Het was een zwaarbewolkte en erg frisse rotwoensdag zonder zon. In Nederland werden er Eerste Kamerverkiezingen gehouden, de Boerenpartij kwam met twee zetels in de Senaat. Verder stond de wereld stil. Het staatje Malawi werd onafhankelijk, dat is zo'n beetje het enige dat er internationaal toe deed. En o ja, de FIFA besloot om de organisatie van het WK 1974 toe te kennen aan West-Duitsland.

Dat laatste geschiedde in Londen, na een doeltreffend potje handjeklap. Het stond al vast dat het WK van 1978 naar een Zuid-Amerikaans land zou gaan. Zowel Spanje als West-Duitsland had zich kandidaat gesteld voor zowel 1974 als 1982. Dit had een bitter gevecht kunnen worden, maar beide landen kwamen als boeren op de Alkmaarder kaasmarkt tot een handjeklap: Spanje trok zich terug voor 1974 en West-Duitsland voor 1982. Het WK 1974 ging vervolgens naar... West-Duitsland en het WK 1982 naar Spanje. Zo makkelijk kan het soms gaan.

Een nog grotere opschudding veroorzaakte de *loting* van het toernooi. De eerste zaterdag van 1974 kwamen in de Grote Zaal van de Hessischer Rundfunk in Frankfurt honderd prominenten uit de voetbalwereld bij elkaar om zich te laten vollopen met sekt (hou die drank even in de gaten) en ondertussen de loting te verrichten. Dit zou worden gedaan door de elfjarige Detlef Lange, rechtsbuiten van het eerste pupillenteam van Preussen Wilmersdorf en natte droom van iedere rechtgeaarde kindervriend. Het kereltje was gewend om in de publieke belangstelling te staan, want hij zong als eerste sopraan bij de Schöneberger Sängerknaben, een gezelschap dat internationaal furore maakte. Met zijn jongenskoor had Detlef een speciaal voetbalnummer opgenomen, getiteld '*Mit etwas Taktik, mit etwas Glück, hol'n wir den Weltmeister zurück*'. Goeie titel! Op de foto van de cover zagen we de elfjarige *Lausbube* in een spannend sportbroekje op het veld staan met een Duitse vlag. Of zoals Kluun zei toen hij deze hoes zag: 'Lekker ventje. Beetje oud.' Een echte dijenkletser werd het nummer helaas niet, maar het leverde Detlef Lange wel de uitnodiging op om op 5 januari 1974 de loting te verrichten.

Nog steeds is deze gebeurtenis in nevelen gehuld. Sommigen spreken van doorgestoken kaart, anderen van toeval, anderen van *brutalen Manipulationen ekelerregend und abstoßend danach Verhandlungen* van de West-Duitse overheid. Dit is wat er gebeurde. Detlef, gekleed in een donkergroene trui en een wit overhemd, was niet geïntimideerd door de camera's en het feit dat de hele wereld meekeek. Het blonde Berlijnertje met zijn typische jarenzeventig-haardracht moest briefjes pakken uit vier grote glazen bollen, waarna hij die diende te overhandigen aan sir Stanley Rous, de toenmalige president van de FIFA. Rous was een hoogbejaarde mastodont, die — nutteloos maar leuk detail — als scheidsrechter op 13 maart 1927 zijn eerste interlandwedstrijd had gefloten: de wedstrijd België-Nederland in de Bosuil in Antwerpen, uitslag 2-0 (kutscheids).

Enfin, de hele wereld keek toe hoe de zo op het oog seniele FIFA-praeses met zijn vingers en handen een vreemd spel speelde. Onhandig — door sommige journalisten zelfs uitermate opzichtig genoemd — rommelde hij met de nummers die Detlef uit de glazen bollen friemelde. Zo zorgde Rous ervoor dat Schotland in Groep II terechtkwam, waardoor Nederland in een voor ons gunstige positie kwam en we de West-Duitsers ontliep. *Gutentag, Freunde!* Een machtige man binnen de KNVB fluisterde later tegen een journalist: 'Ik dacht niet dat we onze zaakjes beter hadden kunnen regelen.'

De loting stonk, dat was duidelijk. Achteraf bleek dat vooral de gastheren erg gunstig hadden geloot. En het werd nog erger, althans voor de Oost-Duitsers. Dat land deed voor het eerst mee aan het WK, tot vreugde van iedere voetballiefhebber, want die Oost-Duitsers konden best een lekker balletje trappen. Dat het kampioenschap werd georganiseerd in het imperialistische buurland, maakte voor de Ossi's de lol alleen maar nog groter. De DDR-top had echter één bezorgdheid: het zou erg slecht uitkomen als hun voetbalarbeiders moesten spelen tegen de Duitse Klassenvijand, benauwd als men was voor overlopers en gelukzoekers. De West-Duitsers zelf zagen de pot West tegen Oost nu juist wel zitten. En dat is waar het hitsige kontjongetje Detlef zijn glansrol kreeg.

Voor het oog van de hele wereld koppelde hij met een leep gebaar de BRD rücksichtslos aan de DDR. Direct veroorzaakte deze loting een heftige politieke controverse. De Oost-Duitse machthebbers maakten bezwaar bij de voorzitter van de voetbalbond, in het geheim, want naar buiten toe reageerden ze verrukt. Toch overwogen ze hun Mannschaft terug te trekken uit het toernooi (uiteindelijk mochten vijftienhonderd streng geselecteerde supporters mee, onder wie honderdvijftig Stasi-agenten).

De consternatie rond de loting was het grote publiek in Nederland *Bratwurst*. Sowieso was het nauwelijks geïnteresseerd in de verrichtingen van Oranje, wat ermee te maken had dat internationale toernooien — zie het vorige hoofdstuk — in de regel niet door Oranje werden bezocht, hetgeen, zoals we intussen hebben geleerd, te danken is aan dat gifdrankje van kamparts/doelman/landverrader Dr. van der Meulen in 1934.

Wij, jongens van tien en acht, hadden gelukkig geen weet van deze voetbalgenocide en maalden tot die zomer van 1974 niet om Oranje. We hadden genoeg aan onze clubs — respectievelijk RKTVV, EBOH, Ajax en Feyenoord. Samen wonnen we in de vijf jaar voorafgaand aan het WK maar liefst vier keer de Europacup, dus om succes zaten we niet echt verlegen. Het Nederlands Elftal liet ons behoorlijk koud. Die stemming heerste ook in het land. Weinigen in den lande gaven een grijpstuiver om de verrichtingen van Oranje. In de media werd vrij weinig geschreven over het naderende WK, en de oefenwedstrijden die Oranje speelde werden matig bezocht.

De kwalificatie van het toernooi was aanvankelijk redelijk makkelijk gegaan, onder leiding van de Tsjechische trainer Dr. František Fadrhonc (die bij de overhoring zeker terugkomt). Nederland had in De Kuip met 9-0 van Noorwegen gewonnen en ook IJsland werd vrij eenvoudig weggezet. Tegen de Belgen speelden we twee keer gelijk, wat de eindstand bracht op Nederland (10), België (10), Noorwegen (4), IJsland (0).

Bij dat laatste kwalificatieduel was het overigens kantje boord geweest. Nederland had aan een gelijkspel tegen de Belgen genoeg, maar speelde niet goed. Het Olympisch Stadion was uitverkocht (tot ongenoegen van het publiek had de KNVB de toegangsprijzen drastisch verhoogd, waarover zo dadelijk meer), maar er heerste nog steeds geen overwinningsroes. Vlak voor het laatste fluitsignaal leek het plotseling afgelopen voor Oranje toen Anderlechtspeler Jan Verheyen leep scoorde doordat de buitenspelval van de Nederlanders niet goed dichtklapte. Foutje, bedankt. Het Olympisch Stadion viel stil, want de toeschouwers beseften dat er nu te weinig tijd was om nog gelijk te maken. Het was de Belgen gelukt: zij gingen naar het WK. Het doelpunt was terecht én reglementair. Kortom, jammer voor Oranje, fijn voor de Rode Duivels. 1974 zou niets meer zijn dan een onrealistische droom...

En toen besloot de Russische scheidsrechter Pavel Kazakov

zijn stempel op de voetbalgeschiedenis te drukken. Of althans: ónze voetbalgeschiedenis. Hij keurde het doelpunt af.

Wat?

Hij keurde het doelpunt af. Had hij dat niet gedaan, dan was dit hele hoofdstuk *bullshit* geweest, dan waren we nooit naar West-Duitsland afgereisd, dan had het huwelijk van sommige Oranje-spelers nooit gewankeld, dan had Oranje nooit kunnen stralen. Eén beslissing van een scheidsrechter. Eén inschattingsfout. Eén onfortuinlijke oogknipper. Eén moment van Goddelijk Ingrijpen.

Er is op internet bedroevend weinig bekend over Pavel Nikolaevitsj Kazakov. Hij, de redder van Oranje, heeft niet eens een Nederlandstalige Wikipediapagina. De enige leesbare is de Franstalige pagina: *Pavel Kazakov (en russe:* Павел Казаков*), né le 19 février 1928 et mort le 17 septembre 2012, est un ancien arbitre soviétique (russe) de football.* Het kan verkeren. Het leerde ons in ieder geval wel dat we in Nederland nooit meer — nooit meer — over arbitrale dwalingen mochten zeiken, een les die overigens snel weer werd vergeten.

Door het onterechte gelijkspel had Nederland een beter doelsaldo dan de Belgen en dus werden wij eerste in de poule. Hoera. Deze plaatsing leidde niet tot overdreven enthousiasme in Nederland, want daarvoor waren de prestaties van Oranje te grillig en lag het vertrouwen te laag. Het was sommige spelers ook al opgevallen dat er onder kennissen en vrienden opmerkelijk lauw werd gereageerd op het naderende WK.

Op 21 mei kwamen de spelers bij elkaar in Zeist, voor wat

toen nog de oefencampagne heette, onder leiding van de nieuwe hoofdcoach Rinus Michels, die door de Hoge Zeister Heren boven Dr. Fadrhonc was gesteld. Op 26 mei speelde het Nederlandse Elftal een vriendschappelijke wedstrijd tegen Argentinië, in het Olympisch Stadion, dat slechts voor een derde was gevuld en een desolate indruk maakte. Tijdens de wedstrijd hadden de weinige toeschouwers die wel aanwezig waren de Oranje-spelers getrakteerd op een pesterige *slow clap*. Hoe slap stak dit af tegen de wedstrijd die het Argentijnse elftal in een uitverkocht Wembley had gespeeld tegen de Engelsen, die nota bene niet eens waren geplaatst voor de eindronde. De reden dat de verrichtingen van Oranje in Nederland simpelweg niet bij het grote publiek leefden, had natuurlijk te maken met de resultaten uit het verleden. Toch speelde het team van coach Rinus Michels die zondagmiddag in Amsterdam niet eens zo'n beroerde pot. Scheidsrechter Adolf Prokop — een naam die we niet hadden kunnen verzinnen — noteerde vier treffers voor Oranje en één voor Argentinië, een eigen doelpunt van PSV-speler Pleun Strik. De uit de DDR afkomstige Prokop (geboren in 1939, vandaar de voornaam) floot later nog regelmatig internationale wedstrijden, onder andere in 1988 de vriendschappelijke match Nederland-Engeland (2-2), tot hij in opspraak kwam omdat hij voor de Stasi zou hebben gewerkt.

Belangrijk was de terugkeer van keeper Jan Jongbloed in het Nederlands Elftal. Of nou ja, terugkeer... In 1962 had hij tegen Denemarken vijf (5) hele minuten mogen invallen voor de toenmalige vaste keeper Piet Lagarde van SC Enschede. In die luttele minuten kreeg Jongbloed ook nog eens een (1) doelpunt tegen, wat de eindstand bracht op 4-1 voor Denemarken. Lekkere interlandcarrière.

Maar gelukkig voor Jongbloed kampte Piet Schrijvers, die bij FC Twente op een dood spoor zat, met zwaar vormverlies. Schrijvers had een keepersblock en het einde van zijn carrière leek schrikbarend nabij (al werd hij na het WK ingelijfd door Ajax, waar hij negen seizoenen in de basis stond, tweehonderdnegenenzestig competitiewedstrijden speelde, vijf keer landskampioen en twee keer bekerwinnaar werd en in de halve finale van de Europacup I stond).

Ook PSV-keeper Jan van Beveren, onomstreden de beste keeper van Nederland en misschien wel van de wereld, had zich twee dagen na het begin van de voorbereiding in Zeist moeten afmelden met een liesblessure. Althans, dat was het officiële verhaal, er wordt ook beweerd dat de ruzie tussen het kamp Cruijff en het kamp Eindhoven zo hoog opliep dat Van Beveren het hazenpad koos. Laten we ons vooral niet voorstellen wat er gebeurd zou zijn als Van Beveren en Cruijff beste vrienden waren geweest en we het WK in waren gegaan met én de beste speler én de beste keeper.

Enfin, door de afwezigheid van Van Beveren probeerde Michels het tegen de Argentijnen met de durfal Jongbloed. Die paste goed in het systeem van totaalvoetbal omdat hij 'bijna als een laatste man' kon spelen.

Ondanks de goede wedstrijd die Jongbloed keepte, hoefde hij de volgende oefeninterland tegen Roemenië dan weer niet aan te treden, wat het vermoeden bevestigt dat Michels niet zozeer een vooropgezet ingenieus meesterplan had, maar gewoon wat lukraak zat te pielen. De vroeg kale Feyenoord-keeper Eddy Treijtel mocht Oranjes uitzwaai-wedstrijd spelen. Wederom gaf het grote publiek een middelvinger aan de sterspelers, want ook de Rotterdamse Kuip zat slechts voor een derde vol. Bij deze wedstrijd was de minachting van de toeschouwers terecht, want het bloedeloze spel van Oranje was vooral een aanval op de hoornvliezen. Johan Cruijff kampte met een blessure en keek toe hoe zijn medespelers lusteloos over het veld sjokten. De eindstand was 0-0 en het vertrouwen in de verrichtingen van het Nederlandse Elftal zwabberde bij het publiek rond het nulpunt van Kelvin. Er werden door de Rotterdamse toeschouwers zelfs beledigende leuzen gescandeerd. Auke Kok tekende in zijn *1974* op hoe er tijdens de wedstrijd tegen de Roemenen vanaf de tribune laatdunkend 'Pipo! Koeien!' werd geroepen, een verwijzing naar de destijds populaire kinderserie *Pipo de Clown*, waarin de Dikke Deur — een verbastering van 'directeur' — regelmatig Pipo's aandacht probeerde te trekken door 'Pipo! Koeien!' te schallen. Het hoe en waarom van deze uitdrukking valt moeilijk meer te achterhalen, maar blijkbaar waren de woorden zo denigrerend dat Michels ze fijntjes kreeg toegevoegd. Het typeert de verandering van onze omgangsvormen, want hoe onschuldig is het de trainer van het nationale elftal met een personage uit een kinderserie te vergelijken, in vergelijking met wat er tegenwoordig in De

Kuip door supporters wordt geroepen ('Hamas! Hamas! Joden Aan Het Gas').

De *Leidse Courant* schreef op 6 juni 1974: 'De enige positieve conclusie na Oranjes verbrijsterend [sic] zwakke beurt tegen Roemenië was dat het straks in West-Duitsland niet slechter kan.' Ook vele andere kranten maakten gehakt van Oranje.

De spelers waren nogal ontdaan van het fluitconcert na afloop van de dramatische wedstrijd tegen de Roemenen en ze verwachtten voor de rest van het toernooi bitter weinig van de supporters. Johan Cruijff was in zijn dagboek nogal somber (geciteerd in Koks *1974*). Hij vroeg zich af hoeveel mensen naar de oefenwedstrijden zouden komen kijken en had weinig hoop dat er veranderingen in de houding van het Nederlandse publiek zouden komen. Cruijff schreef: 'Optimistisch was ik niet; dat ben ik nooit. Ik vind: je moet gewoon realist zijn. Maar achteraf moet ik stellen, dat ik nog veel te optimistisch ben geweest. Zo weinig publiek had ik nooit verwacht. In ieder geval had ik na de wedstrijd tegen Roemenië toch wel verwacht, dat ze de spelers het beste zouden wensen voor het komende wereldkampioenschap. Maar in plaats daarvan werden ze uitgefloten. Ik vraag me dan ook af: wat betekent zo'n wereldkampioenschap eigenlijk nog voor Nederland? Als je op die oefenwedstrijden moet afgaan, zou je zeggen: kennelijk niets.'

Cruijff moet dat goed hebben aangevoeld. Ogenschijnlijk zat men in Nederland niet op een WK te wachten. Ondertussen was Het Eeuwige Gezeik uitgebroken. Er waren grote financiële schermutselingen uitgebroken onder de spelers en de KNVB. Er zijn over deze geldoorlog Loe de Jong-achtige verhandelingen geschreven. We citeren uit het boek *München 1974* (uitgegeven in 1974) van de journalisten Hans Molenaar en Cees van Nieuwenhuizen: 'De regenten van de KNVB leefden kennelijk in de veronderstelling, dat hun paradepaardjes zo kort voor het Grote Gebeuren de cijfertjes wel wat uit het oog zouden verliezen. Het tekort in de premiepot die in een te royale bui van mr. Jacques Hogewoning opzij was gezet voor de kwalificatie van het eindtoernooi, zou moeten worden bijgepast uit de inkomsten van de eerste finaleronde. "Dat betekent dus," kwam captain Johan Cruijff kwaad concluderend met zijn vakbroeders achter de waarheid, "dat de meesten van ons tegen Noorwegen, IJsland en België op krediet hebben gespeeld en dat we nu nog eens voor onze al verdiende centen moeten gaan voetballen."'

Het toernooi was nog niet begonnen of de spelers dreigden met een staking, met de achterstallige betalingen als inzet. De voetbalbond was nog niet die geweldig geoliede superzakelijke topdown organisatie die zij heden ten dage is (deze zin tussen ironietekens). De KNVB-kas was leeg. De bestuurders in Zeist hadden krampachtig gezocht naar sponsors uit het zakenleven, maar bijna geen enkel bedrijf wilde zijn vingers branden aan Oranje. Bekend is het verhaal dat alleen de uitgever van het pornoblad *Chick* het wel zag zitten om de fanclub van het Nederlands Elftal een forse financiële vleesinjectie te geven.

Het WK als metafoor voor de verandering in tijdgeest: van de lustverlagende pillen van Dr. Van der Meulen in 1934 tot een financiële vleesinjectie van een pornomagazine.

De toen dertigjarige illustere Dordtse pornokoning Joop Wilhelmus leek het wel een goed idee om het vaderlandse voetbal te ondersteunen, want dit paste in de manier waarop hij Nederland seksueel wilde bevrijden. Zijn blad *Chick*, het eerste pornotijdschrift in Nederland, werd aanvankelijk onder de toonbank verkocht, totdat een rechter in wat inmiddels bekendstaat als 'het Chick-arrest' bepaalde dat pornografie legaal mag worden verspreid (Hoge Raad 17 november 1970, NJ 1971, 373). Als porno legaal was, dan mocht *Chick* ook legaal sponsoren, dacht Wilhelmus. De supportersvereniging van Oranje was even in de verleiding omdat het om enorm veel geld ging (bedragen zijn moeilijk te achterhalen), maar uiteindelijk werd Wilhelmus de deur gewezen (twintig jaar later overleed hij, toen hij — net uit de gevangenis waar hij een straf uitzat voor pedofilie — urineerde in een Dordtse gracht en daarbij voorover viel).

Om geld voor het naderende WK te verdienen, bedacht de KNVB een actie met zogenaamde Oranje-paspoorten, waarmee diehard fans voor vijf gulden lid konden worden van een speciale supportersvereniging. Voor die vijf gulden kregen de leden een sticker. Eén gulden ging naar het amateurvoetbal en de rest naar een centrale kassa van het Nederlandse WK-bestuur. Voorzitter van het paspoort werd tv-presentator Willem Duys, die door de KNVB 'een typische vertegenwoordiger van het Nederlandse volk' werd genoemd. Het Nederlandse volk trapte er niet in. Slechts een handjevol paspoorten werd verkocht, bang als men was dat het geld in de portemonnees van lamlendig presterende spelers zou vloeien.

Lees voor de lol even mee hoe journalist Ruud Verdonck zich in 1977 het gedoe rondom Willem Duys herinnert (in de *Nieuwe Leidsche Courant*): 'Willem Duys stond aan het hoofd van het supporterslegioen. Hij had een prachtige blauwe blazer gekregen met een KNVB-embleem erop en paradeerde trots door bestuurskamers alsof hij zelf in het nut van zijn aanwezigheid was gaan geloven. Daarna hebben we hem nooit meer teruggezien. Dat embleem zal ook wel van die blazer af gehaald zijn.'

Om kort te gaan: het WK 1974 had een redelijk belabberde aanloop. Het grote publiek had er geen vertrouwen in en de spelers steggelden met de voetbalbond over geld (al probeerden ze dat uit de niet erg optimistisch gestemde media te houden). Een ander probleem betrof coach Michels, die in 1970 in Mexico als toerist het WK had bezocht en daar was gegrepen door het idee ooit het allerhoogste in de voetbalsport te kunnen bereiken. In een interview zei hij: 'Een zo aparte belevenis, dat ik me voornam te proberen er ooit zelf eens alles mee te maken te krijgen.'

In januari 1974 werd hij door een delegatie van de KNVB in Spanje gevraagd voor een 'minidienstverband'. Hij dacht aan zijn droom van vier jaar daarvoor en stemde toe. Michels had echter ook verplichtingen bij FC Barcelona, de club die voor het eerst in dertien jaar kampioen kon worden. Dat schijnt daar nogal belangrijk te zijn. Michels had zich gecommitteerd het klusje te klaren — wat door zijn sterspelers Cruijff en Neeskens in de lijn der mogelijkheden lag — en kon het dus niet maken zijn Spaanse taken te verzaken. Dat betekende dat hij een deel van de voorbereiding van Oranje moest laten schieten en in de aanloop naar het toernooi regelmatig op en neer moest naar Spanje, met alle onrust die dat meebracht. Ook op en rond het WK bleef Barcelona zijn aandacht vragen, want de club deed nog mee aan de Copa del Generalissimo (de naar dictator Franco vernoemde Spaanse Bekercompetitie, waar toen nog geen buitenlanders aan mochten meedoen).

Hoe moeilijk de voorbereiding van Oranje ook was, het leek wel of in het buitenland de verwachtingen van het team van Cruijff en Van Hanegem hoger lagen dan bij ons. Het Nederlands Elftal was neergestreken in Waldhotel Krautkrämer, in het plaatsje Hiltrup bij Münster, op een uurtje rijden van Enschede. Het hotel was de liefdesbaby van Hans en Elisabeth Krautkrämer, die in de jaren zestig een plek zochten voor een gastvrije herberg. Aan het Hiltruper meer mochten ze — voor 1,8 miljoen Mark Deutschmark voor wie het per se weten wil — een zwembad, restaurant en hotel neerzetten. Het complex werd op 17 oktober 1968 feestelijk geopend (thans is het overigens een Best Western). Het was destijds van een bijna overdreven luxe, met fraai ingerichte kamers, ligbaden, een zwembad, sauna, solarium, toprestaurant, topwijnkelder, zeg maar alles waaraan de hedendaagse achttienjarige profvoetballer zo gewend is geraakt.

In 1974 waren deze uitspattingen voor voetballers nog uitzonderlijk. Auke Kok tekent op dat Dr. Fadrhonc zich – als assistent van Michels – erover zorgen maakte dat de weldaad van Waldhotel Krautkrämer (later door de spelers omgedoopt tot Klootkremer) de voetballers niet te veel 'hun mannelijkheid zou ontnemen'. Van alle landen had Nederland het meest luxueuze onderkomen, dus die wedstrijd hadden we in ieder geval gewonnen! Nationale en internationale journalisten verbaasden zich over de ontspannen sfeer die er bij Oranje heerste, de toegankelijkheid van de spelers en de losse omgangsvormen. Omdat Europa en de rest van wereld leefden in een constante dreiging van terroristische aanslagen — het is bijna niet meer voor te stellen — waren de veiligheidsmaatregelen in en rond het hotel immens, maar toch ging dat niet ten koste van de gemoedelijkheid. De internationale pers keek sowieso op tegen de Hollanders, met hun hippe lange haren en rock-'n-roll voorkomen. Op clubniveau hadden Nederlandse verenigingen vrij consistent bewezen tot de wereldtop te behoren (met de Wereldbeker van Ajax in 1973 nog vers in het geheugen), maar op landenniveau stelde ons land tot op dat moment zo goed als niets voor. Toch waren de verwachtingen bij buitenlandse media en wedkantoren hoog gespannen. Nederland stond hoog in de ranglijsten van de bookmakers, men verwachtte minimaal een plek bij de eerste vier.

En toen kwam zaterdag 15 juni 1974. Of ook genoemd: het begin van de jaartelling voor het nationale Nederlandse voetbal.

Er was iets vreemds aan de hand, die dag. Het leek op een hoger ingrijpen, een *deus ex machina*. Het Nederlands Elftal kampte met grote problemen. Niet alleen had Jan van Beveren het kamp verlaten (om welke reden dan ook) en was er nog steeds geen duidelijkheid over welke keeper hem ging vervangen, maar kort voor de eerste groepswedstrijd tegen Uruguay overleed de vader van de legendarische Rotterdamse ijzervreter Rinus Israël. IJlings vertrok IJzeren Rinus terug naar Nederland voor de begrafenis. Coach Michels, de tovenaar van Oranje zoals hij in de pers later zou worden genoemd, boog zich over de opstelling en broedde op een plan.

Uruguay was een geduchte tegenstander. In 1950 had het in het Macarana-stadion in Rio de Janeiro voor 199.854 uitzinnige Brazilianen (waarom er verdomme niet even 146 extra bezoekers bij gepropt?) het organiserend land verslagen in de finale. Uruguayanen wisten wat winnen was, in tegenstelling tot de Nederlanders. Ze waren in 1930 ook al wereldkampioen geworden.

In de bus naar het veld viel de Oranje-spelers aanvankelijk niets op. Er waren opstoppingen van toeschouwers rondom het Niedersachsen Stadion in Hannover, maar dat was niet opmerkelijk, want de spelers waren gewend aan drukbezochte wedstrijden. Ze hadden er weinig tot geen hoop op dat er veel Nederlandse supporters naar de match zouden komen — en een deel van de spelers vond dat nog terecht ook. De kans dat het WK op een deceptie zou uitlopen was groter dan de kans op succes.

Toen de spelers voor hun warming-up het veld van het zo goed als uitverkochte stadion betraden, voelden ze het meteen aan het applaus. Ze keken om zich heen en zagen dertigduizend landgenoten, van wie de meesten in oranje shirts. Er werd gezwaaid met honderden Nederlandse vlaggen en het lawaai van toeters en ratels was overweldigend. Het leek een scène uit een tranentrekkende Hollywood-film: het sportteam dat aanvankelijk door iedereen was verguisd en werd opgegeven— nu het er écht om spande — bijgestaan door het gansche volk. Zonder dat de officials van de voetbalbond daar ook maar enige invloed op hadden gehad of dat ze het fenomeen hadden kunnen voorspellen, waren duizenden Nederlanders — onder wie vele in Duitsland gelegerde vaderlandse militairen — op de bonnefooi naar Hannover gekomen, waar een volksfeest losbarstte dat zijn gelijke in de vaderlandse historie niet kende. Nimmer in de geschiedenis van ons volk waren er op één moment op één punt zoveel landgenoten in het buitenland bijeen. Men begon, tot verbazing van de spelers en journalisten, zelfs uit volle borst het volkslied mee te blèren, een lied dat bij interlandwedstrijden nooit op overdreven veel enthousiasme kon rekenen. Nederland stond achter Oranje. En dit was gebeurd zonder dat iemand er erg in had.

De Nederlanders staken schril af tegen het handjevol Uruguayanen dat was meegereisd om hun voormalige wereldkampioenen toe te juichen. De uitgelaten sfeer van het onverwachte Hollandse voetbalchauvinisme moet zijn overgeslagen op de spelers, die zich laafden aan de energie van de amorfe oranje massa op de tribune. Misschien dat zij zonder de toejuichingen van hun landgenoten ook goed hadden gespeeld — dat zullen we nooit weten — maar feit is dat ze meteen na het fluitsignaal van scheidsrechter Károly Palotai uit Hongarije kolkend ten strijde trokken.

De wedstrijd kunnen we heel lang nabeschouwen — en heel kort. De korte versie: Oranje vernederde de Uruguayanen. Vliegensvlugge keep Jongbloed in het doel, de onverbiddelijke Haan achterin de defensie, met de bluffer Rijsbergen, de ongenadige Suurbier en de vastberaden linksback Krol naast hem, daarvoor de onverschrokken Jansen, de vlammende Neeskens en de fenomenale Van Hanegem en voorin de onvoorspelbare Rep, de onnavolgbare Cruijff en de geraffineerde Rensenbrink.

Een gouden elftal, dat met brutale manoeuvres en leep voetbal de vermoeid ogende Zuid-Amerikaanse spelers oprolde. Spelers? Agressieve psychopaten! Het enige dat de Uruguayanen tegen het voetbalvernuft van... van *ons* konden inbrengen was fysieke intimidatie en geweld. Vier terroristen kregen een gele kaart (Walter Mantegazza, Pablo Forlan, Juan Masnik en Julio Montero-Castillo) en de laatste kreeg ook nog een rode kaart van de Hongaarse scheids, omdat hij Rensenbrink had geprobeerd te vermoorden (zijn motief was dat Rensenbrink hem had vernederd met een flitsende passeerbeweging).

Het spektakelstuk eindigde dankzij twee treffers van Johnny Rep in slechts 2-0, maar de hele wereld had gezien dat hier een nationaal team geschiedenis schreef. Dit was misschien wel het snelste elftal dat ooit aan een WK had meegedaan. Oranje combineerde als dollemannen, verdedigers vielen aan, aanvallers hielpen verdedigen en het team beschikte over een arsenaal aan wapens, versnellingen, passes, combinaties, spelhervattingen en andere tactieken. Een beproefd wapen was Oranjes buitenspelval, waar de trage criminelen uit Uruguay steeds in trapten. En het Nederlands Elftal had Cruijff en Van Hanegem. De laatste als briljante aangever (onder andere van Rep bij zijn tweede doelpunt), de eerste als onophoudelijk pratende en sturende superieure leider.

Er is over het begrip 'totaalvoetbal' al onnoemelijk veel gezegd, geschreven, gedebatteerd en gevochten. Wikipedia schrijft over het fenomeen: *'Totaler Fußball ist ein Spielsystem im Fußball, bei dem auf jeder Position, die zuvor von einem Spieler verlassen wurde, ein anderer nachrückt. Dies führt dazu, dass alle zehn Feldspieler zusammen angreifen und alle zehn Feldspieler zusammen verteidigen (...). Der Begriff Totaler Fußball wird im weiteren Sinne dazu verwendet, das effektive, dominierende Spiel der Niederländischen Nationalmannschaft um die beiden Spieler Johan Cruyff und Ruud Krol in den 1970ern zu bezeichnen. Der taktische Gegenpart zum Totalen Fußball ist der italienische Catenaccio.'*

Dus.

Met een begrip dat zoveel discussie oproept is het altijd moeilijk te bepalen wat de vigerende consensus is. En er zijn nogal wat voetbalanalytici en deskundigen die de afgelopen jaren allemaal hun mening over totaalvoetbal hebben gegeven. Volgens de een is het een volslagen onzinterm die zo snel mogelijk naar het rijk der voetbalmythen mag worden verwezen, volgens de ander bestaat totaalvoetbal wel degelijk maar gaat de herkomst terug tot 1915, of 1925, of 1928, of 1940, of de periode tussen 1945 en 1947, de derde noemt het Hongaarse voetbal uit de jaren vijftig en de vierde blijft erbij zweren dat Rinus Michels eind jaren zestig, néé, begin jaren zeventig, de ware draagvader van het totaalvoetbal was.

Hoe het ook zij: in de collectieve herinnering deed het voetbal van Oranje in 1974 de eerste keer de hele wereld versteld staan van het energieke voetbalconcept waarin verdedigers ook aanvielen en andersom. Het Nederlandse voetbal ging de wereld over, met in het kielzog de Nederlandse cultuur, de Nederlandse normen en waarden, de Nederlandse *way of life*. Bakkebaarden, gekleurde kralenkettinkjes, de Wiekentkwis, *Chick*, gratis methadon, kurk aan het plafond, restaurant de Chinees-Indische muur, Lenny Kuhr, bewust ongehuwde moeders, *Sextant*, Dolle Mina's, macramé, Radio Noordzee, Willem Duys, de SRV-man, Zeeman, fonduen, glaasjes sigaretten op tafel, blokjes kaas met een uitje, juten behang, broekpakken, Phil Bloom, de Waddenvereniging, warmwaterrollers, Drum shag, baas in eigen buik, Paulus de Boskabouter, letterbakken, Barry Hay, klikklakballen, dia-avonden, het vrouwencafé, Bona, flessenlikkers, de moedermavo, zitkuilen *from hell*. Nederland als gidsland. Nederland als internationale voorloper. De hipste van de klas.

De internationale media liep na de vernedering van Uruguay met Oranje weg en ook in Nederland leek men plotseling wakker geworden, al was de mediagekte niet te vergelijken met hoe heden ten dage over voetbal wordt bericht. De meeste Nederlandse kranten noemden de spectaculaire overwinning, maar terughoudend, en in sommige gevallen niet eens op de voorpagina.

Gedurende het toernooi zou dit overigens veranderen, want hoe meer wedstrijden Oranje speelde en hoe verder we kwamen, hoe groter de aandacht. Het was alsof de Nederlandse Leeuw uit een winterslaap van een jaartje of veertig ontwaakte. Toch kwam bij de tweede pot al meteen een kleine domper, want tegen Zweden speelde de *'heiße Favorit'* die het team van Cruijff c.s. inmiddels was, een welhaast onmogelijke wedstrijd. De Zweden — met Björn Nordqvist en Ralf Edström van PSV — probeerden voortdurend leep te counteren, althans de weinige keren dat ze in balbezit kwamen.

40.000 landgenoten zagen in het Westfalenstadion in Dortmund (waar 54.000 mensen in pasten) een Oranje dat wel degelijk tachtig minuten lang domineerde, maar niet tot scoren kwam. Cruijff speelde een erg goede wedstrijd, al lukte het hem ook niet iets te forceren. Michels had ten opzichte van het elftal tegen Uruguay één verandering doorgevoerd: hij liet de gevierde Ajax-ster Piet Keizer spelen op de plaats van

Rob Rensenbrink, een beslissing die de spelers niet kregen uitgelegd. De 31-jarige Keizer was op dat moment niet meer in topdoen en hij speelde niet zijn beste wedstrijd. Het werd zijn laatste voor Oranje. Enkele maanden later beëindigde hij abrupt zijn voetbalcarrière en raakte hij jarenlang geen bal meer aan. (Toen de Oranjespelers daags na het WK werden gehuldigd op het Leidseplein, ging Keizer met zijn gezin een vorkje prikken in restaurant de Oesterbar om de hoek).

Het gelijkspel had ook voordelen. De Duitse pers was na de wedstrijd tegen Zweden plotseling een stuk minder enthousiast over het Nederlands Elftal. 'Tóch geen favorietenrol voor Holland', zo schreef een Duitse krant.

De laatste groepswedstrijd moest Oranje winnen, voor een gunstige uitgangspositie. In het Westfalenstadion hadden zich wederom veertigduizend in een steeds diepere fase van hysterie rakende Nederlandse supporters verzameld. De Bulgaren kregen met 1-4 klop, hoewel dat ook makkelijk 1-8 had kunnen zijn. Dit was mede te danken aan het fysiek stevige spel van de Oranjespelers, onder leiding van de briljant gemene Willem van Hanegem. Zo gezegd: Nederland maakte zich in deze wedstrijd niet populair bij de jury van de Fair Play Cup. De scheidsrechter (een totaal onbekende Joegoslavische flierefluiter uit nota bene Australië) had de boel niet in de hand. Zoals in een van de herdenkingsboeken uit 1974 werd geschreven: 'Ook hier liep weer [zo'n scheidsrechter] rond, die capriolen met de fluit uithaalde alsof hij een nieuw fluitconcert stond te componeren.' Zelfs Johan Cruijff kreeg van deze koekenbakker een gele kaart omdat hij bij een vrije trap niet meteen 9,15 meter afstand nam (kutscheids).

In de eerste helft vielen er twee penalty's (beide genomen door Neeskens) en na rust scoorden Johnny Rep (3-0), Ruud Krol (3-1) en Theo de Jong (4-1) met een imitatie van de Beb Bakhuys duikkopbal. Alle doelpunten waren dus door Nederlanders gemaakt, wat Krol na afloop de grap deed maken: 'Ik ben er trots op. Ik ga waarschijnlijk de geschiedenis in als de enige speler die in een wereldtoernooi Jongbloed heeft gepasseerd'. Deze grap werd bijna bewaarheid.

Alle kritiek op Oranje was weer verstomd, want iedereen zag in dat dit elftal in goeden doen zo maar eens wereldkampioen kon worden. Zoals Hans Molenaar en Cees van Nieuwenhuizen in hun boek *München 74* schreven: 'Zelfs het anders zo met kritiek gulle Hollandse publiek had er geen fluitconcert voor over.' Nederland ging naar de finaleronde, wat zou er te zeiken zijn?

Nou eh, gezeik in het basiskamp bijvoorbeeld. Terwijl Michels na deze wedstrijd naar Barcelona vloog om op de bank te zitten bij de halve finale van de Copa del Generalissimo, ging in Nederland de verkoop van kleurentelevisies gestaag door (er waren inmiddels 125.000 exemplaren meer verkocht) en hadden de spelers een dag vrij om zich te vermeien met vrouwen en kinderen langs het zwembad of op het water van het Meer van Hiltrup. De sfeer was geweldig en foto's van de knappe spelers en hun nog veel knappere geliefden gingen de wereld over. Oranje had elf dagen voor de boeg waarin er gespeeld moest worden tegen Argentinië, Oost-Duitsland en wereldkampioen Brazilië. Mocht Nederland als winnaar uit bus komen, dan wachtte de finale tegen de winnaar van de andere poule.

Door het lange verblijf in het luxehotel kwamen er zo langzamerhand ook de eerste scheurtjes in de saamhorigheid. De wereldwijze om niet te zeggen hufterige Ajax- en Feyenoord-spelers hadden het gemunt op spelers die niet tot hun kliekje behoorden, waar vooral toekomstig Ajacied Ruud Geels de dupe van was. Later noemde hij het WK in Duitsland 'de drie ergste weken van mijn leven'.

'Niets schept zo'n band als gezamenlijk iemand pesten', schreef Tsjechov ooit (geen idee of hij dat echt zei, maar wie gaat dat controleren?). Voor de (belangrijke) spelers was het fijn om de verveling van het lange toernooi af te reageren met pesten. Niet alleen collega-spelers waren de dupe. Dr. Fadrhonc kreeg van Neeskens eens een wolk peper in zijn bilnaad (waardoor de spelers het bekijken van de videobeelden plotseling een stuk aangenamer vonden omdat de assistent-trainer steeds aan zijn kont zat te krabben), Piet Keizers favoriete ossenworst werd gestolen (het 'mysterie van de verdwenen ossenworst' haalde zelfs *De Telegraaf*), de bondsvoorzitter kreeg een emmer water over zich heen en bekend is ook het verhaal hoe Ruud Krol en Wim Suurbier de Nederlandse kok Henk Post dusdanig treiterden dat die arme man de dagen telde dat het toernooi voorbij zou zijn. Er waren spelers (we noemen geen namen, al was het René van de Kerkhof) die dit schandalig vonden, maar die hun mond niet durfden open te trekken.

Henk Posts specialiteit, onthulde Auke Kok, was 'een omelet-appel'. Het gerecht was geliefd bij de spelers van Oranje. En bij die woorden bleven we even haken. Omelet-appel... Het gerecht zei ons eigenlijk niets en leek ons ook niet per se aangenaam. Ei en appel is een combinatie die — althans in de taal — eeuwenlang bestaat, zeker al sinds de middeleeuwen en wellicht nog langer. De combinatie omelet-appel bleek ook niet zo vreemd. Zoete omeletten, al dan niet met fruit, komen voor in Frankrijk en Duitsland, en in de jaren zeventig blijkbaar ook bij ons.

Snijd drie schoongemaakte appels tot blokjes van ¾ centimeter. Bak deze in boter op een laag vuur. Voeg als ze zacht worden sap van een halve citroen en twee theelepels rasp toe. Giet er ook twee eetlepels Calvados bij. Haal het vuur eraf. Klop in een kom zes eieren, vier eetlepels melk en twee eetlepels suiker op met een garde. Verhit boter in de tweede koekenpan en giet een vierde van het eimengsel erbij. Schep als de omelet aan de onderkant begint te bruinen een vierde van de gebakken appels op de omelet. Bak het omeletje nog dertig seconden door en klap hem dan dubbel. Leg de omelet op een bord met aluminiumfolie om de warmte te bewaren. Maak nog drie omeletten. Je kunt de omeletten, net als pannenkoeken, bestrooien met poedersuiker. Garneer ze met wat vers fruit en serveer ze warm. Ga na de maaltijd een extra potje voetballen.

Gelukkig kwam op 26 juni de wedstrijd tegen Argentinië om alle verveling te verdrijven. Die pot zag er op papier angstaanjagend uit, maar viel in praktijk alleszins mee. In het kort: in de stromende regen won Nederland met 4-0, omdat het op alle fronten beter, scherper, inventiever, gemener en harder was. Cruijff scoorde twee keer, Krol en Rep beiden één keer en Van Hanegem was de ongeëvenaarde leider die het team naar de overwinning bracht. Oranje overtrof zichzelf. Na afloop van de wedstrijd zei Roberto Perfumo, de aanvoerder van de Argentijnen, nog steeds in de stromende regen: 'Ik weet niet wat er gebeurd is, maar ik begin te geloven dat heel Zuid-Amerika ver is achter geraakt op Europa. Wat een voetballers, die *Groiff*, die *Nieskens* en die *Soerbier*. Ik heb nog nooit een ploeg gezien die elkaar zo aanvulde als dit team.'

Diego Maradona zei later over dit Nederlands elftal: 'Ik ben in mijn loopbaan niet vaak van mijn stoel gevallen, maar dat gebeurde wel bij het Nederlands elftal in 1974.'

Arrigo Sacchi liet zich bij de speelwijze van AC Milan in de late jaren tachtig inspireren door het Nederlands elftal van 1974. 'Dat team was een raadsel voor mij. De televisie was te klein, ik had het gevoel dat ik het hele veld moest kunnen zien om echt te begrijpen en ten volle te kunnen waarnemen wat ze deden.'

Vier dagen later won Oranje ook de wedstrijd tegen de Oost-Duitsers. Het Legioen, zoals de horden supporters inmiddels mochten worden genoemd, kwam en masse naar

Gelsenkirchen, waarvan het grootste gedeelte zonder kaartje. De KNVB had slechts 3.000 tickets gekregen, omdat men had verwacht dat West-Duitsland eerste in de poule zou worden en dus op 30 juni zou spelen. Helaas voor de Wessi's hadden ze in de poule met 1-0 van de Ossi's verloren, door een doelpunt van Jörgen Sparwasser (nr. 14) na een (even lekker de Duitse commentator citeren) *blitzschneller Counter* en een *meisterliche Aktion*, of, zoals Sparwasser later zelf in een interview stelde: 'Wenn *ich mal sterbe, muss auf dem Grabstein nur „Hamburg 1974" stehen und jeder weiß, wer drunter liegt.'*

Door de onverwachte nederlaag tegen de Ossi's werden niet onze Oosterburen, maar de Oosterburen van onze Oosterburen groepswinnaar en aldus *gegen die Niederlande* aantreden.

Voor de kaartverkoop had dat chaotische gevolgen. Toegangsbewijzen gingen voor woekerprijzen van de hand. Geld dat het bezoek aan de wedstrijd eigenlijk niet waard was, want de Oost-Duitsers hadden een uitermate laffe tactiek, waar zelfs Italianen zich voor zouden schamen. De Zwitserse scheidsrechter Scheurer deed er volgens sommigen alles aan om de Zwitserse diplomatieke betrekkingen met het communistische Oost-Duitsland te verbeteren, want waar hij de Duitsers kon bevoordelen deed hij het. Toch was Oranje wederom machtig genoeg om een simpele overwinning af te dwingen. Michels zei na afloop tegen de sportpers: 'Als je het Oost-Duitse voetbal ermee vergelijkt is zelfs catenaccio nog aanvallend.'

De feestvreugde na deze overwinning was zo groot dat na afloop van de wedstrijd The Cats in het Waldhotel kwamen optreden. Er volgde een feest dat vandaag de dag nog steeds voortdondert en waarover al heel veel is gezegd en gezwegen, onzinnig of niet. De Nederlanders konden geweldig voetballen, maar ook geweldig feesten, drinken en roken (zo pafte Johan Cruijff een pakje per dag, wat zoveel was dat Neeskens vroeg of hij bij iemand anders op de kamer mocht slapen). Op sommige avonden — vaak na wedstrijden — ging het er wild aan toe, met wijnproeverijen, swingende optredens van internationaal bekende Nederlandse artiesten als Robert Paul, Rita Corita, Lex Goudsmit, Lenny Kuhr, Johnny Jordaan en vader en dochter Alberti, nachtelijke zwempartijen, geheime stapavonden met veiligheidsagenten in Münster en seksuele uitspattingen met echtgenotes die overkwamen. Alcohol en nicotine werden in grote mate ingenomen. Aan de *Sunday Times* vertelde teamarts Frits Kessel dat zijn mannen nu eenmaal 'geen monniken' waren. Nee, dat waren ze niet, als Kessel daarmee celibatair bedoelde. Er ging een gerucht dat er een speler was die af en toe in het diepste geheim Waldhotel Krautkrämer verliet om honderd kilometer verderop een liefje te bezoeken en diezelfde nacht nog terug te rijden. Dit alles werd — als het al waar is — uiteraard verzwegen voor de buitenwereld.*

---

* Auteurs dezes hebben wel een idee om wie het gaat. Niet voor publicatie geschikt. Maar spreekt u ons er gerust op aan als u ons in het wild aantreft.

In het Waldhotel was het voor de Nederlandse pers niet toegestaan te overnachten, maar sommige Duitse journalisten hadden toch hun intrek genomen in een personeelsappartement (*funfact*: om precies te zijn in de kamer van de oma van eigenaar Krautkrämer) of ze deden zich voor als handelsreizigers. Daardoor maakten zij meer mee dan goed voor hen en het Nederlandse voetbal was. Een van de journalisten die in het hotel verbleef was ene Guido Frick, die er getuige van was hoe enkele spelers van het Nederlands Elftal, onder wie Cruijff, na de wedstrijd tegen Oost-Duitsland een privéfeestje hadden op de kamer van de zoon van eigenaar Krautkrämer. Er werd gedronken en later naakt gedoken in het zwembad. Geen schokkende zaken, zeker niet in het licht van andere uitspattingen voor en tijdens het toernooi. Maar wel een feestje dat een staartje zou krijgen.

Op 2 juli 1974 — een dag voor de wedstrijd van Oranje tegen regerend wereldkampioen Brazilië — publiceerde *Bild-Zeitung* een artikel onder de kop '*Cruijff, Sekt, nackte Mädchen und ein kühles Bad*', over het zwempartijtje waarbij Frick aanwezig was. De journalist had, volgens *de Volkskrant*, met eigen ogen waargenomen dat de Nederlandse sterspeler Johan Cruijff 'een beginnende erectie' had. Auke Kok besteedt in *1974* een heel hoofdstuk aan wat de geschiedenis in is gegaan als 'de zwembadaffaire', waarin hij zin en onzin probeert te scheiden. Onzin vooral, want het kleine artikeltje in *Bild-Zeitung* stond — zoals later werd beweerd — níet op de voorpagina, had géén pikante foto en werd níet een dag voor de finale geplaatst.

Wel stond in het stuk dat enkele spelers van Oranje met *drei knusprigen Mädchen sowie einigen Sektflaschen bis in die Morgenstunden nackt im Hotelbad "fröhliche Wasserspiele" veranstaltet haben*. Nou, nou, phoe phoe. Daar had zelfs Karel Lotsy nog om kunnen lachen.

De gefingeerde auteur van het stuk was 'Andree Hiller', een pseudoniem, want *Bild* wilde de relatie met Oranje niet te veel verslechteren. In zijn eigen krant, de *Stuttgarter Nachrichten*, schreef Guido Frick – nu wél onder eigen naam – diezelfde dag ook een stuk onder de kop '*Superstar Johan Lud Zur Nacktparty*', waarin hij min of meer hetzelfde vertelde als in *Bild*, maar met wat meer persoonlijke onthullingen over Cruijffs voetbalcarrière. Cruijff zou de journalist — die zich voordeed als vertegenwoordiger in pasta (wat ben je dan een erstklassige oetlul) — hebben verteld dat hij zich zorgen maakte over zijn hart.

Uiteraard waren de spelers woedend op de journalist in kwestie en Cruijff zou hem later zelfs te lijf hebben willen gaan '*ready to do murder, but [he] was restrained by some of his team mates*' zoals een Engelse krant schreef. Frick moest stante pede het Waldhotel verlaten. Even ter relativering: een paar jaar na het smerige stuk *Schund* over Cruijff kreeg Guido Frick een ernstig auto-ongeluk, waardoor hij gehandicapt raakte en de journalistiek moest verlaten, om zich in de Verenigde Staten op de kunst toe te te leggen. Inmiddels leeft hij als schilder van luchtige impressionistisch werkjes. Het kan verkeren.

De middag van de wedstrijd tegen de regerend wereldkampioen Brazilië gaf Michels een persconferentie, waarin ook het stuk in *Bild* ter sprake kwam. De coach bagatelliseerde de ophef en zei dat hij in Spanje inmiddels wel het een en ander gewend was. 'Bij ons is het in ieder geval geen dooie boel,' zei hij.

In Nederland was men ongewis van de onrust die de publicatie van Frick had veroorzaakt. Men maakte zich meer zorgen om iets dat ze meer vreesden: de wedstrijd tegen de Brazilianen. Het was voor een van de schrijvers van dit boek de eerste keer dat hij zijn vader zenuwachtig, ja zelfs angstig zag. Vadertje Giphart, een stoïcijnse man die altijd rustig bleef als iedereen hysterisch raakte, zei vlak voor de wedstrijd tegen zijn zoon: 'Dat winnen ze nooit.' Hij had een bibberige ondertoon en het was de eerste keer dat vader Giphart ooit in zijn leven enige emotie toonde. *Dat winnen ze nooit.* Die gedachte zal door menigeen zijn verwoord. Oranje had tot dan toe een geweldig toernooi gespeeld, maar nu ze de ware kampioenen zouden treffen, zou aan hun zegetocht een einde komen. Het zou de jongens separeren van de mannen, of zoiets.

Wederom was het een kletsnatte avond en wederom werd er keihard gevoetbald. Nederland werd internationaal geroemd om het *Totalfussball*, maar dat Oranje-spelers ook de beste *freefighters* waren, bleef onderbelicht. De Brazilianen konden ook goed trappen, maar ze deden dat net iets te vaak in het zicht van de scheidsrechter, die drie spelers een gele kaart gaf en de goorste teringlijer van het veld stuurde (fluister even de naam Luis Pereira en spuug op de grond). Er wordt heden ten dage veel gemekkerd over schadelijke gevolgen van gewelddadige videospelletjes als Bloodborne of Mortal Kombat X, maar deze schaamteloze orgie van geweld heeft meer kinderen van onze leeftijd getraumatiseerd dan Grand Theft Auto 1 tot en met 5 bij elkaar. Daarin wordt bijvoorbeeld niemand nadat hij boven zijn knieën is afgezaagd voor de zekerheid nog even tegen zijn hoofd geschopt, zoals onze eigen faire vredesduif Johan Neeskens overkwam.

Voetballend stelden de Zuid-Amerikanen al helemaal niets voor, dus Oranje wist vrij gemakkelijk te winnen, na doelpunten van Neeskens en nachtbraker Cruijff (commentaar Herman Kuiphof: 'Wat een juweel van een doelpunt!') Na afloop was in huize Giphart de kalmte teruggekeerd. Het was zelfs alsof vader Giphart zich een beetje schaamde voor zijn gevoelsuitbarsting. Nederland stond in de finale, niets om je over op te winden.

Terug in het Waldhotel was er nog steeds consternatie over de stukken in de Duitse pers. Johan Cruijff zou meerdere malen langdurig hebben moeten telefoneren met zijn vrouw Danny en ook andere spelers hadden tegenover thuis iets te verantwoorden. Coach Michels besloot de woekerende onrust inzake de 'hetze' in de Duitse pers over het losbandige gedrag van de Oranjespelers ten voordele te gebruiken bij het creëren van een vijandbeeld. Dat vijandbeeld heette: de Duitsers. De moffen. De poepen. De *pruusj*. Voor wie geboren is na 1988: vanaf 1574 werden Duitsers in Nederland *moffen* genoemd, in het noorden van het land *poepen* en in het zuiden *pruusj*. Dit waren denigrerende woorden. Zelfs Koningin Wilhelmina sprak tijdens de Tweede Wereldoorlog in haar radiopraatjes vanuit Londen regelmatig over 'de moffen'.

Tegenwoordig lijkt het begrip — misschien wel terecht — wat in onbruik geraakt, maar in 1974 lag het woord 'moffen' bij iedere Nederlander voorin de mond. Ook de spelers van Oranje hadden een goed ontwikkelde hekel aan de oosterburen en dit zou hen in de finale ten goede kunnen komen. Voetbal is oorlog, zoals Michels zei. 'Niets schept zo'n band als een gezamenlijke vijand', schreef Tsjechov (dit is een echt citaat). Tijdens een persconferentie zei Michels dat als de Duitse kranten een oorlog probeerden uit te lokken: 'Dan ís het ook een totale oorlog.' Donald Trump zou zich er niet voor hebben geschaamd.

Op *de Volkskrant* na steunden de Nederlandse kranten en tijdschriften Michels en deden zij de stukken in de Duitse boulevardblaadjes af als een anti-Hollandse campagne. Dit waren geen gore roddels over onschuldige zwempartijtjes, dit was een aanval op onze manier van leven, onze tolerantie, onze vrijheid, op ons allemaal. Het was alsof de *moffen* alweer op de Grebbeberg stonden. Maar ditmaal konden we terugslaan en hen pijn doen waar we ze het hardst konden raken: in het Olympiastadion in München tijdens de finale van het WK op zondagmiddag 7 juli 1974. Getergd kwamen we op het veld. We zouden ze eens een Tweede Wereldoorlog teruggeven. *Von jetzt ab wirden Tore mit Tore vergelten.*

Nou ja, goed.

En toen kwam de finale, een wedstrijd waarover meer is geschreven dan over welke wedstrijd van Oranje dan ook. Wij hebben daar weinig aan toe te voegen. Wij, jongens van tien en acht jaar, herinneren ons van die laatste wedstrijd slechts flarden, beelden, herinneringen aan herinneringen. Voor ons was de finale vooral die eerste minuut. Rondtikken. Cruijff. Doorbraak. Penalty. Neeskens. Opstuivend krijt van de strafschopstip. Loeihard door het midden. 1-0. We werden wereldkampioen.

Een paar maanden na het WK 1974 verzamelden zich alle jeugdspelers van E.B.O.H. in Dordrecht in de clubkantine. Er hing een groot filmdoek. Als cadeautje bij het nieuwe seizoen werd de hele WK-finale herhaald. De wedstrijd begon en iedereen wist de uitslag. Dat deerde niet.

Na twee minuten veerden tweehonderd Dordtse jochies op om uitzinnig te juichen voor het Nederlands Elftal. Dat is het Oranjegevoel. Juichen, terwijl je weet dat je uiteindelijk hebt verloren.

We juichten en we zijn blijven juichen, ons tragische lot. Toen, daar, is het begonnen. Dat juichen om Oranje duurt — ondanks alle gezeik en alles wat we inmiddels weten en denken te weten — nog immer voort. Nederland won het WK 1974. Vijfentwintig minuten lang waren we wereldkampioen. Het was op dat moment voldoende. Alles was daarna kwam, was onbelangrijk.

1976

Van Totaal naar Afbraak

Nederland is het land van *Jogan Kroef*, de man die het voetbal heruitvond en er daarmee voor heeft gezorgd dat de wereld – wijzelf voorop – Oranje al bijna vijftig jaar door een roze bril bekijkt.

Nederland is ook het land van Het Eeuwige Gezeik en ook daarin heeft Johan Cruijff altijd een voortrekkersrol vervuld.

In de kwalificatieronde voor het EK van 1976 begint het totaalvoetbal van 1974 te vervagen. PSV'ers Jan van Beveren en Willy van der Kuijlen worden voor het eerst na hun vertrek uit het trainingskamp voor het WK in Duitsland weer opgeroepen en spelen samen met hun kwelgeest Johan Cruijff in één elftal tegen Polen. Nederland verliest met 4-1, het is zwaar hommeles in Oranje en de afvallige PSV'ers Van Beveren (de beste keeper van de wereld) en Willy van der Kuijlen (topscorer aller tijden in de Eredivisie) besluiten zich nooit meer ter beschikking te stellen.

Johan Cruijff grijpt met een machiavellistische meesterzet voor de tweede keer in twee jaar tijd de macht bij Oranje. Van Beveren en Van der Kuijlen worden publiekelijk als zondebok van de 4-1-uitnederlaag aangewezen en (nu voorgoed) de deur gewezen. Vervolgens spuugt Cruijff de twee vedettes van PSV nog een keer extra in de bek door bondscoach Knobel het bevel te geven de jonge Adrie van Kraaij (22) en Kees Krijgh (25), beiden eveneens van PSV, in de basis te zetten in de thuiswedstrijd tegen Polen. Van Kraaij is geen onlogische keuze: hij is een stabiele centrale verdediger bij PSV en zal ook op het EK van 1976 en het WK van 1978 een van de vaste krachten zijn.

De keuze van Kees Krijgh dient gezien te worden binnen het Umfeld van de vermaarde Cruijff-logica. Krijgh staat onder in de hiërarchie bij PSV. Hij is het type speler dat bij wijze van spreken op gure herfstavonden 's avonds laat gebeld wordt door Jan van Beveren om een blokje met diens hond om te lopen als meneer Van Beveren zelf geen trek heeft de deur uit te gaan.

Deze Kees Krijgh staat ineens in de basis in de eerste wedstrijd waarin Van der Kuijlen en Van Beveren tot persona non grata zijn verklaard.

Kees Krijgh zal in zijn carrière in totaal twee (2) interlands spelen.

Maar Cruijff zou Cruijff niet zijn als hij juist in deze wedstrijd met het nieuwe PSV-tweetal niet een van zijn allerbeste wedstrijden ooit in Oranje speelt.

Dat is Cruijff: de überversie van zichzelf naar boven laten komen op momenten dat zijn talent en leiderschap te discussie staan. (We noemen zijn comeback bij Ajax in 1981 en het kampioenschap van Feyenoord in 1984).

Nederland plaatst zich aldus voor de laatste (knock-out)-kwalificatieronde voor het EK. Tegen de Belgen wint Nederland in De Kuip met 5-0. Johan Cruijff en Rob Rensenbrink zijn zo mogelijk nog beter dan in de zomer van 1974. Doe uzelf een plezier en zoek op YouTube de vijfde goal van Nederland-België van 25 april 1975 even op. Kopbal Rensenbrink, na misschien wel de mooiste assist die Johan Cruijff ooit gaf.

Wat we dan nog niet weten is dat we op dat EK onze in 1974 opgebouwde reputatie in één wedstrijd volledig naar de gallemiezen helpen.

Op het EK in Joegoslavië doen vier landen mee. Laat ons God en zijn zoon Johan Cruijff danken dat EK's destijds toen nog amper bekeken werden, dat de wedstrijden slechts live werden uitgezonden in de landen die tegen elkaar voetbalden en vooral: dat een EK met vier landen voorbij is voor je er erg in hebt. Niemand, buiten de televisiekijkers, in de vier deelnemende landen heeft het EK van 1976 gezien. Helaas staat het wel op YouTube.

We herinneren ons dat toernooi allemaal vanwege de Panenka-penalty, maar we zouden ons dat EK moeten herinneren als het toernooi waarop ons land zijn ware gezicht laat zien. Op dit toernooi komt ons afbraakvoetbal tot grote bloei.

Nou ja, toernooi, het EK bestond vooraf eigenlijk maar uit één wedstrijd, die tussen Nederland en Duitsland, ofwel de finale. Nederland had een paar dagen ervoor een tussenstop in Zagreb om het nietige Tsjecho-Slowakije opzij te zetten, Duitsland zou even van gastland Joegoslavië winnen en dan kon zondag de wedstrijd gespeeld worden waar het allemaal om ging: Nederland-West-Duitsland, een herhaling van de WK-finale van 1974. En Nederland zou die finale natuurlijk winnen. Daar was alleen in eigen land, maar ook over de grens geen enkele twijfel over. Cruijff, Van Hanegem, Rensenbrink, Neeskens, Jansen, Rep, Rijsbergen, Suurbier, Krol: de Naranja Mecanica van 1974 was in 1976 nog vrijwel intact. Kind kan de was doen.

Het liep anders.

Na één wedstrijd lagen we eruit en hadden we meer dood en verderf gezaaid dan Dzjengis Khan op al zijn veldtochten bij elkaar.

In een aflevering van *Andere Tijden Sport* uit 2008 haalt Tom Egbers scheidsrechter Clive Thomas uit het verzorgingstehuis om hem te laten verklaren dat hij eigenlijk een grote blunder had begaan door enkele overtredingen van de Tsjechen niet te bestraffen met een rode kaart. Laat u niks wijsmaken. Kijk op YouTube naar de beelden van die wedstrijd en concludeer zelf: de moordaanslagen van Rijsbergen, Krol, Suurbier, Neeskens en Van Hanegem doen qua subtiliteit weinig onder voor de manier waarop Karadžić en Milošević twintig jaar later in dezelfde regio huishielden.

Na de primeur van de hardste wedstrijd ooit op een WK

(Nederland-Brazilië in 1974), valt Oranje nu ook de eer te beurt de hardste wedstrijd ooit op een EK te hebben gespeeld.

Neeskens maakt een van de hardste overtredingen die ooit op een voetbalveld werden waargenomen en wordt bestraft met een rode kaart waarvan zelfs Willem van Hanegem, dertig jaar later terugkijkend naar de beelden van de wedstrijd, beaamt: 'Ja, die was wel terecht.'

Willem van Hanegem, inmiddels ook uit het veld gestuurd, is na zijn rode kaart niet naar de kleedkamer vertrokken, maar blijft rondhangen op de atletiekbaan bij de cornervlag, in een poging ook na zijn verbanning uit het veld onverstoorbaar door te gaan met zeiken, zaniken, zuigen en zeuren. Als een Tsjechische speler een toegekende hoekschop wil nemen, pakt Willem hem de bal af en weigert hem terug te geven. Een pupillenwedstrijd is er niets bij.

Het mag niet baten. Beide ploegen eindigen met negen man. Nederland verliest van Tsjecho-Slowakije en heeft zichzelf onsterfelijk belachelijk gemaakt.

Einde EK.

Toch gaan we nog even door met dit hoofdstuk, om aan te tonen dat de wedstrijd tegen de Tsjechen op het EK geen incident was.

Het is een koude herfstavond in 1977 in het Olympisch Stadion in Amsterdam. Bij Oranje debuteert Hugo Hovenkamp van AZ'67. De ploeg uit Alkmaar is even daarvoor overgenomen door de puissant rijke gebroeders Molenaar, eigenaren van een keten in witgoed en een berg aan zwart geld. Cees en Klaas

Molenaar halen een hele batterij spelers naar AZ, waaronder Willem van Hanegem, Pier Tol en het grote talent Jantje Peters van NEC. (Ja, de Jan Peters die twee keer scoort op Wembley tegen de Engelsen, een met 0-2 gewonnen wedstrijd die wij als legendarisch beschouwen, maar die door niemand buiten onze landsgrenzen wordt herinnerd omdat het een friendly match was. *Who cares?*). Met dank aan de gebroeders wordt AZ'67 een keer kampioen, wint de club drie keer de KNVB-beker, haalt de finale van de UEFA Cup en gaat, uiteraard, daarna bijna failliet.

Maar we hadden het over Hugo Hovenkamp, die dan inmiddels is uitgegroeid tot de beste linksachter van Nederland. Roger van Gool, rechtsbuiten van 1. FC Köln en de Rode Duivels, is nog onbekend met het fenomeen Hovenkamp. Je kunt van voetballers niet de encyclopedische kennis verwachten die wij nu eenmaal wel hebben (lees: Roger van Gool had nog niet de beschikking over Wikipedia), maar wat de ongelukkige Roger van Gool nooit had moeten doen is zich de dag voor Nederland-België in de media hardop afvragen 'Hugo Hovenkamp? Wie is dat eigenlijk?'

Dat was dom.

In de vierde minuut van de wedstrijd wordt Roger van Gool de bal toegespeeld. Voordat de Belg goed en wel beseft wat er gebeurt, vliegt de arme rechtsbuiten een meter de lucht in en komt terecht op de wielerbaan van het Olympisch Stadion. Krimpend van de pijn doemt een gestalte boven hem op. De gestalte steekt een hand uit. De gestalte spreekt. 'Aangenaam, Hugo Hovenkamp is de naam.'

Waarom noemen we dit op zichzelf niet noemenswaardige moment? Omdat het de spreekwoordelijke schone bedoelingen van onze voetbalcultuur in proporties plaatst.

De wereld sprak ach en wee bij de karatetrap van Nigel de Jong in de finale van het WK 2010 tegen Spanje. Maar Nigel de Jong was geen incident, geen vlek op ons blazoen.

Nederland-Brazilië in 1974, de hardste wedstrijd ooit op een WK gespeeld.

Het voetbalterrorisme tegen de Tsjechen in 1976 in Zagreb.

Hugo Hovenkamp vs Roger van Gool in 1977.

De elleboog van Jan Wouters en het gebroken jukbeen van Paul Gascoigne in 1993.

De slag bij Nürnberg tegen de Portugezen in 2006 met zestien gele en vier rode kaarten.

De karatetrap van Nigel de Jong was geen incident.

Het was de voortzetting van een Hollandse traditie.

Maar laten we een beetje vrolijk afsluiten. Johan Cruijff laat in een uitwedstrijd tegen de Belgen iets wonderschoons zien. (Google even op België-Nederland+1977+Cruijff+lobje+Pfaff++compleet voor lul. 0-2, met een van de mooiste doelpunten die Johan Cruijff ooit scoorde.) We hebben het in woorden proberen te vangen, maar liepen tegen de grenzen van ons schrijverschap op. Laat ons volstaan met te zeggen dat het een lobje over de Belgische doelman betrof, op drie meter van de achterlijn. Kan zo in het Rijksmuseum.

1978

De Paal

1974 was een oudste zoon die door de hele familie met trots werd aanbeden. Natuurlijk hadden er luttele haakjes en oogjes aan zijn prestaties gezeten, maar man: wat had hij zijn familie gelukkig gemaakt. Daarentegen was 1978 eigenlijk maar een onbenul, een weerbarstig kind in wie niemand het eigenlijk zag zitten. Met slaande deuren had 1978 het huis verlaten, om buitenshuis onverwacht toch enig succes te halen en daarna weer — aanvankelijk schoorvoetend — tot de familie te worden toegelaten. Niemand had enige verwachting van hem gekoesterd, maar er kon toch niet worden ontkend dat hij aardig terecht was gekomen, al kwam hij dan in obscure plaatsen. Of nou ja... aardig... 1978 haalde in Argentinië de finale en werd BIJNA WERELDKAMPIOEN.

En daarmee was 1978 een stuk dichterbij dan 1974.

Een treffend citaat vonden we in het boek *Wereldkampioenschap Argentinië 1978* van Hans Molenaar en Herman Kuiphof (uitgegeven in 1978). Na de aanvankelijk moeizame maar niet al te zware kwalificatie voor het toernooi, schreven de journalisten: 'Dat betekende dat het traditionele Nederlandse spelletje van zanikken [sic] over álles rond de voorbereiding voor de eindronde, toen kon beginnen. En niemand zal durven beweren dat men die kans voorbij heeft laten gaan. We zullen er géén hoofdstuk aan wijden, we zouden van dit boek een encyclopedie moeten maken...'

We spellen 'zanikken' tegenwoordig met één k, maar daar zaniken we verder niet over. Blijkbaar was Het Eeuwige Gezeik toen al zo tot de volksaard doorgedrongen dat Kuiphof en Molenaar erover dachten om er een heel naslagwerk van te maken. De encyclopedie van het zaniken. Hadden ze die maar geschreven, dat had ons een hoop werk bespaard.

Er viel over 1978, met name over de weg ernaar toe, veel te zaniken. Het gezanik onderscheidde zich in twee hoofdstromingen, stromingen die aan het einde samen uitmondden in een zee van ophef over onze deelname aan het WK. De eerste stroming was het maatschappelijk verzet over de wandaden van de Argentijnse junta, dat in Nederland steeds luider begon te klinken, en de tweede onze voetbaltechnische kwaliteiten en de vele afzeggingen die de KNVB binnenkreeg.

We kunnen het natuurlijk alleen over voetbal hebben, maar als een WK wordt gehouden in een militaire junta, moeten we stilstaan bij de geschiedenis. Nadat de immens populaire militaire leider Juan Perón in 1955 in Argentinië was afgezet, volgde er een turbulente tijd. Pas in 1973 werd de democratie hersteld, waarna Perón en zijn nieuwe echtgenote Isabel, een Spaanse nachtclubzangeres, terugkwamen uit ballingschap. Perón werd gekozen tot nieuwe president. Om het in de familie te houden, benoemde hij zijn nieuwe echtgenote tot vice-president. Zo gaat dat in die landen. Helaas overleed Perón een jaar later, waarna hij werd opgevolgd door Isabel, die daarmee — *funfact!* — de eerste vrouwelijke president ter wereld werd. Lang duurde haar regering niet, want in 1976 werd zij ontvoerd en afgezet. Het was geen lieverdje, deze Isabel, want onder haar leiding begon men in Argentinië met het 'vernietigen' van de linkse oppositie. Dat vernietigen mogen we letterlijk nemen. Vermoorden.

Na de staatsgreep van 1976 werd de nieuwe machthebber Jorge Videla, een andere gewetenloze moordenaar. Hij maakte van Argentinië een dictatoriale staat, waarin de vrije pers monddood werd gemaakt en duizenden tegenstanders van het regime werden gemarteld en gedood. De Argentijnse junta sprak later zelf van de *Guerra Sucia*, oftewel de Vuile Oorlog, waarbij verdwijningen, babyontvoeringen en andere misdaden het land onder een deken van terreur legden. En in die omstandigheid zou het WK voetbal worden georganiseerd. Moet kunnen toch?

Twee van de mensen die zich hevig stoorden aan het idee dat de wereld gedachteloos wat zou speleballen in een land waar tegenstanders van het regime met elektrische schokken werden gemarteld of boven zee uit vliegtuigen werden gegooid, waren Freek de Jonge en Bram Vermeulen. In februari 1978 begonnen zij te toeren met hun theaterprogramma *Bloed aan de paal*, waar ze met liedjes en sketches de Argentijnse junta en de KNVB probeerden te hekelen. De voorstellingen liepen uit op zaaldiscussies over de vraag of het Nederlands Elftal zich wel moest laten afvaardigen naar die folterkamer. Het debat hierover begon volgens de berichten in de krant zelfs de mogelijke speelstijl en de tactiek van Oranje te overstemmen.

De regering besloot zich niet met de kwestie te bemoeien en het aan de KNVB over te laten 'want het ging om voetbal' en de KNVB besloot zich afzijdig te houden en het aan de regering over te laten 'want het ging om politiek'. Er was een VVD-minister die het maar zonde vond als Nederland de moeizame kwalificatie voor de eindronde zomaar uit handen zou geven. Zo vaak gebeurde het verdulleme niet dat Nederland op het hoogste niveau kon meespelen én we zouden zeker een kans hebben om wereldkampioen te worden. Moesten we dat in de waagschaal leggen voor een paar verdwenen armoezaaiers en oproerkraaiers?

En de voetbalwereld zelf? Daar viel niet zoveel van te verwachten. Journalist Matty Verkamman — in zijn eentje de Bernstein en Woodward van de Nederlandse voetbaljournalistiek — tekende op hoe Ernst Happel en Jan Zwartkruis, de coaches van Oranje, zich 'van hun domste kant lieten horen'. Happel haalde zijn schouders op over de kwestie en zei: 'Wat kunnen mij de mensenrechten schelen, we gaan naar Argentinië om te voetballen, politiek interesseert mij niet.' En Zwartkruis bezocht Buenos Aires voor de voorbereiding en vertelde vol onbegrip: 'Ik voel mij er op straat veiliger dan in mijn woonplaats Amersfoort.' Lees deze alinea gerust nóg een keer.

Ook veel voetballers vonden het overdreven om niet naar Argentinië te gaan. Er waren spelers die vooraf aankondigden wel naar het plein te willen waar de Dwaze Moeders om aandacht schreeuwden voor hun verdwenen kinderen, maar dit leek de laffe bestuurders van de KNVB geen goed idee. Een andere verzetsdaad kwam van aanvoerder Ruud Krol, die bekendmaakte dat als Oranje het toernooi zou winnen, hij bij wijze van afkeuring de beker niet uit handen van Videla zou aannemen — een aankondiging die de dictator moet hebben doen bibberen van ontzag.

Uiteindelijk besloot de KNVB gewoon te gaan, al verstomde dat de tegenstand niet. Men had bedacht dat Oranje zou worden uitgezwaaid op Schiphol, maar Bram & Freek (in de volksmond 'Dram & Preek') hadden in de vertrekhal een demonstratie georganiseerd. Er hingen spandoeken met teksten als: 'Verraders!' In samenspraak met de politie besloot men de selectie via een zij-uitgang naar hun vliegtuig te laten uitwijken. Daarover werd schande gesproken. 'Alsof we misdadigers zijn,' liet Zwartkruis woedend optekenen. Hij moest eens weten wat hem in Buenos Aires nog te wachten stond.

Eenmaal aangekomen in Buenos Aires werd het nog knettergekker. De Nederlandse ambassadeur in Argentinië — jonkheer Donoré van den Brandeler — stak in zijn welkomstwoordje een tirade af tegen Nederlandse journalisten.

Hij sprak van 'volstrekt gekleurde informatie' over Argentinië en het generaalsbewind. "Men spreekt van negenduizend verdwijningen en men baseert zich dan op Amnesty International. Niemand gelooft dat hier. Neemt u van mij aan dat de heer Videla een keurige katholieke man is, een fatsoenlijke christen!"'

Toch fijn om te weten. In het drie kilo zware koffietafelboek *Voetbal in een vuile oorlog* (2008) van Iwan van Duren & Marcel Rözer, is een lijst opgenomen van de honderdtwintig mannen en vrouwen die tijdens het WK in Argentinië dankzij de fatsoenlijke katholieken verdwenen. Voor ons volstrekt onbekende lieden als Pablo Torres, Adolfo Chowi, Mirta Adriana Bai. Gedenk hun namen. Mensen die het leven lieten, terwijl de rest van de wereld de ogen had gericht op grasmatten en persconferenties over blessures, opstellingen en 'de belangrijkste bijzaak van de wereld'. Een bijzaak die op dat moment in Argentinië alle hoofdzaken overstemde.

De tweede hoofdstroom van het gezanik om Oranje ging over het voetbal zelf. In het vorige hoofdstuk hadden we het al over de kwalificatie voor het WK 1978. De aanloop bracht nog een ander fenomeen: spelers die bedankten voor de eer. De Nederlandse pers raakte er niet over uitgeschreven: de ene na de andere voetballer besloot niet mee te reizen. Dit had meerdere redenen. Sommige spelers vonden het simpelweg een te grote opgave. Sommige spelers hadden er geen zin in omdat ze ervan uitgingen op de reservebank terecht te komen. Sommige spelers hadden geen zin in Argentinië. Sommige spelers voelden zich te oud en van sommige spelers begreep niemand waarom ze afhaakten.

Uiteindelijk was de lijst afzeggers groot. Van der Kuijlen, Treijtel, Geels, Van Beveren, Hovenkamp... en natuurlijk Johan Cruijff en Willem van Hanegem. Over hen werd door journalisten geschamperd (in casu door Molenaar en Kuiphof): 'De jongelui vinden weliswaar de hoge honoraria, de voortreffelijke levensstandaard, de roem, de eer, de glorie en de welstand volstrekt normaal, maar de andere kant van de medaille willen zij niet accepteren. Ze moeten het tot op zekere hoogte zelf weten, maar kerelswerk is het niet.'

Kortom, je hebt je maar voor je land in te zetten, of je dat nu wilt of niet. Anders ben je geen kerel.

Ruud Geels gebruikte bij zijn afzegging het argument dat hij vijf weken van huis een te grote belasting voor zijn gezin vond. Lees even mee hoe daar in de pers cynisch op werd gereageerd: 'Misschien ontroert het sommige lezers tot tranen toe. Je ziet het beeld al vóór je: de profvoetballer in de familiekring. De toffels aan. Glaasje frisdrank binnen handbereik. Twee blonde kinderen, die liefdevol naar Vader opzien en de Echtvriendin, die zojuist de lovende recensies heeft uitgeknipt en een sinaasappeltje schilt voor de Heer des Huizes. Wie zou dit 5 weken lang willen missen?'

De heren journalisten vergaten wellicht dat Geels in 1974 pispaal was geweest en de drie weken in Duitsland 'de ergste van zijn leven' noemde.

Cruijff had al ver voor het WK aangekondigd dat hij er niet bij zou zijn omdat hij zichzelf te oud vond. In april 1978 was hij 31 geworden — een leeftijd waarop nog veel wereldsterren hadden geschitterd. Maar hij vond het welletjes, qua Oranje. Tijdens het WK van 1974 kon hij als absolute leider het team naar de bijna-eindoverwinning brengen, maar of hij dat kunstje nog eens kon flikken was de vraag.

Critici waren het erover eens dat de spelers die in 1974 glans gaven allemaal minder — of in ieder geval niet beter — waren gaan voetballen. Wim Jansen, Neeskens, Suurbier en noem ze maar op, waren ouder geworden, langzamer, misschien minder hongerig. Cruijff vond dit van zichzelf ook. Er is over zijn afzegging veel geschreven en beweerd. Volgens sommigen had het wellicht te maken met de liederlijke uitspattingen in het Duitse Waldhotel dat Cruijff minder genegen was zijn huwelijk nog een keer op het spel te zetten. Ook was er de angst voor ontvoering en de politieke situatie in Argentinië. Als wereldster zou Cruijff *main target* zijn. Anderen zagen dat Cruijff gewoon geen zin had in het hele circus, de spanningen, de geldkwesties, de besprekingen, de persconferenties, de verveling, het sociale verkeer, et cetera. Een handtekeningenactie om hem te overreden toch naar Argentinië te gaan, mocht niet baten.

Op het allerlaatste moment besloot ook De Kromme zich af te melden. Wellicht dat hij had gehoopt dat Ernst *'kein geloel foesbal'* Happel het Oranjeteam om hem heen zou bouwen, zodat hij kon stralen te midden van de mindere goden. Hij, de vedette, de dirigent, de 'Cruijff van 1978'. De trainer was echter minder gecharmeerd van zijn voormalige oogappel. Er waren genoeg middenvelders die de rol van Van Hanegem konden overnemen. Teleurgesteld had De Kromme (destijds 34) al een keer aangekondigd niet naar Argentinië te gaan, maar daar was hij later op teruggekomen. En toch voelde het niet goed. Van Hanegem voerde een lang gesprek met Happel, over speelgaranties, de spelwijze en de eventuele rol voor de Zeeuwse sterspeler. Ze besloten er beiden nog even over na te denken. Terug in zijn achtertuin werd Van Hanegem geïnterviewd door Kees Jansma. Huilend reageerde De Kromme op het bericht dat de KNVB had bekendgemaakt dat Van Hanegem bedankte voor de eer.

'Happel dacht dat ik bedankte omdat ik niet in de basis stond,' zei hij. 'Ik was op dat moment een van de oudste spelers en niet de snelste. Happel vertelde me al dat ik voor de eerste of de eerste twee wedstrijden niet in aanmerking zou komen. Daarop zei ik dat ik er niet achter sta daar naartoe te gaan. Voor de groep zou ik alleen maar ergernis vormen als ik de eerste wedstrijden niet kon spelen.'

Jaren later zou De Kromme tegenover Johan Derksen de echte reden onthullen waarom hij niet meeging. Het was niet dat Happel hem geen basisplaats wilde garanderen, want dat gold volgens Van Hanegem alleen voor de eerste wedstrijd. Uiteraard ging het weer om iets typisch Nederlands: geld. Van Hanegem,: 'Ik vond het doorslaggevend dat topspelers als Haan en Ruud Krol de persoonlijke commerciële inkomsten niet met de selectie wilden delen. Dat was in 1974 wel het geval.'

Dankzij de vele afzeggingen en de nogal zwakke voorbereiding had de internationale voetbalwereld gemengde verwachtingen van Oranje. De Franse sportkrant *L'Équipe* concludeerde dat de Nederlandse ploeg geen schim was van het team dat in 1974 de wereld versteld deed staan. Andere kranten waren positiever.

Goed nieuws kwam er uit de wereld van computernerds. In april 1978 hadden computerdeskundigen met behulp van een gigantische computer in Rome maar liefst drieduizend verschillende gegevens met elkaar verbonden (er zijn tegenwoordig broodroosters met een grotere rekenkracht). Het resultaat van 'het duivelse apparaat' voorspelde dat Nederland wereldkampioen zou worden in een finale tegen Brazilië en dat de Argentijnen tegen de West-Duitsers zouden strijden voor de 3e en 4e plek. Zo hoorden we het ook eens van een ander.

De loting ging net als voorgaande jaren weer gepaard met onbegrijpelijkheden. Op zaterdag 14 januari 1978 werd de trekking verricht, in Buenos Aires. Vooraf was er een felle strijd tussen de Italiaanse en de Nederlandse voetbalbond welk land lotnummer 13 toegewezen zou krijgen. Dat land zou namelijk als sterkste land worden geplaatst in groep IV en dus op die manier Argentinië (groep I), West-Duitsland (II) en Brazilië (III) ontlopen. De KNVB won het dispuut en Oranje kon zich verheugen op een niet-overdreven zware poule met Peru, Schotland en Iran. Het is altijd een beetje tricky als Nederland vooraf denkt dat een poule niet overdreven zwaar is.

Nederland was in zulk slechte doen dat het de officiële bondscoach Zwartkruis en de échte bondscoach-supervisor Ernst *'das ist eine Katastrophe'* Happel nog behoorlijk veel hoofdbrekens gaf om een ronde verder te komen. Het Nederlands Elftal was neergestreken in het afgelegen Potrerillos (wie weet hoe je het uitspreekt mag het zeggen), een dorp met krap tweeduizend inwoners aan de voet van de Andes, vlak bij de Chileense grens. Het voelde als een verbanning. Telefonie met Nederland was niet tot nauwelijks mogelijk, de telex werkte niet en er waren aanvankelijk geen Nederlandse kranten. En toen die wel kwamen, stond er weer een berg onzin in. Zo meldde *Het Parool* dat de spelers in hun afzondering toch weer kans hadden gezien een seksschandaal te veroorzaken ('Kamermeisjes op de vlucht voor spelers'). Ook een Argentijnse krant meldde dat de Nederlandse spelers met nota bene oranje herenslip achter Argentijnse meisjes aan waren gegaan. Het detail van die onderbroeken had het verhaal niet geloofwaardiger gemaakt.

Natuurlijk waren er weer de gebruikelijke pesterijen en kampvorming: de Rotterdammers hadden een rotseizoen en dus weinig in de melk te brokkelen, de Amsterdammers deden het in de competitie ook niet al te best, belangrijke Eindhovenaren hadden afgezegd uit onmin over Het Eeuwige Gezeik met de Rotterdammers en Amsterdammers, de 'buitenlanders' die bij Anderlecht voetbalden moesten weinig hebben van de Randstedelingen en andersom, en er was niemand die de afwezigheid van Cruijff, Van Hanegem en Piet Keizer aangreep om de leiding binnen de selectie te nemen. Kortom Oranje *as usual*.

De eerste wedstrijd van Oranje tegen Iran leverde direct problemen op. Nederland zou op papier de dwerg Iran moeten oprollen.

Laten we het eens over Iran hebben. In dat land is altijd gevoetbald, altijd, overal, op alle straten, op de veldjes tussen de huizen in, in de schaduw van de Valse-christusdoornbomen, in de stegen, in de harten vooral. Voetbal werd in Perzië gespeeld sinds het jaar 1898. In 1907 werd de eerste club opgericht, de Tehran Football Association Club, en hoewel de teams louter uit Britten waren samengesteld, vroegen zij regelmatig Iraanse omstanders mee te spelen. De eerste bekende Perzische voetballer was Karim Zandi; hij speelde van 1908 tot 1916. Oude vrouwen fluisteren nog immer zijn naam als ze elkaar in de stegen tegenkomen. 'De voeten van Allah.'

De reis van het water gaat altijd van boven naar onder, ook in het voetbal. Schoonheid ligt in wanorde, die hoog oprijst. De schoonheid van het onverwachte. Deze oude Perzische wet liet zich ook gelden in de wedstrijd tegen de hovaardige Nederlanders. De fanatieke Perzen speelden hard en ontregelend. Bij Nederland was René van de Kerkhof uitblinker, al had hij bij het ontwijken van een voetbalschoen van Allah zijn middenhandsbeentje gebroken. Het voetbalgekke moordcommando van de Sjah ging uiteindelijk met 3-0 ten onder.

Dat middenvoetshandje van Van der Kerkhof zou nog voor grote problemen zorgen.

Laten we het erop houden dat Oranje niet overtuigend voetbalde (Nederland-Peru 0-0). Ook de wedstrijd tegen de Schotten had wel aangetoond dat er nodig iets moest veranderen. Happel besloot tegen Oostenrijk het maar eens met een andere keeper te proberen en hij had zo zijn eigen manieren om dit aan de groep te vertellen. Na een afmattende keeperstraining zei hij tegen de verbaasde Piet Schrijvers: *'Du Dicke, du spielst morgen.'* Hé dikke, je speelt morgen. Je zou er nu als trainer niet meer mee wegkomen, maar toen kon het. Wat moet het verfrissend zijn om tegen bijvoorbeeld Dirk Kuijt liefdevol te zeggen: 'Hé opa, je speelt morgen.' Tegen Sneijder: 'Hé ukkie, je speelt morgen.' Doe-opdracht: verzin hier zelf nog drie voorbeelden.

Jan Jongbloed, die zich tijdens het toernooi wat al te nadrukkelijk had gemanifesteerd als lolbroek en gangmaker, werd tot zijn eigen verbijstering aan de kant gezet. En niet alleen hij, het hele team ging op de schop. Happel koos voor verjonging, met spelers als Wildschut, Brandts en Poortvliet. Boink. Wat was dat? Dat waren de helden van de '74-generatie die van hun voetstuk vielen.

Happels tactiek bleek de juiste. De Oostenrijkers dachten van zichzelf dat ze in een *Gewinnstimmung* zaten, terwijl iedereen voorspelde dat de Hollanders zichzelf alleen maar *scheißen würde setzen*. Dus niet. Het werd 5-1. Na negentig minuten waren de Oostenrijkers *gedemütigt und geschlagen*. Nederland was klaar voor erfvijand Duitsland.

Nu hadden we op dit punt een enorm wedstrijdverslag, maar we werden teruggefloten door onze redacteuren. 'Het geheim van een goed voetbalboek is volgens mij dat er zo min mogelijk over de gebeurtenissen op het veld wordt geschreven,' schreef een oude rot in de kantlijn, waarop wij deemoedig al onze van Wikipedia overgeschreven voetbalkennis schrapte. Het volstaat om de eindstand te melden. Tegen West-Duitsland werd het 2-2, een gelijkspel dat voelde als een overwinning, omdat - in tegenstelling tot de finale daarvoor - Oranje nu echt had overheerst. Winnen van de Duitsers, zoveel was duidelijk, kon nooit. Dit was het maximaal haalbare.

Als het Nederland vervolgens zou lukken om Italië, finalist van 1970, op minimaal een gelijkspel te houden, zouden we voor de tweede keer op rij in de finale staan, een resultaat dat vooraf niemand voor mogelijk had gehouden. Al in de 19e minuut maakte Ernie Brandts een *double whammy*: met een krampachtige sliding scoorde hij niet alleen een eigen doelpunt, maar ook een grote vleeswond bij Piet Schrijvers!

Met een brancard moest de Beer van de Meer het River Plate Stadion uit worden gedragen door een team van negenendertig getrainde gewichtheffers. Jan Jongbloed, die erg verongelijkt en nukkig had gereageerd op zijn vertrek naar de reservebank, spuugde in zijn blote handen en betrad het veld. Nederland kwam in die eerste helft niet in zijn spel.

Tijdens de rust gaf Happel een donderspeech met als boodschap dat de spelers zich niet door Italië moesten laten dicteren hoe ze zouden spelen. Ze moesten 'vooral zichzelf blijven' hield hij zijn spelers voor. Deze *Libelle*-boodschap kwam blijkbaar aan, want na rust speelde Oranje de Italianen van het veld. Ernie Brandts en Arie Haan deden wat eerder Johnny Rep had gedaan tegen de Schotten: de bal ongegeneerd hard in het kruis jassen van een meter of dertig. We gingen naar de finale.

In het al eerder aangehaalde tegelzware boek *Voetbal in een vuile oorlog* staat een minutieus verslag van de laatste dagen van het toernooi, een verhaal dat leest als een bilspierknijpende thriller. Hoe de spelers na de wedstrijd tegen Italië feestvierden. Hoe de treiterige zwijgsacherijn Happel en de babbelzieke windvaan Zwartkruis voortdurend botsten (Zwartkruis: 'Ik ga nooit meer met die man in zee.'). Hoe er bij de spelers werd ingebroken (bij Jan Poortvliet werden cadeaus voor zijn naderend huwelijk gestolen). Hoe de spelers graag eens een kijkje wilden nemen bij de Dwaze Moeders, die iedere dag verbeten bleven protesteren op het Plaza del Mayo en hoe dit door de Argentijnse bewakers van Oranje werd verboden.

De enige die zich hier niets van aantrok was Wim 'de standvastige' Rijsbergen, die een fiets regelde en in zijn eentje naar het beruchte Plaza fietste. Citaat uit *Voetbal in een vuile oorlog*: 'Hij voelt zich betrokken bij het leed van deze mensen [...] Op het plein ziet hij oude vrouwen met hoofddoeken die met de foto's van verdwenen familieleden rondjes lopen. Er hangt een spandoek dat hij niet kan lezen. [...] Rijsbergen voelt zich ongemakkelijk. Moet hij niet wat zeggen? Misschien een stukje meelopen. Na een tijdje met zijn fiets in de hand toegekeken te hebben, draait hij zich weer om. Wat een wereld.'

Ondertussen maakten de spelers zich druk om andere zaken. Er was weer een groot conflict over voetbalschoenen, sponsoring en (joh, echt?) geld. Haan had voor de finale onverwachts een lucratief dealtje gesloten met een verdwaalde vertegenwoordiger van Puma (hij kreeg $ 20.000,- en twee paar schoenen), wat scheve ogen had gegeven bij de rest van de ploeg. Ruud Krol wilde dat Haan die buit in de gezamenlijke pot stopte en daar was Arie het dan weer niet mee eens. Uiteindelijk werd alles gesust, maar de schermutselingen waren ten koste gegaan van de voorbereidingen en analyse van de Argentijnse tegenstanders.

Hoe lauw Nederland tot dan toe het WK had beleefd, hoe hoog werd de koorts nu dat de finale naderde. De gekte in Nederland was echter geen schim van de volkswaanzin die zich van Buenos Aires meester maakte. Op weg naar het stadion werd de spelersbus van Oranje belaagd door duizenden agressieve Argentijnen die hun slaand tegen de ruiten hun tegenstander welkom heetten. Het leek op een scène uit *The Night of the Living Dead*, waarin waanzinnige zombies proberen de laatste levenden op te slokken. *'They're coming to get you, Barbra!'*

Er is veel geschreven over de intimidatietechnieken waarmee de Argentijnen (bondsleden, beveiligers, politie-agenten, militairen, supporters) het moraal van de Nederlanders probeerden te breken. In de finale stonden vijfentwintig miljoen Argentijnen tegenover elf Oranje-spelers. In de kleedkamer van *El Monumental* – bijnaam van het River Plate – zat de ploeg van Happel stilletjes bij elkaar, terwijl om hen heen de wereld kolkte.

De supervisor had slechts zes minuten nodig voor zijn wedstrijdbespreking. Doodgemoedereerd vertelde hij wie er speelde en wie wie moest dekken.

Der mit die lange Haare ist fur Jan,' zei Happel. 'Die met die lange haren' sloeg op de Argentijnse steraanvaller Mario 'de Matador' Kempes. Jan was Jan Poortvliet. De wedstrijdbespreking van de Argentijnse coach Menotti, een deur verderop in de gang, was nog korter. Hij plantte slechts één zin in de koppen van zijn spelers: '*Hoy en día nos convertimos en campeones del mundo*'. Vandaag worden wij wereldkampioen.

Wat volgde was een psychologische zenuwoorlog. Omringd door stugge militairen moesten de spelers van Oranje ellenlang wachten in de koude catacomben tot ze het veld op mochten om zich warm te lopen. Dat duurde Happel te lang, hij gaf opdracht het cordon van — deels bewapende — beveiligers te breken. In het stadion wachtte een vijandig bloeddorstig monster met 77.000 koppen (dat was de officiële opgave; volgens sommigen zaten er zeker 82.000 psychopaten bijeengepakt).

Maar nog was de psychologische strijd niet gedaan. Menotti had zijn aanvoerder Passarella opdracht gegeven de officiële opstelling voor de volksliederen te trainen om de concentratie van de Hollandse ploeg te breken. Wij, destijds puberende hormoonfrustraatjes, kunnen ons nog kwaad maken om de pathetische misbaar die de Argentijnen plotseling maakten over — daar is hij weer! — de gipsen polsbandage van René van de Kerkhof.

Zijn beschermende manchet zou onreglementair zijn en mogelijk gevaar opleveren voor de tere Argentijnse spelertjes. Passarella eiste dat de PSV'er het ding af zou doen, een zotte gedachte die slecht één doel had: Nederland en Van de Kerkhof te ontregelen. Dit lukte in René's geval redelijk.

Wie zich ook liet intimideren was de Italiaanse scheidsrechter Sergio Gonella. In alle Nederlandse huiskamers — ook in die van ons — en in die van de rest van de wereld werd gevolgd hoe deze scheids met de verbouwereerde Van de Kerkhof van het veld liep en hoe iedereen zich met de situatie begon te bemoeien. De Nederlanders voerden aan dat René het vermaledijde ding ook al had gedragen in eerdere WK-wedstrijden en dat er toen niets aan de hand was geweest. Onder leiding van Erich Linemayr, die de wedstrijd tegen de Schotten had gefloten en die in de finale grensrechter was, had Van de Kerkhof gewoon mogen spelen. Frits Kessel probeerde nog in allerijl een laagje schuimrubber om de bandage te bevestigen, maar ook dit werd door de Argentijnen en hun Italiaanse handlanger niet geaccepteerd.

Happel gaf aan dat zijn spelers hun maatregelen mochten nemen. Vanaf de zijlijn begonnen Neeskens en Krol te gebaren dat iedere Nederlander van het veld moest, richting de kleedkamer. Als de Argentijnen het zó wilden spelen, konden ze het godsamme krijgen. Er zou niet worden afgetrapt zonder Hollanders op het veld. Nooit eerder had de voetbalwereld een dergelijk staaltje koelbloedigheid gezien. Happel zei tegen officials: *'Okay, dan spielen wir nicht.'*

Wereldvoetbalgeschiedenis. Stoïcijns, maar amechtig rokend, ging de Oostenrijker verder dat als Van de Kerkhof werkelijk niet mocht spelen, hij een paar uur bedenktijd nodig had om een nieuwe opstelling te maken. Dat idee boezemde de Argentijnen bezorgdheid in, want wereldwijd stonden er een paar miljard tv-toestellen afgesteld om de wedstrijd te volgen. Het zou een blamage zijn als de finale uren werd vertraagd.

Het Nederlands Elftal trok zich terug in de kleedkamer om te overleggen. In een crisiscentrum waar politie-eenheden en psychologen onderhandelen met overspannen terroristen die de president van Amerika hebben ontvoerd en nu op het punt staan een atoombom te laten afgaan in het centrum van een miljoenenstad: daar zou niet zo'n stress heersen als die op dit moment in de kleedkamer van Oranje. De spelers stonden er te schreeuwen, maar ook bondsbestuurders, politie-agenten en zelfs militairen met pistolen. Willy van de Kerkhof meende dictator Videla voorbij te zien komen, maar dat is nooit door iemand bevestigd (waarmee het waarschijnlijk waar is). De spelers waren het erover eens: als René van die klootzakken niet mocht spelen, speelden zij ook niet en kon iedereen zijn spullen pakken.

Het was FIFA-voorzitter João Havelange die een oplossing forceerde. Eerst informeerde hij bij Happel of de spelers werkelijk van zins waren niet aan te treden als Van de Kerkhof zijn stomme gipskoker niet mocht dragen. Toen Happel dit bevestigde, pakte Havelange een rol verband en vroeg hij — onbekend aan wie — het de manchet van René te mogen wikkelen. Toen dit was gebeurd, zei hij: *'So, now he can play.'* En daarmee was die slag voor de Nederlanders.

De intimiderende schermutselingen hadden wel degelijk invloed gehad op de Nederlandse spelers, in die zin dat zij compleet opgefokt aan de wedstrijd begonnen. Thuis op de bank in Nederland hadden wij dat destijds niet door en ook in de perceptie is het altijd zo geweest dat de Argentijnen volslagen losgeslagen waren en met behulp van een omgekochte scheidsrechter de onschuldige kaaskoppen zo snel mogelijk zo veel mogelijk pijn wilden doen. Het bloed dat aan de paal zat, zou het bloed op de shirts en op de grasmat worden. Dat is echter een door de Nederlanders herschreven geschiedenis, zoals ook uit *Voetbal in een vuile oorlog* blijkt. 'Overal bloed, maar Oranje begon', luidt een van de hoofdstukken.

Er zijn lieden die oprecht denken dat voetbal troost biedt, dat de amusementswaarde van voetbal mensen die worden geplaagd door tegenslag en armoede hen kortstondig wat verlichting biedt. Voetbal als zalving, voetbal als doekje tegen het bloeden. Dat geldt misschien voor een wedstrijd als PEC Zwolle tegen Heracles, maar voor de WK-finale 1978 zeker niet. Deze wedstrijd behoort tot de hardsten ter wereld ooit gespeeld.

Twee minuten na het eerste fluitsignaal deelde Poortvliet de eerste doodschop uit. Onder normale omstandigheden zou hij daarvoor een rode kaart hebben gekregen, maar dat durfde scheidsrechter Gonella in het licht van wat eraan vooraf was gegaan niet aan. De PSV'er kreeg niet eens geel. Dat schiep een precedent, want andere Hollanders volgden Poortvliets voorbeeld. Nederland ging in het eerste deel van de wedstrijd niet voor de goals, maar voor *the kill*. Rep gaf een kopstoot. Haan schopte een tegenstander bijna invalide. Neeskens maakte ruzie. Pas toen Haan en Poortvliet opnieuw keiharde overtredingen begingen, durfde een Argentijn iets terug te doen. De wedstrijd ontaarde in een ordinaire vecht-, haak-, schop-, sla-, wurg- en schietpartij. René van de Kerkhof werd het doelwit van Daniel 'de grote kapitein' Passarella en Alberto 'de bloedhond' Tarantini. De Nederlandse verzorger Pierre van den Akker had, toen hij René in het veld moest oplappen, een goeie tip voor de PSV'er. Hij tikte op diens gipsverband en zei: 'Geef die Argentijnen er maar een paar goede beuken mee.' Zo'n wedstrijd was het.

De teams waren aan elkaar gewaagd, al kwam Argentinië zeven minuten voor rust op voorsprong en al had Oranje een beter veldspel. De ploegen sloten zich niet op, maar bleven, tussen het schoppen door, voetballen. Het duurde tot de twee-entachtigste minuut voordat Dick Nanninga de gelijkmaker scoorde. De verlenging was heel dichtbij toen de reguliere speeltijd werd gehaald. Iedereen verwachtte dat de scheidsrechter zou affluiten. Maar het spel ging verder. De waterdragers, verzorgers en *flufgirls* stonden al klaar om de vermoeide spelers op te lappen voor het volgende halfuur. Krol zag op dat moment een speler vrij op links. Hij gaf een pass richting het strafschopgebied. 17 seconden in blessuretijd nam Rob Rensenbrink de voorzet aan en hij schoot tegen de...

Nou ja, *fuck it.*

We kennen allemaal het verhaal en hoeven dat niet uitentreuren te blijven herhalen. Rensenbrink is er jaren later ook bekant gek van geworden: dat eeuwigdurende gezeik over die kutbal op die kutpaal. Had hij... Mocht hij... Kon hij... Dat had... Dat moest... In Nederland hoorden we Theo Reitsma in onze huiskamers roepen: 'Rensenbrink... Rensenbrink... Tegen de paal. Tjongejongejonge, wat was dat bijna de wereldbeker voor Nederland.'

Maar bijna was niet goed genoeg. In de verlenging scoorde Argentinië nog twee keer en het spel was gedaan.

Wederom was het Oranje niet gelukt om wereldkampioen te worden.

Veel mensen hebben achteraf gezegd dat Argentinië sowieso zou hebben gewonnen, ook als Rensenbrink die bal wél in het doel had weten te schoppen. De scheidsrechter zou dan net zo lang hebben laten doorspelen tot Argentinië tot winnaar kon worden uitgeroepen. We zullen nooit weten of dat waar is en het maakt ook niet meer uit.

Een klein naschrift, dat weinig met voetbal maar veel met de hardheid van de wereld en het leven te maken heeft. Wellicht dat het WK van Russia 2018 of Qatar 2022 daar verandering in gaat brengen, maar tot die tijd blijft het WK Argentina 1978 het meest idiote kampioenschap dat de wereld ooit heeft gezien. 'De belangrijkste bijzaak' verdrong in Argentinië de hoofdzaken van het leven. Maar niet bij iedereen: er waren ook mensen die onophoudelijk aandacht bleven vragen voor de verschrikkelijke wandaden van de Argentijnse junta.

Op het feestelijke slotbanket van het WK waren alle finalisten uitgenodigd. De Nederlandse selectie kreeg van de veiligheidspolitie echter een verbod om het feest in het Plazahotel bij te wonen, omdat de risico's onderweg te groot zouden zijn. Dat was al gebleken tijdens de angstige busreis van het stadion terug naar hun onderkomen, toen de spelers door een uitzinnige menigte werden beschimpt. Hun bus werd zelfs gejonast. Eenmaal aangekomen bij het hotel bleek zelfs het politiekordon te zijn verdwenen, waardoor de spelers een voor een vanuit de bus naar het hotel moesten rennen.

Die avond werd het hotel van Oranje belegerd door gek geworden Argentijnen, die met moeite uit het hotel konden worden gehouden. Stel dat Nederland had gewonnen, zou dat dan ook zijn gelukt? En wat te doen met het slotfeest? De veiligheidsdienst kon niet garanderen dat de Nederlanders veilig op het banket zouden arriveren. En dus werd er besloten dat de spelers in het hotel bleven, waar overigens weinig spelers rouwig om waren.

Het Argentijnse team verscheen uiteraard wel op het vrolijke feestje, samen met enkele Nederlandse journalisten, bobo's als Rinus Michels en zijn vrouw, het Nederlandse bondsbestuur en de Nederlandse ambassadeur. De feestzaal was chic ingericht, met kristallen glazen, damasten tafelkleden, goudkleurig bestek, kandelaars met kaarsen en welriekende bloemstukken. De verse wereldkampioenen werden publiekelijk door dictator Videla in het zonnetje gezet — en daarna was het aanvallen op de exquise maaltijd. Men begon met een krabsalade en vervolgens kwam er een heldere bouillon. Er heerste een redelijk ongedwongen stemming en de spelers genoten van hun overwinning.

Tussen hen in zat aan een tafel de juntaleider die zo had genoten van het voetbalfeestje. Op foto's zien we hem zitten, de man, de — in de woorden van ambassadeur jonkheer Donoré van den Brandeler — fatsoenlijke katholiek, de dictator die persoonlijk verantwoordelijk was voor de meest gruwelijke misdaden tegen de menselijkheid denkbaar. Dit is een boek over voetbal, maar we moeten het erover hebben dat daar, aan die chique tafel, het hoofd zat van een regime dat politieke tegenstanders martelde met elektroden op hun geslachtsdelen (ook tijdens het WK), een militair schrikbewind dat politieke tegenstanders boven de oceaan levend uit een vliegtuig gooide. Omdat na zulke exercities was gebleken dat sommige lichamen niet door de haaien waren opgevreten, besloten de beulen de buiken van de mensen die ze uit hun vliegtuigen gingen gooien eerst met een mes open te rijten. Hun bloederige ingewanden zouden zo zeker haaien aantrekken.

Nou, die man zat dus aan één tafel met onze KNVB-bestuurders en onze ambassadeur te slurpen van een consommeetje. Journalist Frits Barend, die met zijn kompaan Henk van Dorp in *Vrij Nederland* verbolgen politieke stukken over het WK had gepubliceerd, had zich via enkele Nederlandse spelers toegang tot het feestelijke banket weten te verschaffen.

Van Dorp en Barend hadden grote ruzie met de officiële Nederlandse vertegenwoordiging, want de bestuurders vonden de journalisten veel te kritisch. Waarom over martelingen schrijven als je ook over de opstelling van het Schotse elftal kon uitweiden? De twee schreven niet ter zake doende verhalen met koppen als 'Welke Wereldkampioenschappen komt u bezoeken? Die van het verdriet? Die van de tranen?' Dat was niet wat de KNVB voor zich zag bij een journalistiek verslag. Barend trok zich van de kritiek niets aan en besloot de moordluitenant tussen de krabsalade en het soeppie botweg een microfoon onder de neus te houden. Monter — maar met knikkende knieën — hield hij het handgranaat-grote gevaarte bij Videla's mond. Barend vroeg hem op de man af naar de vele verdwijningen in zijn land.

Videla haalde zijn schouders op.

'Dat lijkt me geen vraag die u stelt tijdens een diner,' zei hij.

Barend vroeg toch nog één keer hoe het nou zat met die verdwenen mensen. Videla gaf geen krimp en antwoordde: 'Zoals in alle oorlogen zijn hier doden gevallen, mensen verdwenen en gevangen gezet. Zoals u weet zal Holland wel dezelfde ervaring hebben uit zijn oorlog. Argentinië heeft, en dat zal ik niet ontkennen, een oorlog gevoerd met een agressor die door het buitenland werd gevoed en geïnspireerd, en die onze stijl van leven wilde veranderen. En nu vind ik het wel genoeg, ik wil mijn soep opeten.'

Hierna bracht de dictator zijn gouden lepel naar zijn mond, om met een tafelgenoot verder te praten over voetbal.

1978 tot 1988

De Wijnstekers-Jaren

Het WK van 1978 bleek het einde van een tijdperk. De successen waren zowel op club- als op landsniveau spectaculair geweest: vier maal Europa Cup I (1970, 1971, 1972, 1973), twee keer de UEFA Cup (1974, 1978), twee maal een Europese Super Cup (1972, 1973), twee keer de Intercontinental Cup (1970, 1972), drie maal de Gouden Bal (1971, 1973, 1974), een keer de Europese Gouden Schoen (1979) en twee keer in de finale van het WK (1974, 1978). De Gouden Eeuw van het Nederlandse voetbal.

De klap kwam al in 1980, op het EK in Italië. Tijdens de kwalificatie werd duidelijk dat er van de grote vedetten van weleer nog maar weinigen over waren, zeker toen ook Neeskens en Rensenbrink stopten met interlandvoetbal. Neeskens zei zelfs expliciet: 'Nooit meer Oranje.'

Onder leiding van Zwartkruis werd er verjongd, maar het effect was zozolala (meer zozo dan lala). In de laatste speelronde had Nederland tegen de DDR genoeg aan een gelijkspel om zich te plaatsen. In Leipzig zagen 92.000 supporters hoe de gedrogeerde Oost-Duitse *apparatsjik* al na een halfuurtje spelen met 2-0 voor stonden, wat voor veel Nederlandse tv-kijkers — puisterige pubers Kluun en Giphart met name — het signaal was om het toestel maar eens therapeutisch uit te zetten. Pas toen we uit pure onmacht de buis een uur later toch weer opwarmden, had het 'wonder van Leipzig' zich voltrokken: het stond pardoes 2-3! Frans Thijssen, Kees Kist en René van de Kerkhof bleken te hebben gescoord en Nederland had zich geplaatst voor het eindtoernooi. *Never a dull moment with Orange.*

Hadden Frans, Kees en René zich maar ingehouden. Het EK werd een drama. Godzijdank was er bijna geen publiek op de tribunes, dat was het enige positieve. Om de een of andere reden weigerden de Italiaanse toeschouwers op te draven. Ook het feit dat NAC-speler Martien Vreijsen tijdens de eerste wedstrijd tegen Griekenland in de basis zou staan, trok hen niet over de streep. Vreijsen speelde in zijn thuiswedstrijden bij NAC voor meer publiek dan hier op het EK. Hij had overigens nog nooit een interland gespeeld, maar was wel geselecteerd door Zwartkruis. Oranje won nipt van de Grieken. Vreijsen werd één minuut na de rust gewisseld voor Dick Nanninga en zou nooit meer een wedstrijd voor het Nederlands Elftal spelen.

Oranje verloor kansloos van de West-Duitsers, die fris en onbevangen speelden (in Duitsland herinnert iedereen zich de legendarische hattrick van Klaus Allofs). De volgende ramppartij voor Nederland was die tegen Tsjecho-Slowakije (1-1). Tot zover 1980. De Nederlandse hegemonie was definitief voorbij. De Belgen haalden dat jaar de finale.

De kwalificatie voor het WK 1982 in Spanje verliep zo mogelijk nog dramatischer. Duitsland won zo'n beetje alles wat er te winnen viel, het Belgische Elftal was 'het Oranje van de jaren 80' en wij... wij waren schlemielen. We verloren van Ierland, België en zelfs van Zwitserland (kop in de krant: 'Zwitserse berg te hoog').

In zijn wanhoop probeerde de nieuwe bondscoach Kees Rijvers om Johan Cruijff weer bij Oranje te krijgen. Cruijff, die bij Ajax bezig was met een geweldige comeback en in het hele land volle stadions trok, leek te happen. Op het laatste moment ging dit, raad even mee... vanwege een zakelijk geschil niet door. Cruijff wilde niet spelen in het shirt van de KNVB-sponsor. Dat oeverloze gezeik over die verschrikkelijke rotmerken ook altijd. We overdrijven niet als we stellen dat Adidas ook rechtstreeks schuld draagt aan minimaal één, zoniet twee gemiste wereldtitels.

Plan B was Johan *Segundo*, die andere Johan, dat jaar na zes seizoenen trouwe dienst aan de kant gezet bij The New York Cosmos. Hij zat op dat moment met zichzelf in de knoop, *El Torero*, en zocht verlossing in wat Rinus Michels in een interview in *De Telegraaf* 'de fles' noemde. Zonder opgaaf van redenen was de Nees tot drie keer toe niet bij een wedstrijd verschenen. Rijvers reisde af naar Amerika en kwam met de geplaagde middenvelder terug naar Nederland. Hij liet de gevallen sterspeler in zijn eigen huis wonen, met als doel om hem klaar te stomen voor de belangrijke wedstrijd tegen de Belgen. Als Nederland in De Kuip met vier doelpunten verschil zou winnen, zou er nog een kans zijn zich te plaatsen. Wederom voltrok zich een wonder en het klinkt als een Hollywoodfilm: mede dankzij de inbreng van de opgekalefaterde Johan Neeskens kwam Nederland voor met 3-0. Het publiek scandeerde Neeskens' naam. Later vertelde hij dat zijn rentree hem zielsgelukkig had gemaakt en dat hij had gevoetbald 'op het ritme van het publiek'. Volkszanger Alexander Curly maakte zelfs een speciale voetbalversie van zijn lied '(Dat Waren Wel Die) Hollanders'. Nees wordt hierin beschreven als de Michiel de Ruyter van de twintigste eeuw.

Toen ook de Belg Walter Meeuws uit het veld werd gestuurd, begon het er voor Oranje steeds beter uit te zien. De stadionspeaker maakte echter de snuggere afweging aan het publiek te vertellen dat er nog maar één doelpunt nodig was. Op het veld hoorden de Belgen dit ook. Ja, moet je net die vuile gore armzalige rot Rode Duivels hebben, bij wie die 9-3 van 1934, de 5-0 van 1975 en dat flauwe lobje van Cruijff in 1977 nog steeds niet lekker zat. De Belgen toonden zich slechte verliezers, zetten hun hakken in het zand en deden er alles aan om het Nederlandse feestje te dwarsbomen, terwijl ze op dat moment nondeju al waren geplaatst voor het eindtoernooi. Niets gunden ze ons. De film kreeg geen *happy end*.

Dan maar winnen uit tegen Frankrijk, gelukkig niet zo'n heel sterke ploeg met Platini, Tresor, Giresse, Six en Tigana. Het Neeskens-effect bleek uitgewerkt, zeker toen Frankrijk in de tweede helft een vrije trap kreeg en Platini ervoor zorgde dat Frankrijk zich ten koste van Nederland plaatste. Krol en Van Breukelen stonden als verkeersregelaars versteend op de doellijn. Frankrijk zou uiteindelijke vierde worden op het WK (o.a. door Schumacher, die een bijna geslaagde poging deed Battiston blijvend invalide te maken). De hele wereld vroeg zich af waar Nederland was.

De volgende poging iets van het afgekalfde imago te herstellen, kwam in 1984. Het was duidelijk dat het Nederlands Elftal terug was op het niveau van voor 1974. Of misschien beter gezegd 'het normale niveau'. Er waren mensen — we denken dat we het zelf waren — die beweerden dat 1974 een eenmalige eruptie was, met 1978 als een niet-onaangename naboer. Vanaf 1978 werd het allemaal minder. Er zijn mensen die de perikelen van het Nederlandse Elftal begin jaren tachtig omschreven als 'De Wijnstekers-Jaren' en daarvoor moeten we iets langer stilstaan bij misschien wel de meest sympathieke voetballer van Oranje ooit: Bennie 'mister Feyenoord' Wijnstekers. Dit is geen in memoriam of hagiografie, maar een kleine verkenning van de interlandcarrière van deze geplaagde verdediger, die vooral 'aanvoerder van de machteloosheid' was in een tijd dat het internationale voetbal op zijn twee ingebedde uitwendige dwarsgestreepte sluitspieren ter afsluiting van de uitmonding van de endeldarm lag (we proberen het denigrerende 'zijn gat' te vermijden).

Op 26 september 1979 debuteerde Wijnstekers in een vriendschappelijke wedstrijd tegen België (1-0), en hij beëindigde zijn interlandcarrière zes jaar later, wederom tegen België, in het WK-kwalificatieduel (2-1). Daartussen speelde hij 34 interlands, waarvan 19 als captain. Hij scoorde één (1) keer, in 1983 tegen Malta, in een wedstrijd die Nederland won met 5-0.

Wijnstekers was de Bruce Springsteen van Feyenoord: altijd betrouwbaar, altijd inzetbaar, altijd scherp en altijd opgewekt. Voor deze club speelde hij 419 wedstrijden, waarmee hij vijfde op de clubranglijst staat. Wijnstekers stond voor kwaliteit en continuïteit: hij was vooral eerlijk, doortastend en vasthoudend. Het grote verschil met Bruce Springsteen: zijn medespelers. Bruce had en heeft de E-Streetband, Bennie moest het doen met noppenjongens die het net niet hadden (Pier Tol, Keje Molenaar, Sonny Silooy, Michel Valke, Jurrie Koolhof, René van der Gijp, Edo Ophof, Romeo Zondervan en Kluuns grote held Bud Brocken). Had de verdediger Wijnstekers op het veld échte sterspelers voor zich gehad, dan had hij zijn team kunnen opstoten in de vaart der voetbalnaties. Uiteindelijk was Wijnstekers' enige toernooi het EK van 1980, want voor andere wist hij zich niet te plaatsen.

De Wijnstekers-Jaren kenmerken zich vooral door onmacht, onachtzaamheid en pech. Op de een of andere manier zat alles tegen. Zelfs toen we ons in 1984 dreigden te gaan plaatsen voor het EK in Frankrijk, hadden we niet gerekend op de oplichterspraktijken van de Spanjaarden. Nederland speelde in een poule met Malta, IJsland, Ierland en Spanje. Op de laatste speeldag stond Oranje er — wat niemand had verwacht, want de voorbereiding was weer moeizaam gegaan — uitstekend voor. Volgens de nieuwe bondscoach Rijvers had Spanje in de laatste wedstrijd tegen Malta een kans van twee procent om boven ons doelgemiddelde te komen (+16 voor Nederland tegen +5 voor de Spanjolen). Rijvers ging die later historische wedstrijd dan ook niet kijken: hij koos ervoor te gaan kaarten bij zijn buren. Spanje moest met elf doelpunten verschil winnen om zich nog voor Frankrijk te kunnen plaatsen, en dat was natuurlijk uitgesloten.

Of toch niet. We weten allemaal nog wat er is gebeurd. In de rust van de wedstrijd in Sevilla stond het slechts 3-1. Over wat er in die rust is gebeurd is veel gezegd en geschreven. Er zouden 'giftige citroenen' zijn uitgedeeld. Er zijn dokteren met injectienaalden gesignaleerd in de kleedkamer. Spaanse spelers zouden 'groen schuim' in de mond hebben gehad toen ze weer op het veld kwamen. De scheidsrechter kreeg na rust plotseling een ongelofelijk haast om het tempo in de wedstrijd te houden. Er moest namelijk worden gescoord, en dat deed Spanje in de tweede helft met ware doodsverachting.

Op een van de Nederlandse tv-zenders had Freek de Jonge een live theatershow, waarin hij zijn kijkers op de hoogte hield van het scoreverloop. 'U kunt rustig ademhalen, het is rust in Spanje en het staat pas 3-1,' zei Freek. De zaal lag plat hoe hij een uur later meldde dat de Spanjaarden met 12-1 gewonnen hadden. 'Ja, wacht maar tot u thuis bent,' zei Freek tegen de mensen in de zaal, die nog in het pre-mobiele tijdperk verkeerden. De verbijstering van die mensen zal hetzelfde zijn geweest als de verbijstering van gans het volk. De Maltezer doelman/videotheekeigenaar John Bonello diende zich aan als 'slechtste keeper op een interland ooit'. Hij dook op verkeerde plekken, greep voortdurend mis en deed geen enkele serieuze poging ballen te keren. Er vielen nog negen doelpunten, Spanje won met 12-1, genoeg om zich voor het EK te plaatsen. Het land ging naar het EK en haalde daar zelfs de finale.

Dat was dus onze plek.

Wij hadden daar die finale van de Fransen moeten verliezen.

Natuurlijk kan het zo zijn dat er geen sprake was van omkoping of beïnvloeding. De president van de Maltezer voetbalbond en latere premier van dat land liet een onderzoek instellen, maar er werd niets verdachts gevonden. Matchfixing werd niet bewezen. Er is beweerd dat de Spanjaarden omgerekend 700.000 euro voor deze mega-winst hebben betaald. Er is gesuggereerd dat het gloednieuwe nationale stadion annex trainingscomplex van Malta met zwart geld is betaald. Maar niets is bewezen. Keeper John Bonello heeft later nog voor veel geld gefigureerd in een commercial van een Spaans biermerk (eigendom van Amstel Bier nota bene) waarin hij voorkomt als *El Mejor Amigo*, de grote vriend, maar ook dat is natuurlijk niet verboden. In het fotokatern staat een foto van de woning van Bonello, na een kleine verbouwing in de herfst van 1984. Waarmee we overigens niets willen insinueren.

We hadden het over De Bennie Wijnstekers-Jaren. De geplaagde aanvoerder van Oranje had nog één kans om alles goed te maken voor zijn groep: het WK van 1986. Deze kwalificatie was Het Eeuwige Gezeik in praktijk. Nederland begon met een thuisnederlaag tegen Hongarije, het zou eens niet. Hierop waren er schimmige machiavellistische machinaties — onder andere van Leo Beenhakker — om coach Rijvers te vervangen door technisch directeur Rinus Michels. De Generaal verloor prompt zijn eerste wedstrijd tegen Oostenrijk met 1-0. Extra glans aan deze vernedering was de maker van het doelpunt: de Nederlander Michel Valke. Die nog nooit voor Oranje had gescoord. En dat ook nooit meer zou doen. In het Gerhard Hanappi Stadion passeerde hij op onnavolgbare wijze Hans van Breukelen (kijktip: op YouTube staan de beelden), waardoor Oranje verloor. Een verlies dat er uiteindelijk voor zou zorgen dat we niet naar Mexico zouden gaan. De latere Feyenoord-trainer Mario Been debuteerde in de wedstrijd tegen Oostenrijk. Been viel in de 73ste minuut in voor Ton Lokhoff, ook al zo'n onvergetelijke speler. Voor Lokhoff was het zijn tweede en laatste interland. Voor Mario Been bleef het bij die 17 minuten tegen Oostenrijk.

Tegen voetbalreus Cyprus werd onder leiding van Michels nog net gewonnen (0-1), na een doelpunt in 84ste minuut van Peter Houtman. Zenuwslopend, en dat was het voor Michels ook, die zich na de wedstrijd tegen de Cyprioten liet vervangen door Beenhakker, de toenmalige coach van FC Volendam. Zoals het Michels in 1974 lukte om Barcelona en Oranje te combineren, lukte het Beenhakker om leiding te geven aan zowel Volendam als aan het Nederlands Elftal. We wonnen in eigen huis met 7-1 van Cyprus al sprak de pers van 'Oranje zonder franje'. En ook: 'De tactiek van de armoede'. Nederland speelde gelijk tegen Oostenrijk en won maar net van Hongarije, met een wereldgoal.

Natuurlijk was er daarvóór door een speler in een KNVB-shirt heus wel eens een stiftgoal gescoord, vast wel, dat moet haast wel, maar 'het prototype stiftgoal', de 'Moeder aller Stiftgoals', de 'oer-stiftgoal van het Nederlands Elftalvoetbal' is in die wedstrijd gescoord door Robbie de Wit. Later scoorden Marco van Basten en vooral Dennis Bergkamp hun stiftertjes voor Oranje, maar als er in het Eeuwige Boek van Voetbalmomenten één stift mag worden bijgeschreven, dan is het die lepe boog waarmee Robbie de Wit het Hongaarse voetbal even terug op aarde zette.

Een jaar of tien geleden mocht Giphart Robbie de Wit interviewen voor *Hard gras* en natuurlijk vroeg hij hem naar dit doelpunt. De Wit, die voor wie het niet weet een paar hersenbloedingen heeft gehad die zijn beloftevolle carrière in de knop deden breken, was erg nuchter onder zijn prestatie tegen de Hongaren. 'Dat was natuurlijk wel een hele goede beweging, intuïtief gezien,' zei hij, 'want in werkelijkheid wilde ik de bal anders schieten, maar ik trapte met mijn voet in de grond. Daardoor kreeg die bal zo'n mooie curve...'

Dat moet een goddelijk ingrijpen zijn geweest.

De Hongaren waren dus eerste in de poule en wij kregen in de barrage een play-off tegen – daar zijn ze weer – de Belgen: twee wedstrijden die op 16 oktober en 20 november 1985 gespeeld zouden worden. In het Constant Vanden Stockstadion in Anderlecht toonde Wim Kieft de wereld zijn fabuleuze natraptechniek, waarna hij al in de vierde minuut een rode kaart kreeg (kutscheids). Frank Vercauteren — we spugen even op de grond — scoorde in de twintigste minuut 1-0, wat ook de eindstand was. Marco van Basten was zo slim om tegen een tweede gele kaart op te lopen, waardoor hij net als Kieft de return moest missen.

Die terugwedstrijd zou misschien wel de meest dramatische match uit het Nederlandse voetbal worden, althans in het jaar 1985. Nederland begon de wedstrijd slap en de Belgen kregen alle kansen, maar verzuimden te scoren. In de tweede helft debuteerde John van Loen, de roodharige deegsliert van FC Utrecht (hij werd later door Feyenoord gekocht, waar hij begon te lijden aan wat jagers 'trekkerangst' noemen: hij durfde niet te scoren).

Spits Van Loen werd compleet overklast door Georges Grün. Totaal onverwachts en tegen de verhoudingen in vielen er twee doelpunten voor Oranje, van Peter Houtman en Rob de Wit. Er volgde een ware belegering van het Nederlandse doel. 'De druk wordt te groot', sprak Theo Reitsma profetisch – en jawel. De Belgen hadden aan één goal genoeg. Die viel in de 85ste minuut, uitgerekend van verdediger Georges Grün.

Zijn doelpunt wordt in België nog steeds iedere week herdacht.

Nederland was definitief uitgeschakeld. Aanvoerder Bennie Wijnstekers beëindigde terstond zijn interlandcarrière. Op het WK werd België uiteindelijk vierde.

Stumpers.

1988

Das Land des Europameisters

'De Tweede Wereldoorlog?' reageerde auteur Rob van Erkelens enkele jaren geleden op de vraag wat hij had met de Tweede Wereldoorlog. 'Was dat niet die film met John Wayne?'

Dat was in de jaren tachtig anders. Heel anders. Het EK van 1988 was helemaal geen voetbaltoernooi. Het was een meedogenloze afrekening met een opgebouwde frustratie en een ongekende haat ten opzichte van het land dat ons '40-'45 en 1974 had aangedaan. In feite eindigde de Tweede Wereldoorlog pas op dinsdagavond 21 juni 1988, 21.58 uur.

De nationale haat tegen de Duitsers culmineerde in de zomer van 1988, die van iedere Nederlander een verzetsheld *après la résistance* maakte, om het maar eens in goed Duits te zeggen. Drie jaar voor de Slag bij Hamburg lieten Koot & Bie hun creaties Gé en Arie Temmes vertellen hoe de Tweede Wereldoorlog wel eens helemaal verkeerd had kunnen aflopen als Gé veertig jaar geleden niet in het verzet had gezeten. Gé had een Duitse soldaat de verkeerde kant naar het station gewezen.

'*Wo ist der Bahnhof?*'

'*Do ist der Bahnhof!*' zei broer Gé.

'Maar *de Bahnhof* was helemaal niet *do*,' zei broer Arie trots. 'De *Bahnhof* was *do*!'

De dapperheid van Gé Temmes is van hetzelfde niveau als de dapperheid die het Nederlandse volk tentoonspreidde na die avond in het Volksparkstadion op 21 juni 1988. We schaterden om Koeman die net deed of hij zijn Groningse bips afveegde met een Duits shirt. We hingen spandoeken aan viaducten langs de Duitse grens dat men *jetzt in das Land des Europameisters* reed. We sloopten Duitse auto's, droegen in vakantieoorden in Spanje, Frankrijk en Italië Oranje shirts en lachten iedere Duitser die we die zomer op onze weg aantroffen uit. Soms reden we er een straatje voor om. Nederlanders als de nieuwe übermenschen.

De overwinning op Duitsland en de Europese titel, vier dagen later, haalden het beste en slechtste in ons naar boven. Het was bij vlagen gênant. We klommen op woonboten, sprongen in grachten, deden Rinus Michels-imitaties, droegen rastapruiken, omhelsden donkergekleurde mannen met rastahaar op straat en zongen hen in koor 'Ruudje bedankt!' toe. We waren een zomer lang dronken van geluk. Euforisch. Door het dolle.

Het was de mooiste zomer die de schrijvers van dit boek meemaakten in hun leven.

Het is lullig voor iedereen die jonger is dan, pak 'm beet, vijfendertig jaar, maar de zomer van 1988 was de mooiste zomer die Nederland ooit heeft meegemaakt. Vraag het maar aan uw vader, uw opa, ja zelfs moeder of oma.

Zij en wij hebben iets meegemaakt dat u nooit meer gaat

meemaken., tenzij... Leest u het laatste hoofdstuk straks maar. Maar net als in de kwalificatie voor het WK van 1974 had het maar een tennisbal gescheeld of we waren er niet eens bij geweest, daar in Duitsland.

Het is de herfst na het gemiste WK van 1986. Ajax, Feyenoord en PSV slagen er weer niet in te overwinteren in Europa. Er wordt niet eens overherfst. Maar er zit een nieuwe Oranje-lichting aan te komen. De Wijnstekers-Jaren lijken voorbij. Nederland snakt naar internationaal succes. Uit tegen Hongarije wordt het 0-1 (Van Basten), tegen Polen en Griekenland spelen we in eigen huis gelijk. Het houdt allemaal niet over. Zijn Koeman, Vanenburg, Van Basten, Gullit en Rijkaard misschien dan toch niet zo goed als dat we denken? Uit tegen Polen gebeurt er iets raars. Dat raars heet Berry van Aerle, cultheld van PSV, Oranje en PTT Post.

31e minuut. Berry komt op vanaf de rechterkant, bedient Ruud Gullit, 0-1.

39e minuut. Berry komt op vanaf de rechterkant, bedient Ruud Gullit, 0 - 2.

Op hetzelfde moment dat Berry voorzetten geeft die Ruud Gullit er nog met zijn lul in had kunnen leggen, verliest concurrent Griekenland met 3-0 in Hongarije. Nederland hoeft alleen nog maar van Cyprus te winnen in De Kuip en we gaan voor het eerst in acht jaar naar een eindronde.

Niemand die erover twijfelt. Cyprus, het achterlijke zusje van Malta.

Commentator Eddy Poelmann opent zijn televisieverslag met te vertellen dat bondscoach Rinus Michels vooraf heeft verklaard dat hij eerst het resultaat wil veiligstellen voordat er verder aan eventuele feestelijkheden kan worden gedacht. Poelmann is nog niet uitgepraat of Berry krijgt het weer op zijn heupen, zet voor op John Bosman en (quote Poelmann) '... het is al 1-0! De snelste interlandgoal uit de geschiedenis, ik maak me sterk.'

We zijn pas 32 seconden onderweg. De Kuip ontploft, Gullit springt buiten zinnen in het luchtledige, Koeman rent in een persoonlijk record van zijn plek in de middencirkel naar de cornervlag, waar Van Aerle en Bosman in een orgie van vreugde worden geknuffeld.

Een paar minuten later. De Kuip schrikt op van een knal waar het John Wayne en Tom Hanks nog dun van door de broek zou lopen. De Cypriotische keeper Charitou zakt ineen als een soldaat op de stranden van Normandië. Het doelgebied van de Cyprioten is één groot rookgordijn.

En wat doet scheidsrechter Roger Philippi uit Luxemburg?

Hij laat doorspelen. Alsof er niets is gebeurd.

Het zijn de jaren tachtig. Het decennium waarin supporters het veld bestormen als ze iets hebben te vieren, te vechten, te vernielen of het gewoon oneens zijn met de ontwikkelingen van de wedstrijd. Het decennium waarin het ene staafincident door het andere bomincident wordt opgevolgd. Het decennium waarin een Europacupfinale gewoon wordt gespeeld nadat enkele tientallen mensen in het stadion zojuist het leven lieten.

Scheidsrechter Philippi schrikt niet van wat knal- en siervuurwerk. Pas als hij er door enkele Cypriotische spelers op wordt geattendeerd dat hun keeper op apegapen in het doelgebied ligt, stopt hij de wedstrijd.

De Kuip ruikt onraad. Het wordt stil in het stadion. Bondscoach Rinus Michels en assistent Nol de Ruiter staan verschrikt aan de zijlijn. In het doelgebied van de Cyprioten doen Nederlandse spelers hun uiterste best om scheidsrechter en keeper ervan te overtuigen dat het allemaal wel meevalt, tegen beter weten in. Dit is, zelfs voor jaren tachtig-maatstaven, foute boel. De gooier van het projectiel is, naar later blijkt, een 21-jarige jongen uit Oss, die thuis in een bui van creativiteit een tennisbal met het kruit van honderd (100) strijkers in elkaar heeft geknutseld. 'Ter verhoging van de feestvreugde', zal hij later tegen de rechter zeggen. 'Het was een kwajongensstreek. Ik wilde gewoon een harde knal.' Dat lukte. De wedstrijd ligt twintig minuten stil, Nederland houdt de adem in.

Op YouTube is een lange samenvatting van Nederland-Cyprus te vinden. Eddy Poelmann heropent het wedstrijdverslag met de opmerking: 'Met een scheidsrechtersbal is de wedstrijd hervat.' De Cypriotische keeper is vervangen en Oranje scoort er lekker op los. Bosman scoort vijf keer. Het wordt 8-0.

De UEFA heeft toch wat meer moeite met de situatie en zet de uitslag om in een reglementaire 0-3-nederlaag.

Geïnspireerd door het jaren tachtig-mantra dat alles moet kunnen, dus waarom niet het gooien van een in een tennisbal verpakte bom naar de keeper van de tegenpartij, krijgt de KNVB het voor elkaar om de beslissing van de UEFA ongedaan te maken en de wedstrijd te laten overspelen, zij het zonder publiek, da's wel zo veilig ook. Nederland wint weer, dit keer met 4-0, de Osse bomgooier wordt veroordeeld tot drie maanden cel en 300.000 gulden boete, de Cypriotisch doelman is niet blijvend blind en heeft beide handen nog, de Grieken blijven thuis en wij gaan naar Duitsland. Eind goed, al goed.

Dachten we. Nog voor er één wedstrijd is gespeeld, zijn we al de weg kwijt. Op de perspresentatie van het nieuwe shirt blijkt sponsor Adidas een ontwerper te hebben gekozen die is behept met een beperkt gezichtsvermogen en een vreemd gevoel voor humor. Nederland speelt in het oranje, met een witte of zwarte broek, punt. Doe eens gek, geef ze een keer een oranje broek of blauwe kousen, maar Oranje is oranje, en daarmee zijn wij in het gelukkige bezit van een van de tenues die wereldwijd als klassiek worden beschouwd. Een select gezelschap.

Goed, met mannen als Willem van Hanegem, Jan Wouters, Berry van Aerle en Ed de Goeij hebben we misschien niet de looks van Paolo Maldini, Fabio Cannavaro of Graziano Pellè, jongens die je een blauwe vuilniszak kunt aantrekken en ze komen er nog mee weg, maar we kunnen zonder valse bescheidenheid stellen dat ons shirt behoort tot de mooiste voetbaltenues ter wereld. Ieder kind ter wereld kent het Oranje van Nederland. Vrijwel alle andere landenteams hebben een patent op een saai, éénkleurig shirt. Fantasieloos effen blauw (Frankrijk, Italië), wit (Engeland, Duitsland) of - erger nog - rood. Mocht een Belg deze zomer tegen u beginnen over de successen van de Rode Duivels, pareer hem dan eenvoudig door te vragen: excuseer, maar welke Rode Duivels bedoelt u? Die van Spanje? Van het Deense elftal? De Turken? Of doelt u op de roemruchte nationale ploeg van Zwitserland?

We spelen al sinds 1907 in het oranje. Aan oranje kan een ontwerper in principe niets verpesten. Dachten we. Het visgraatshirt werd medio 1988 gepresenteerd. Hadden we acht jaar moeten wachten op een eindtoernooi, steken we onze selectie in een shirt dat cadeau leek te zijn gekregen bij het inwisselen van honderd Flippo's plus bijbetaling van 19,90. Zelfs Ruud Gullit, een man die je bij wijze van spreken een snor en rastahaar zou kunnen geven en nóg ziet-ie eruit als een van de *Ten Most Sexiest Men Alive* van *Esquire*, liep voor lul in dat shirt.

Maar één ding begrijpen we nog steeds niet. Adidas is een Duitse onderneming. Waarom speelden de Duitsers dan niet zelf in zo'n mal visgraatshirt maar wij wel?

Het tweede dat faliekant misging voordat er ook maar een wedstrijd was gespeeld, was een lied. André Hazes componeerde het. Over de doden niets dan goeds, maar laat ons het voorzichtig stellen: André was een betere zanger dan tekstschrijver. 'Geef mij nu de nacht, ik geef je de morgen terug' blonk al niet uit door realiteitszin (Stelt u zich even voor dat je in de ochtend wakker wordt en André ligt in zijn nakie naast je in bed. Ook goedemorgen.), maar deze tekstregel behoort tot de *hors categorie* vergeleken bij André's pennenvrucht voor het EK 1988: 'Wij Houden Van Oranje'. Bij het schrijven van de tekst van deze hymne moet André toch serieus hebben gedacht dat hij met veertien miljoen gekkies te maken had. Leest u even mee.

Samen zijn we sterk
Eendracht maakt machtig
Hoe een klein land groot kan zijn
Is dat niet prachtig

Dat kan nog. 'Machtig' en 'prachtig': je wint er niet de Nobelprijs van de poëzie mee, maar we rekenen het niet fout.

Nederland Oh Nederland
Jij bent een kampioen
Wij houden van Oranje
Om zijn daden en zijn doen

Een land aanspreken met jij, we noemen het een vondst. Het woord kampioen moest erin, begrijpen wij ook. Zo hoort het met strijdliederen. Banaan, banaan, de tegenstander gaat eraan. Citroen, citroen, we worden kampioen. Maar had André nou niet tien minuten langer in zijn Prisma-woordenboekje kunnen kijken voor hij 'om zijn daden en zijn doen' neerkwakte op papier? Rijmelarij van lik-me-pikkie, niveautje last-minute Sinterklaasgedicht. John Ewbank had er zo een paar uit zijn mouw geschud. 'We voetballen vooral om de poen'. 'Als we winnen krijgt Ruudje een zoen.' 'Want Van Basten is beter dan Van Loen.'

Straks als het rood wit blauw
Voor ons wordt gehesen
Dan zijn wij een groot gezin
Met goud zijn wij geprezen

Dan zijn wij een groot gezin, met goud zijn wij geprezen. Ja ja. Ruud Gullit op een crossfiets.

Van de tribunes
Klinkt het Wilhelmus
Nu nog mooier dan voorheen
Ach wie laat geen tranen

Hier nam André een afslag die zijn weerga in de historie van de Nederlandse poëzie niet kent. Ineens, in de derde alinea van het lied, beseft André, als een soort Nico Dijkshoorn avant la lettre, dat gedichten, en dus ook liedjes, helemaal niet hoeven te rijmen!

We lachten ons collectief een kriek toen het lied uitkwam, enkele weken voor het EK. Maar zoals het visgraatshirt in juni 1988 het mooiste shirt bleek te zijn waar ooit een voetbalploeg in had gespeeld, bleek 'Wij houden van Oranje' van André Hazes van eenzelfde goddelijke vonk doordrongen als de celloconcerten van Bach. Al hadden die wel het voordeel dat er betrekkelijk weinig onzin in werd gezongen.

Hoe dan ook, desalniettemin en niettegenstaande: een maand nadat André het lied uitbracht, waren we Europees kampioen en bleek André Hazes te beschikken over profetische gaven van bijbelse proporties.

Van de tribunes
Klinkt het Wilhelmus
Nu nog mooier dan voorheen

Het klopte. Het Volksparkstadion was van Oranje en zong massaal het Wilhelmus.

Ach wie laat geen tranen

Het gebeurde. Heteroseksuele mannen lebberden elkaar na Nederland-Duitsland af alsof ze zich in de nachtsauna bevonden, bejaarden kregen epileptische vreugdeaanvallen na het doelpunt van Marco tegen de Russen, studenten vielen elkaar huilend in de armen na 'Dit is een goed stel, hoor!' van Theo Reitsma.

Wij houden van Oranje, 't Is de ware kampioen

Non-fictie. Elk couplet, elke regel, elk woord van het lied van de zingende profeet uit de Amsterdamse Pijp bleek uit te komen.

Nederig bieden de schrijvers hierbij hun excuses aan aan de nazaten Hazes. Uw vader, opa, man, heeft gelijk en wij waren een stel domoren. Bedankt, André.

'Wij houden van Oranje' bereikte in de week na het EK de eerste plaats in de Top 40.

Harry Vermeegen en Henk Spaan gooiden het over een andere boeg met hun EK-lied. We volstaan met het afdrukken van het refrein. Oordeelt u zelf.

Bitte bitte bitte bitte ja,
ja wij gaan naar Mofrica.
Bitte bitte bitte bitte ja,
knallen wij die Mannschaft plat
in hun eigen Heimat
Bitte bitte bitte bitte wat,
in hun eigen Heimat!
(3x)

Ja, wij gaan naar Mofrica. Knallen daar die Mannschaft plat.

Moet kunnen, zeiden we dan in het Nederland van de jaren tachtig.

Terug naar de realiteit. Het toernooi begon minder hoopgevend dan de hymnes van Hazes en Spaan & Vermeegen voorspelden.

In de 61e minuut van de eerste poulewedstrijd tegen de Sovjet-Unie jast Vasili Rats vanaf de hoek van het strafschopgebied de bal achter Van Breukelen. Tegen de verhouding, tegen de planning, tegen het protocol, maar Nederland verliest zijn eerste wedstrijd.

'Meneer Michels,' zegt Kees Jansma na afloop. 'We kunnen spreken van een afknapper.'

'Zeker,' reageert Michels droog.

De Telegraaf kopt op haar creatief ongeëvenaarde wijze de ochtend na de wedstrijd dat 'Nederland in de Rats' zit. Op de keper beschouwd was het niet Vasili Rats, maar keeper Rinat Fajzrachmanovitsj Dasajev, bijgenaamd het IJzeren Gordijn, die de spelbreker is van het eerste geplande feestje van Oranje. Dasajev ranselt schoten van Koeman, Van 't Schip en Wouters en kopballen van Gullit en Bosman uit alle hoeken van zijn doel en die ene keer dat Dasajev niet thuis geeft, is het de lat wel die in de weg hangt. (Kutlat)

Maar meer nog dan Rats of Dasajev is Nederland-USSR (zo heette Rusland toen nog, kinderen, als je meer over dit land wilt weten, volg @derksauer of @jellebrandcorstius) het verhaal van Marco van Basten, zoals het hele EK van 1988 het verhaal van Marco van Basten is.

We gaan even anderhalf jaar terug. Van Basten zou in december 1986 worden geopereerd aan een vrij onschuldige blessure aan zijn rechterenkel. Een week voor de operatie speelt Ajax uit tegen FC Groningen. Johan Cruijff denkt Marco van Basten nodig te hebben en haalt hem over toch te spelen. Marco doet mee maar speelt als een natte krant. Hij reageert zijn frustratie af op Edwin Olde Riekerink en doet dat op een wijze die typisch is voor een spits: zichtbaar voor iedereen, op een nodeloze plek op het veld, zonder enige aanleiding, in het zicht van camera's en scheidsrechter, en zichzelf blesserend, wederom aan zijn rechterenkel. De enkel wordt een week later geopereerd.

Er lijkt niks aan de hand. Van Basten scoort tegen Lokomotive Leipzig in een halfleeg Olympisch Stadion in Athene en bezorgt Ajax zo voor het eerst in haar bestaan de Europacup II. Ook in zijn eerste wedstrijd voor AC Milan, op 13 september 1987 tegen Pisa, scoort Marco nog, maar de rest van het seizoen is het kwakkelen geblazen. Van Basten speelt vaker niet dan wel, in tegenstelling tot Ruud Gullit, die in zijn eerste seizoen uitgroeit tot de grote man bij AC Milan. Van Basten laat zich opnieuw opereren en duikt daarna het zweefmolensegment van de revalidatie in bij haptonoom Ted Troost. Troost krijgt Van Basten op tijd klaar voor het EK, maar de spits heeft in het hele seizoen nauwelijks speelminuten gekregen. Van Basten krijgt voor het EK rugnummer 12 toegewezen. Cruijff adviseert Van Basten lekker naar huis te gaan als Michels hem toch niet als eerste spits ziet.

Kees Jansma vertelt over Rinus Michels. In de kantine van De Treffers in Groesbeek, enkele weken voor het EK, neemt Michels het woord tegenover de spelersgroep. 'Effe voor alle duidelijkheid. De komende weken luisteren jullie dus naar wat ik zeg. D'r is geen discussie mogelijk. Wie dat niet bevalt, die stuur ik liever nu weg. Dat scheelt de KNVB weer reiskosten, want we moeten helemaal naar Duitsland. Heeft iedereen dat begrepen? Goed. Dan hebben we dus nu een afspraak.' Michels laat Van Basten koeltjes weten dat ook hij 'naar huis mocht als hij dat wilde'. Michels: 'Vanaf die dag is hij harder gaan werken op de training.'

Dat moge dan zo zijn geweest, maar Rinus Michels stelt tegen de Russen John Bosman op. Bosman legde er dat seizoen 25 in bij Ajax en had twee enkels die gewoon deden wat enkels horen te doen. Van Basten mag slechts invallen. Cruijff stookt vanuit Barcelona het vuurtje nog wat verder op.

In de tweede wedstrijd, tegen Engeland, stelt Bondscoach Michels Marco van Basten op in de basiself. De spits beslist in z'n eentje de wedstrijd. Dertig jaar na dato herinneren we Nederland-Engeland vooral van de wederopstanding van San Marco. Drie doelpunten, waarvan de eerste vooraf wordt gegaan door een beweging waar het Nationaal Ballet al die jaren vergeefs op oefent. Maar kijk voor de gein de samenvatting van Nederland-Engeland nog eens terug. In de eerste helft zijn de Engelsen veel beter en schieten onder andere twee keer op de paal. 'Nou, nou we mogen niet mopperen, hè,' roept een verschrikte Theo Reitsma. En zo was het. We hadden er zomaar uit kunnen liggen, na twee wedstrijden. Dat zijn we voor het gemak vergeten en zo hoort het ook.

Nederland explodeert van vreugde na de 3-1-overwinning op Engeland.

Rinus Michels, die bepaald niet bekend staat als lachebekje, gaat mee in de nationale vrolijkheid. Wat er in Michels is gevaren, zal nooit iemand weten, maar Michels laat zich in de interviews die Kees Jansma voor en na de wedstrijden op de nationale televisie met hem heeft, kennen als een joviale, getapte Amsterdamse lolbroek. Jansma & Michels is een onverwacht succesvol duo, de nog jonge (maar al wel kale) Kees Jansma geeft de voorzetten, Michels maakt ze af met messcherpe oneliners.

Michels heeft duidelijk plezier in zijn nieuwe rol als de koning van de oneliner.

'Meneer Michels, er zal ongetwijfeld gezegd en geschreven worden dat dit het gelijk is van Marco van Basten.'

'Als hij drie keer scoort heb ik daar geen moeite mee.'

Jansma: 'De mogelijkheden om de halve finale te halen zijn weer volop aanwezig.'

Michels, met pretoogjes: 'Da's een aardige rekensom van je.'

Op zaterdag 18 juni speelt Nederland haar laatste groepswedstrijd, tegen Ierland in Gelsenkirchen. Door het verlies in de eerste wedstrijd tegen de Russen moet er worden gewonnen, maar daar twijfelt niemand aan. Bondscoach Jack Charlton van Ierland is geen man die zich erg druk maakt om triviale dingen als voetbal.

'If we win, I get drunk. If we loose, I get drunk anyway.'
Man naar ons hart.

Bij het doelpunt van Kieft falen alle natuurkundige wetten. Zelden werd op de internationale voetbalvelden een doelpunt gezien dat dichter tegen science fiction aanschurkt dan dat van Kieft op die dag, tegen Ierland in Gelsenkirchen. *Comedy Capers* in full colour. *Funniest Home Videos* in een voetbalstadion. Tommy Cooper in korte broek.

Een voorzet van Van Tiggelen wordt door Paul McGrath weggekopt uit de doelmond. De bal komt voor de voeten van Ronald Koeman terecht, een meter of vijfentwintig van het doel. Koeman, vermaard om zijn afstandsschoten, waagt een poging, maar trapt half mis en lijkt de bal de grond in te willen schieten in plaats van in het vijandelijke doel. De bal ketst als een platte steen op het wateroppervlak en vervolgt zijn pad dan met een tegeneffect dat normaliter louter in snookerhallen te bewonderen is, om terecht te komen in een mêlee van spelers die zich in het strafschopgebied heeft verschanst, waar Wim Kieft, de derde spits van Oranje, zes minuten na rust ingevallen voor Erwin Koeman, zijn hoofd op goed geluk tegen de bal zet.

Zouden we het beeld stilzetten op het moment dat de bal Kiefts hoofd raakt en aan studenten Natuurkunde op de Universiteit van Leiden de vraag hebben gesteld welk traject de bal vanaf dat punt logischerwijs zou volgen, dan zou een baan richting cornervlag het enige correcte antwoord zijn geweest. Isaac Newton, Albert Einstein, Stephen Hawking en Robert Dijkgraaf zouden in koor verkondigen dat het volstrekt en ten ene male onmogelijk was dat de bal na het verlaten van de blonde lokken van Kieft ook maar in de buurt van het doel zou *kunnen* komen. Maar een seconde later gebeurt het ongelofelijke. Zwanger van het onbedoelde effect stuit de bal nogmaals op de grond om vervolgens met een soort Tarzanbocht onhoudbaar in de rechterhoek naast keeper Pat Bonner in het net te belanden.

'Een *lucky*, maar wat geeft het?' juicht Evert ten Napel. Maar Evert is duidelijk geen gelovig man. Dit doelpunt was geen lucky, dit was geen mazzel, geen geluk, geen toeval. Dit doelpunt was het onontkoombare bewijs dat God bestaat en dat Hij daarboven – net als wij in 1988 – in zo'n spuuglelijk oranje visgraatshirt met rood-wit-blauwe strepen op zijn wangen en een oranje geverfde baard voetbal ligt te kijken, zijn benen languit op een wolk en een blikje Heineken losjes in de hand.

Voetbal is een spel van negentig minuten en aan het eind winnen de Nederlanders. Rinus Michels, uitgroeiend tot een van de grootste komieken van het naoorlogse Nederland, in het interview na de wedstrijd:

'Meneer Michels,' vraagt Jansma, 'Ik denk dat er zo'n zes miljoen mensen thuis op de bank met het zweet in de handen hebben gezeten. Hoe was dat bij u?'

'Ik zit nog bij te komme.'

'We hebben nog eens naar het doelpunt zitten kijken,' zegt Jansma. 'Het was buitenspel.'

'Oh, dat zijn kleinigheden.'

We gaan naar Hamburg, voor de halve finale, de dinsdag erna.
In die halve finale treffen we Duitsland en dat vinden we

niet leuk. We hadden ze zo graag op zaterdag gehad, in de finale in het Olympiastadion van München, dezelfde plek waar de Duitsers ons veertien jaar geleden hebben bestolen van de wereldtitel, omdat die kutscheids 89 minuten te lang liet doorspelen.

In de dagen voor de halve finale begint het geëmmer. Het vooraf door de KNVB gereserveerde hotel Lünerburgerheide, rustig gelegen op enkele tientallen kilometers van Hamburg, blijkt plotseling geboekt te zijn door de Duitse ploeg. Hebben wij weer. Zijn het geen fietsen, dan wel hotels die worden geconfisqueerd. De Oranje-brigade mag zijn intrek nemen in het Intercontinental hotel dat nu is vrijgekomen omdat de Duitse selectie zich heeft bedacht. Het Intercontinental is in het centrum van Hamburg. Nu zijn wij persoonlijk nooit op de Reeperbahn geweest, maar we hebben gehoord dat het er daar vaak nogal ruig aan toe gaat en dat dit gepaard kan gaan met het nodige volume. Spelers als Suurbier en Krol uit het Oranje van 1974 hadden zich geen twee keer bedacht, die waren langs de regenpijp naar beneden geklommen en hadden zich met volle overtuiging in het feestgedruis gestort, maar jongens als Vanenburg en Van Aerle hebben nou eenmaal hun slaap nodig en dat lukt simpelweg niet als er in de naaste omgeving allerlei grotemensengeluiden gemaakt worden.

Zo word je natuurlijk nooit Europees kampioen. (Kloteduitsers.)

Alleen jammer dat het hele verhaal niet klopt. Auke Kok schrijft in zijn boek *1988, Wij hielden van Oranje* dat het onze eigen secretaris Betaald Voetbal Jan Huijbregts was die in een vlaag van misplaatste vriendelijkheid best van hotel wilde ruilen met de Duitsers, omdat Gerhard Aigner, de Duitse secretaris-generaal van de UEFA die hem nog wel eens van pas kon komen in zijn carrièreplanning binnen de UEFA. De Duitsers hadden het hotel helemaal niet ingepikt, onze eigen Jan 'Handjeklap' Huijbregts had het ze gewoon aangeboden. Michels was *not amused* toen Jan hem zijn ruilactie opbiechtte. Het weerhield hem er niet van een *alternative fact*-versie van het verhaal de wereld in te helpen en de Duitsers in de media lekker toch de schuld te geven. In voorbereiding op een halve finale helpen alle kleine beetjes.

Zo gek was het dus niet dat die Duitsers een nieuwe bijnaam voor die aardige meneer Michels verzonnen. General Stinkstiefel. Nu is Duits een zeer vreemde taal. Duitsers zeggen vaak niet wat ze bedoelen. Neem de woorden *Meer* en *See*, begrippen die in het Duits iets totaal anders betekenen dan meer en zee, namelijk precies het tegenovergestelde. Rare jongens, die Duitsers. Een *Stinkstiefel* mag dan in het Nederlands ook klinken als iemand met stinkvoeten of, zoals velen het interpreteerden, een schijtlaars, maar dat is het niet. Toch is het ook bepaald weer niet een positieve benaming. Een *Stinkstiefel* is een zeurpiet, een zeiksnor, een droeftoeter, een klaagkut, iemand die zichzelf in het leven tot taak heeft gesteld overal en altijd de sfeer te bederven. Een Prem Radhakishun, zeg maar.

Het komt Rinus Michels allemaal goed uit.

Onze bondscoach acteert voor de camera verontwaardiging, alsof de Duisters hem zojuist hebben beschuldigd van het produceren van kinderporno. Er was al niet veel voor nodig om de ploeg te motiveren voor een wedstrijd tegen Duitsland, maar Michels benut de plagerijen van de Duitsers om Oranje in een stemming te brengen die in de islamitische wereld traditioneel als eerwraak wordt gekarakteriseerd. Het Duitse elftal van 1988 zal moeten boeten voor al het onrecht dat men ons land in de afgelopen vijftig jaar heeft aangedaan: de Grebbeberg, de bezetting, het bombardement van Rotterdam, het jatten van onze fietsen, de finale in 1974 en het sturen van Denny Christian en zijn Marsupilami's.

Michels krijgt het voor elkaar om in de dagen voor Nederland-Duitsland onze tegenstander af te schilderen als een schurkenstaat. En wij, de Nederlandse supporters, gaan er volledig in mee. Lothar Matthäus, toch al niet geliefd, daalt in de dagen voor het toernooi in onze ogen tot het laagste levende wezen dat zich ooit binnen de krijtlijnen heeft bewogen.

Kees Jansma wacht bondscoach Michels op bij de spelersbus. 'Meneer Michels, de laatste wedstrijd. De meest beladen van de vier.'

'Ik dacht niet de laatste, nee!'

In de eerste helft wordt aan beide zijden flink de hakbijl gehanteerd. Van Breukelen doet een Schumachertje. Volle snelheid, opgetrokken knie, los van de grond. Slachtoffer Frank Mill blijft liggen op de grasmat. Terwijl de wereld zijn adem inhoudt, buigt Van Breukelen zich over het angstvallig stille lichaam van Mill en hij begint hem als een Amerikaanse *drill instructor* tijdens de basistraining voor de US marine toe te schreeuwen dat hij zich niet zo moet aanstellen. Rudi Völler wordt na een overtreding aan zijn haren omhooggetrokken door Berry van Aerle. Marco van Basten wordt aan de andere kant in een razorblade-sandwich genomen door doelman Eike Immel en Jürgen Kohler.

De rust wordt bereikt zonder doden of blijvend gehandicapten in beide kampen.

De penalty die Duitsland in de 54e minuut van de tweede helft krijgt, is niet terecht. Of niet helemaal. Of eigenlijk best wel, hoe vaker we het terugzien. Werkopdracht: bekijk de beelden van de overtreding van Rijkaard op Klinsmann nogmaals en stel voor dat Rijkaard Kohler is en Klinsmann Van Basten. Nog steeds geen terechte strafschop?

Van Tiggelen gooit uit pure frustratie de bal tegen het achterste van scheidsrechter Igna, en Hans van Breukelen loopt cynisch applaudisserend een stukje op met de man. Het zal Lothar Matthäus allemaal *wurst wesen*. Hans van Breukelen zit er bijna bij, maar bijna is niet helemaal, zei Aristoteles al op zijn sterfbed (322 v Chr.) en zo staat het in de 55e minuut 1-0 voor de Duitsers. Staan we op het punt er toch weer in te tuinen.

Tien minuten later het bewijs dat God niet alleen echt bestaat, maar ook deze wedstrijd zit te kijken: strafschop Nederland. (Waarom schrijven we dit in godsnaam nog op, alsof er

ook maar iemand is die de wedstrijd niet uit zijn hoofd kent).
'Is óók geen penalty, trouwens!' schreeuwt Evert ten Napel. De analyse is correct, op het woord 'ook' na. De overtreding van Kohler leek evenveel op een penalty als Sylvana Simons op Geert Wilders. 'Maar ach, dat zijn kleinigheden.'

Om de 89e minuut te beschrijven, laten de auteurs Jules Deelder aan het woord met zijn 'Nationaal gedicht', geschreven op dezelfde avond.

Nationaal gedicht (21-6-'88)

Oooooooo!
Hoe vergeefs
des doelmans hand

zich strekte
naar de bal
die één minuut

voor tijd
de Duitse doel-
lijn kruiste

Zij die vielen
rezen juichend
uit hun graf

Dit was het *gesundes Holländisches Volksempfinden* na de Slag bij Hamburg. De Tweede Wereldoorlog begon in 1940 en eindigde op 21 juni 1988. Na afloop van de wedstrijd doet Ronald Koeman iets dat op Wikipedia wordt beschreven als een incident dat 'voor enige controverse' zorgde. Hij haalt het shirt van Olaf Thon langs zijn achterwerk, alsof hij er zijn Groningse kont mee afveegt. In de catacomben sarren de Nederlandse spelers de Duitsers door minutenlang gillend langs de kleedkamer te rennen. Het is een puist van opgekropte frustratie die openklapt.

Als de selectie van Oranje een uur later in de spelersbus zit, gaat de deur open. Daar staat de man die veertien jaar geleden de wereldbeker omhooghield op de plek waar Johan Cruijff had horen te staan. Franz Beckenbauer, nu bondscoach van de Duitse ploeg, neemt het woord. Het wordt stil in de bus. Hij feliciteert Nederland met de overwinning, die hij volkomen terecht noemt en wenst de spelers alle succes in de finale.

Het wordt stil in de bus. Soms begrijp je ineens waarom iemand Der Kaiser wordt genoemd.

De finale. In het eerste deel van de eerste helft zijn de beste kansen voor de Russen. Maar dan is daar Ruud Gullit, de man uit vorm. Gullit speelt een matig EK. Hij is helemaal op, na een seizoen in de Serie A. Toch beschouwt Michels Gullit als dé speler van het EK, omdat de supervedette zelf inziet dat hij dit toernooi niet kan brengen wat hij het hele seizoen bij Milan wel bracht en zich schikt in een ondergeschikte rol naast

Van Basten. Als Marco van Basten de bal vallend doorkopt naar de captain van Oranje, gooit die alle venijn in een kopbal die, zo is inmiddels wetenschappelijk (of nu ja, het leek zo) aangetoond, harder was dan de services van Richard Krajicek in de finale van Wimbledon van 1996.

Over het doelpunt waarmee Marco van Basten 2-0 maakt, kunnen we kort zijn. Hij zat er lekker in. Om met Theo Reitsma te spreken:

'Goed. Ooh wat een goal! Wat een schitterend doelpunt zeg. Ja, niet te geloven zoals-ie die bal uit de lucht oppakt in die hoek daar. Niet te geloven... Wat een weergaloos doelpunt!'

Dat zeiden we. Hij zat er lekker in. Nog vijfendertig minuten te gaan, 2-0 voor Nederland, kat in het bakkie.

Enkele minuten later schieten de Russen op de paal.

En dan komt Hans van Breukelen.

'Ik kom mijn doel uit om de bal corner te tikken. Maar die Rus maakt optimaal gebruik van mijn duik, want als je goed kijkt, dan zie je dat ik de bal nog vóór hem hoekschop sla.'

Lieve Hans. Wij hebben de beelden nog een keer of vijfendertig teruggekeken en kunnen niet anders dan concluderen dat deze kamikazeactie op acht meter van het doel ter hoogte van de achterlijn nog het meest weg had van een bodycheck die we een gedrogeerde speler van de Tsjechische ijshockeyploeg ooit op de Olympische winterspelen van Calgary zagen uitvoeren.

En dan zeggen we het nog voorzichtig.

Oranje-spelers kijken elkaar vertwijfeld aan, Frank Rijkaard geeft Van Breukelen er voor het oog van de camera verbaal als een schooljongen van langs.

Maar dan moet je net Hans hebben. Die was vroeger op het schoolplein al een beest als hij werd gepest.

Even terug. PSV heeft de maand voor het EK de Europacup I gewonnen. Van Breukelen stopt de strafschop van Miguel Veloso van Benfica in de penaltyserie. Het boekje van Jan Reker wordt wereldberoemd in Nederland. In een tijd waar nog niet iedere actie van een speler wordt bijgehouden, vastgelegd en geanalyseerd door computers, houdt de voormalige coach van PSV, hoe lief, een boekje bij waarin hij keurig noteert wat de favoriete hoek van iedere strafschopnemer in de wereld is. Igor Belanov schiet ze volgens het boekje van Reker vanuit de doelman gezien in de rechterhoek. Van Breukelen maant Belanov vooraf met een vinger onder zijn oog dat hij het mannetje wel doorheeft.

Belanov schiet de bal niet, zoals in Rekers boekje staat, in de rechterhoek, waar Van Breukelen naar onderweg is, maar door het midden, zoals Johan Neeskens deed in de finale tegen Duitsland in 1974. Van Breukelen zit in de verkeerde hoek, maar gelukkig is zijn been blijven hangen en laat daar de bal nu tegenaan komen.

Een halfuur later kan Theo Reitsma zijn klassieker 'Dit is een goed stel, hoor' de huiskamers in gooien. Nederland is Europees kampioen.

Europees kampioen. Dat kan niet iedereen zeggen. Het is

iets om te koesteren, die titel van Europees kampioen, ook nu nog, dertig jaar later.

Alleen Duitsland, Frankrijk, Italië en Spanje, de echte toplanden, zijn ooit Europees kampioen geworden.

Goed, de Sovjet-Unie dan.

En Tsjecho-Slowakije.

En Denemarken.

O ja, en Griekenland.

Maar verder niemand.

Succes is niet toe te schrijven aan één man. Het was het toernooi van Van Basten, ja. Maar misschien was het niet voor niets dat de FIFA Rinus Michels in 1999 uitriep tot de beste coach van de eeuw en *The Times* hem in 2007 als de beste naoorlogse coach beschouwde. Kees Jansma over Rinus Michels, in *Voetbal International*: '[Tijdens het EK van 1988] ontdekte ik dat hij geen Generaal meer was, omdat hij anderen [Gullit met name] de macht gunde. Toen merkte ik dat hij niet langer een Sfinx was. Hij streefde openheid na (...) en lokte inspraak uit. Ik zag in 1988 een vaderfiguur in hem. (...) Hij was de groter gegroeide coach, die zag en wist dat de spelers, mits soepel geleid, tot goede prestaties zouden komen. Michels wist zichzelf weg te cijferen en te relativeren en juist daardoor was hij een grootse coach.'

Dertig jaar na het Europees kampioenschap van 1988 is dat Europees kampioenschap nog altijd de enige titel die Nederland heeft gehaald. In de volgende hoofdstukken leggen we uit waarom.

Maar wat doet het er ook toe? 1988 was helemaal geen EK, 1988 was geen voetbaltoernooi, 1988 was het einde van de Tweede Wereldoorlog. Bevrijdingsdag hoort gevierd te worden op 21 juni, de dag van De Slag bij Hamburg.

'De finale was dinsdag', stond er op een spandoek te lezen tijdens de grachtentocht die zondag. En zo was het.

De mooiste zomer in ons leven, we zeiden het al. Met zijn miljoenen stonden we op Eindhoven Airport, langs de A2, langs de grachten, op bruggen en in de hekken op het Museumplein om Ruudje, Marco, Ronald, Vaantje, de Breuk, Frankie, Arnold, Spijker, Erwin, Jantje, Wimpie en de andere geallieerden hun eer te bewijzen.

Rinus Michels verwoordde de nationale gelukzaligheid op het podium op het Museumplein: 'We zullen het nooit, nooit meer vergeten.'

Als je erbij bent geweest dan, hè.

1990

De Fluim

Het is twee jaar en drie dagen na de slag bij Hamburg. De achtste finale op het WK 1990 in Italië is nog geen halfuur oud als Frank Rijkaard Rudi Völler in het voorbijlopen vanachter de struik in diens nek spuugt. En een halve minuut later, als beiden rood hebben gekregen, nog maar een keer.

Meteen na de tweede speekselaanval zet Rijkaard er de pas in, schielijk wegbukkend, angstig voor een eventuele wraakfluim van Völler, die overigens niet komt. Völler wacht tot in de spelerstunnel, waar hij Rijkaard buiten het zicht van de camera's een ouderwetse oorvijg geeft.

We kunnen er ons iets bij voorstellen.

Spugen.

Vanachter.

Twee keer.

Let wel, we hebben het hier niet over vermaarde vaderlandse vuillakkers als Rinus Israël, Theo Laseroms, Johan Neeskens, Willem van Hanegem, John de Wolf, Jan Wouters, Mark van Bommel, Nigel de Jong en Willem Holleeder, maar over

Frank Rijkaard. Een gevoelige, aimabele, beschaafde man, een heer in hart en nieren.

Slechts één keer eerder in zijn leven verloor Rijkaard zijn kalmte en wel in september 1987, toen hij trainer Johan Cruijff op het trainingsveld bij De Meer toebitste: 'Krijg toch de kolere met je eeuwige gezeik!' Rijkaard is een man die waarschijnlijk in bed nog met twee woorden spreekt.

Dus wat gebeurde er in hemelsnaam voorafgaand aan die 22e minuut waarin Rijkaard tot zijn *zweifachen Spuck-Attacke* kwam?

We hebben de beelden van Duitsland-Nederland er nog eens op nagekeken. De gele kaart die Rijkaard voor zijn overtreding op Völler van de Argentijnse scheidsrechter krijgt, valt niet bepaald in de categorie scheidsrechterlijke dwalingen. Een Gillette Contourtje, frontaal op de benen van de Duitse aanvaller, die op dat moment op volle snelheid ligt. Völlers smeekbede om een gele kaart voor Rijkaard bij de scheidsrechter is wellicht niet collegiaal, maar niet geheel onbegrijpelijk. Rijkaard denkt daar anders over. Hij loopt op zijn tegenstander af en gebaart dat der Rudi niet zoveel praatjes moet hebben. Daarna loopt hij weg, bedenkt zich en gooit zijn eerste lamaatje eruit, midden in Rudi Völlers *Lockerpracht*.

Beide teams staan met tien man op het veld. Duitsland vangt het beter op dan Nederland. Door het uitvallen van Rijkaard ontstaan gaten op het middenveld, waar Klinsmann c.s. telkens weer in springen. Het is wachten op de 1-0, en die komt van Jürgen Klinsmann, vijf minuten na rust. Vijf minuten voor tijd maakt Andreas Brehme er 2-0 van. (Koeman mag nog 2-1 maken vanaf de penaltystip, maar Nederland doet niet eens meer moeite de bal snel uit het net te halen. De spelers willen naar huis. Hierover zo meteen meer.)

Met Brehme en Klinsmann zijn twee van de drie Duitse spelers van Internazionale Milan in die jaren genoemd. De derde is Lothar Matthäus, onze nationale knuffelduitser. Aan de andere kant in San Siro het Hollandse drietal van Associazione Calcio Milan: Gullit, Van Basten en Rijkaard.

De wedstrijd in San Siro, thuishaven van AC Milan en Inter Milan, is een prestigestrijd tussen beide ploegen. Inter is het jaar ervoor kampioen geworden. AC won enkele weken voor het WK de Champions League. Lothar Matthäus ontving de Gouden Bal.

En de Duitsers zijn de vernedering door Oranje op het EK in eigen land, twee jaar geleden, niet vergeten. De actie van Koeman met het shirt van Olav Thon hebben de Duitse spelers hem nooit vergeven. Al met al een aardig stoofpotje voor die achtste finale in San Siro en een deel van de verklaring waarom Rijkaard Völler een *Speicheldusche* gaf.

De andere reden heeft niets met Duitsland te maken, maar alles met Oranje. Dit is het WK waarin Oranje tot in zijn diepste voegen doordrenkt is van Het Eeuwige Gezeik.

Nederland is het WK begonnen met drie keer een gelijkspel (Egypte 1-1, Engeland 0-0, Ierland 1-1). Het spel is om te janken, de sfeer in de selectie om te huilen.

Dat kwam zo.

De bondscoach onder wie Nederland de kwalificatie in gaat, heet Thijs Libregts. Wablief? Thijs Libregts. In de bossen van Zeist is niemand te vinden die weet wat de KNVB heeft bezield om een van de twee meest talentvolle en charismatische generaties die Nederland ooit kende, op te zadelen met een coach wiens erelijst er als volgt uitziet:

1979: met Excelsior gepromoveerd naar de Eredivisie.

1980-1983: Trainer-coach PSV. Geen prijzen.

1984: Assistent-trainer-coach van Johan Cruijff bij Feyenoord. Landskampioen.

1984-1988: Trainer-coach in Griekenland. Aris Saloniki (twee seizoenen) PAOK Saloniki (één seizoen) en Olympiakos Pyreaus (achtenveertig dagen).

Dat was het.

Nul interlands.

Was getekend, Thijs Libregts.

De KNVB heeft Libregts al vóór het gewonnen EK van 1988 benoemd. Het is dat het een uitdrukking is waar je je als schrijver voor hoort te schamen, maar anders zouden we hier de woorden 'saillant detail' gebruiken: Ruud Gullit, de vedette van AC Milan en Oranje, is vanaf het begin niet gelukkig met de benoeming. Gullit was onderdeel van het kampioenselftal van Feyenoord in 1984 en Thijs Libregts had in dat seizoen in een interview met *de Volkskrant* het volgende gezegd: 'Gullit kan wel voetballen, hij is alleen wat lui. Dat heb je met die zwartjes.'

Libregts doet het cijfermatig gezien niet eens slecht in de kwalificatieronde. Nederland en Duitsland zijn voor de WK-kwalificatie in dezelfde poule ingedeeld. Dat was even schrikken voor beide partijen, maar de soep wordt niet zo heet gegeten als hij wordt opgediend. In München wordt het 0-0, in Rotterdam 1-1. In beide wedstrijden is Duitsland sterker. Gullit uit forse kritiek op de tactiek van Libregts in de thuiswedstrijd, maar het gezeik wordt in de kiem gesmoord: trainer, spelers en KNVB komen overeen de gelederen gesloten te houden. Nederland wint al haar andere wedstrijden en omdat Duitsland uit tegen Wales een punt laat liggen gaat Nederland zowaar als poulewinnaar en Duitsland als nummer 2 naar het WK. Iedereen tevreden.

Maar dan begint het gezeik. Niet in Duitsland, dat gewoon met bondscoach Franz Beckenbauer afreist naar Italië, maar in Nederland. Pers, publiek en spelers hebben nog minder vertrouwen in Thijs Libregts dan de Roemenen in hun dictator Nicolae Ceaușescu. Die laatste wordt op 25 december 1989 geëxecuteerd, Thijs Libregts komt er met ontslag vanaf. Maar Libregts weigert. Hij stapt naar de rechter en eist dat hij gewoon in dienst mag blijven tot na het WK. Bovendien kan het helemaal niet, wat de KNVB doet, zegt zijn advocaat, want meneer Libregts zit momenteel vanwege een hernia in de ziektewet en dan kan een werknemer helemaal niet ontslagen worden. Na een paar weken poppenkast komen beide partijen een afkoopsom overeen en gaat ieder zijns weegs.
Exit Thijs.

Wat nu. Bas Barkman beschrijft in zijn biografie van Rinus Michels hoe het eraan toeging in een bespreking die de directeur technische zaken van de KNVB belegt met de spelers.

'Omdat we toch met een bondscoach naar het WK moeten, wil ik jullie drie namen voorleggen, drie kandidaten,' zegt Michels, en kijkt vervolgens even vorsend rond. 'Dat zijn de heren Leo Beenhakker, de huidige coach van Ajax, de heer Aad de Mos, de huidige trainer van Anderlecht, en de heer Johan Cruijff, de huidige trainer van Barcelona. Het zijn in mijn ogen alle drie toptrainers, dus is mijn vraag of jullie akkoord zijn als een van deze drie heren het wordt?'

Marco van Basten schudt het hoofd. 'Nee, daar ben ik het niet mee eens. Het zijn dan misschien alle drie toptrainers zoals u zegt, maar ik vind, en ik vind dat niet alleen, dat we Cruijff moeten pakken.'

Michels reageert direct: 'Nou Marco, dat kan jij wel zo zeggen, maar ik weet niet of Johan Cruijff, zoals jij zegt, de beste kandidaat is.'

Van Basten: 'Dat vind ik niet zo interessant, die opmerking. Ik vind dat we hier, nu we toch allemaal bij elkaar zijn, moeten stemmen. Dat lijkt me de beste oplossing, weet u meteen wie we willen.'

Michels staat op, gevolgd door de andere bestuursleden, en zegt, zichtbaar geïrriteerd: 'Als jullie daarover willen stemmen, vind ik dat best. Ik hoor het dan wel.'

De stemmen worden geteld. Cruijff acht (waaronder die van Gullit, Rijkaard, Van Basten, Wouters en Koeman), Beenhakker vijf, De Mos twee (wij worden erg benieuwd wie dat geweest zijn).

Maar Michels heeft helemaal geen zin in Cruijff. Michels wil Beenhakker.

Na het behalen van de Europese titel in 1988 ontving Michels uit handen van Ruud Gullit een gouden horloge met inscriptie, namens de hele spelersgroep. Nu is hij directeur technische zaken geworden en daarmee het soort bobo die hij in 1988 nog tot vijand van het elftal bombardeerde. En dan ook nog een bobo met een heel eigen agenda. Geen wereldkampioen worden.

De gloriejaren van Michels, als trainer van Ajax, Oranje en FC Barcelona, werden overschaduwd door de visie van pers en publiek dat hij bij alle successen natuurlijk wel steeds de gore mazzel had gehad om Johan Cruijff in zijn selectie te hebben. Landskampioen met Ajax in 1970, Europacup I met Ajax in 1971, landskampioen met FC Barcelona in 1974 en vicewereldkampioen met Oranje in 1974. Allemaal met Cruijff.

In 1988 had Michels eindelijk zijn grote prijs zonder Cruijff te pakken. Zijn plek in de geschiedenis was voor eens en altijd in marmer gebeiteld. Bovendien was hij met zijn gevatte humor uitgegroeid tot een volksheld. En Michels wilde dat heldendom graag exclusief voor zichzelf houden en daar leek Leo Beenhakker hem de uitgelezen persoon voor.

Het WK van 1990 was al kansloos voor we begonnen.

De selectie gaat op trainingskamp in Kroatië in wat wordt omschreven als een spookslot. Het regent en het is koud. De

AC Milan-vedetten Gullit, Rijkaard en Van Basten sluiten later aan bij de groep. Iedereen voelt dat ze doodziek worden van de gedachte drie weken onder Leo Beenhakker te moeten functioneren. De sfeer daalt tot Elfstedentochttemperatuur wanneer Nederland een oefenwedstrijd van het zwakke Oostenrijk verliest met 3-2, na met 3-0 te hebben achtergestaan.

Nol de Ruiter, assistent-bondscoach in Italië, schrijft in zijn biografie: 'Leo durfde niet in te grijpen. Hij liet zijn oren te veel naar de vedetten hangen. Leo is echt super publiciteitsgeil. Daarbij heeft hij weinig fatsoensnormen, wat terug te zien is bij de Ajax-spelers. Die gedragen zich duidelijk onbeschofter dan de rest. Alleen Jan Wouters vormt een uitzondering [Beenhakker was destijds trainer van Ajax, red.].'

De Ajax-spelers zijn niet de enigen met een afnemend normbesef. Het verhaal gaat dat Adri van Tiggelen, een van de waterdragers van de ploeg van 1988, een bord naar de met de selectie meegereisde keuken terugstuurde omdat de vorm van de erwtjes erop hem niet beviel.

De hele spelersgroep giert het uit.

Het is de enige keer in al die weken dat er iets te lachen viel.

1992

Penaltydrama deel I

Laten we beginnen met een incident... Journalisten spreken er meesmuilend over als 'boomstamgate'. Het heeft de loop van de geschiedenis van het Nederlands Elftal op geen enkele wijze beïnvloed, maar het is wel symptomatisch voor wat er altijd speelt rond het Oranje. Gezeik. De volgende zin komt uit het Wikipedia-lemma over de kwalificatie voor het EK 1992 in Zweden. Het luidt: 'Er was wel weer een ouderwets incident in het trainingskamp: Wim Kieft werd vergeleken met een boomstam door de nog jonge Bryan Roy en verliet boos het trainingskamp.'

Stelt u zich een somber kijkende dichter voor. Hij neemt plaats achter een spreekgestoelte voor dertien uitzinnige bejaarden in een bibliotheek en zegt dat hij een gedicht gaat voorlezen dat hij schreef in een tijd dat het niet zo goed met hem ging. 'Het heet 'Kieft',' mompelt de man, waarna hij zijn keel schraapt en plechtig declameert:

Er was wel weer een ouderwets
incident in het trainingskamp:

*Wim Kieft werd vergeleken
met een boomstam
door de nog jonge Bryan Roy
en verliet boos het trainingskamp*

Dit schreeuwt om duiding. Kieft? Een boomstam? Bryan Roy? Een incident bij het Nederlands Elftal?

De kiem van dit conflict werd gelegd in 1990, na afloop van de traditionele oefenwedstrijd Oranje tegen Jong Oranje in het Olympisch Stadion. Michels had de voorbereiding hiervoor overgelaten aan Dick Advocaat, assistent van Michels. Er stond de ploeg een belangrijk kwalificatieduel tegen de Grieken te wachten en Advocaat had tegen Kieft gezegd dat hij ervoor moest zorgen goed uit te rusten. 'We hebben je nodig, Wim,' zei Advocaat, een zin die Kieft had opgevat als een impliciet teken dat hij die wedstrijd zou spelen.

De maandag na het oefenduel kwam de selectie bij elkaar in een hotel in Wassenaar. Michels tekende een opstelling op het spelbord, met in de spits Kieft — die op dat moment bij Girondins de Bordeaux speelde. Michels wendde zich tot de spelers en vroeg hen wat ze van deze optie vonden. Er kwam meteen rumoer. Kieft was niet de eerste keuze van de jonge Ajacieden, die liever speelden met Van Basten en Bergkamp. Kieft kon bij een eventuele gelijke stand altijd nog als pinchhitter worden ingezet. Bryan Roy, de briljante, ongrijpbare en weerbarstige Amsterdamse parel op links, riep dat bij Ajax Ron Willems dezelfde rol vervulde. 'Als het even niet loopt,' riep Roy, 'brengen we die boomstam in.'

Deze woorden schoten bij Kieft in het verkeerde neusgat. Hij wenste noch met Willems — een tragische onbegrepen net-nietspeler — noch met een boomstam te worden vergeleken, en zeker niet door de lichtvoetige spring-in-het-velds die bij Ajax de dienst uitmaakten (Roy, Richard Witschge). Nog dezelfde dag vertrok Kieft woedend terug naar Bordeaux. Het lijkt een onbeduidend voorval, maar in dit kleine incident zit de kiem van wat er altijd speelt bij Oranje: vraag niet wat jij voor je land kan doen, maar wat je land voor jou kan doen.

Er waren op dat punt al grote tegenslagen voor Oranje geweest. Frank Rijkaard besloot dat hij uitgespuugd was als interlandspeler. Nederland had zich in een oefenduel laten vernederen (met de flatterende uitslag 1-0) door Italië en ook in de WK-kwalificatie tegen de Portugezen verloor Michels kansloos. Ronald Koeman was ondertussen geschorst, want die had het gewaagd kritiek op de trainer te geven. De Ajaxjugend in Oranje maakte zich — letterlijk bijna huilend — sterk voor de meer offensieve speelwijze van hun leermeester Johan Cruijff, in tegenstelling tot de resultaatgerichte opvatting van Michels. De eeuwige discussie. Het was een gevecht dat de patatgeneratie uiteindelijk won.

Michels verruilde bij het EK-kwalificatieduel tegen Griekenland twee verdedigers voor twee aanvallers, en zowaar: het begon te lopen bij Oranje. Michels koos voor een systeem van drie verdedigers, drie middenvelders en vier aanvallers: voetbal in optima forma. Uiteindelijk wonnen we vrij eenvoudig met 2-0, met als doelpuntenmakers Van Basten en Bergkamp. Na afloop droeg Van Basten de overwinning pesterig op aan Cruijff, tot grote ergernis van Michels.

Er volgden goede wedstrijden (0-8 tegen Malta), maar ook zeer matige. Zó matig dat Michels een beroep moest doen op Frank Rijkaard om op zijn besluit Oranje te verlaten terug te komen. Nederland plaatste zich al ruziënd voor de eindronde in Zweden.

Ook internationaal waren er dat jaar grote problemen. Aanvankelijk had Joegoslavië zich geplaatst, maar door de oorlog in het land moest de ploeg zich terugtrekken. Denemarken mocht als vervangend land aantreden. De later gretig verspreide anekdote dat de Denen van hun vakantieadres werden geplukt om het EK te spelen (en dat en passant ook te winnen) is helaas wat in het Deens een *vandrehistorier* heet: een broodje aap. Iedereen met een beetje gevoel voor internationale verhoudingen wist dat Joegoslavië zich zou terugtrekken, en de Denen waren volledig voorbereid op het EK. Maar het verhaal was mooi en heeft de mythe van dit toernooi alleen maar versterkt.

Volgens een andere overlevering had Rinus Michels zijn zinnen erop gezet de wereld nu voor eens en altijd duidelijk te maken dat hij de grootste Nederlandse coach aller tijden was – en niet Johan Cruijff. Michels besloot ten aanval te gaan met het 3-3-4-systeem waarmee in de kwalificatie Griekenland was opgerold. Nederlandser dan Nederlands. De totaal-aanval.

Dit leek een riskante zet, maar zijn opzet slaagde. Nederland speelde best een sterk toernooi en hoewel er aanvankelijk weinig werd gescoord (1-0 tegen Schotland, 0-0 tegen GOS, zoals Rusland toen heette) was de beer los tegen Duitsland. Onze favoriete vijand werd op knappe wijze van het veld gespeeld. Iedereen zag hoe goed de Nederlanders waren en het was een klein wonder dat de score tegen de Duitsers niet opliep tot 5 of 6-0. De eindstand werd 3-1, wat ook gunstig was voor Duitsland, want de Gossers verzuimden hun wedstrijd tegen Schotland te winnen (plotspoiler: de Duitsers zouden wel in de finale komen).

In de halve finale trof Nederland invaller Denemarken, een ploeg die tot dat moment een paar aardige wedstrijden had gespeeld. Zo won het tegen Frankrijk, met o.a. een doelpunt van oud-Feyenoorder Lars Elstrup. Toch gaf niemand het zogenaamde Deense campingelftal tegen Holland een kans.

Het werd een moeizame wedstrijd. Van Tiggelen, Koeman en De Boer vormden gedrieën de defensie. De laatste werd later in de wedstrijd vervangen door de pinchhittende boomstam Wim Kieft, omdat het Nederland toch aan aanvalskracht ontbrak, ondanks de viermansaanval Roy, Van Basten, Gullit en Bergkamp. Het middenveld werd gevormd door Wouters, Rijkaard en Rob Witschge. Op papier een ijzersterk clftal.

Toch speelde het Deense elftal aanvankelijk veel beter. De Nederlanders werden in de eerste fase gedold, vooral Frank de Boer werd gekgetikt door oud-PSV'er Flemming Povlsen. Pas toen Marco van Basten in een ongelukkig duel de Deen Henrik Andersen een versplinterde knieschijf had geschopt, begon Nederland bij een 2-1-stand voor Denemarken weer een beetje te voetballen. Frank Rijkaard scoorde pas in de 86ste minuut 2-2.

In de verlenging miste Bryan Roy een enorme kans, de pot liep uit op strafschoppen. Het werd de geboorte van een trauma.

In het Deense doel stond Peter Schmeichel en in het Nederlandse Hans van Breukelen. Beide keepers hadden zich uitvoerig voorbereid en wisten alles van de tegenstanders, hun vaste hoeken, hun aanloopjes, wat ze die ochtend hadden gegeten, hoe laat ze naar het toilet waren geweest. Van Breukelen begon vol zelfvertrouwen aan de penaltyreeks, hij zou er zeker twee pakken, wist hij. Schmeichel besloot zich op iets anders te concentreren en niet te kijken welke speler de strafschop zou nemen. Hij koos ervoor gedecideerd naar één hoek te gaan en af te wachten of hij de goede had gekozen. De reeks begon. Koeman scoorde vastberaden 3-2, tot opluchting van alle Nederlanders op de tribune en thuis. De Deen Henrik Larsen wilde graag als eerste aan de beurt zijn, omdat hij erg moe was en bang was dat zijn benen koud zouden worden als hij te lang zou wachten. Van Breukelen zat in de goede hoek, maar het lukte hem net niet Larsens bal te keren – 3-3.

En toen kwam AC Milan-spits Marco van Basten, die beheerst naar de bal liep. Hij maakte zich geen zorgen, want in Italië nam hij ook wel eens een strafschop, al trainde hij er niet op. De druk interesseerde hem niet. Dat hij dit toernooi nog niet had gescoord deerde hem ook niet. Dat zijn enkel krakkemikkig was, schoot hem ook niet door het hoofd. Hij was aan het einde van zijn loopbaan en wilde nog eenmaal schitteren. In Nederland ging iedereen ervan uit dat onze sterspeler zijn werk zou doen.

Toch ging het mis. Van Basten nam de penalty niet slecht, maar Schmeichel ging intuïtief naar de juiste hoek. Hij stopte de bal ternauwernood. 'Puur geluk,' zei de keeper later in een interview. 'Iedereen die anders beweert, liegt.' (Kijk, zo kan het dus ook, Hans.)

Underdog Denemarken stond in de finale, na Engeland, Frankrijk en Nederland naar huis te hebben gestuurd.

Was dit terecht? Waarschijnlijk wel. Wie deze halve finale opnieuw bekijkt, ziet een opmerkelijk gebrek aan agressie bij de Nederlanders. Het lijkt of de wilskracht ontbrak. 3-3-4 was een mooi systeem, maar gedijt blijkbaar alleen als het gepaard gaat met een ijzeren wil te winnen en de bereidheid af en toe een beuk of een tik uit te delen. De Nederlanders werden overrompeld door de Denen, die technisch wellicht minder waren, maar wel kwamen om te finale te halen.

Misschien lag het aan Michels en hoe hij zijn spelers had voorbereid. Oranje had, indachtig onze landsaard, de tegenstander simpelweg onderschat. De opstelling en de speelwijze van Oranje was hetzelfde als tegen de Duitsers, waardoor er voor de Denen geen enkele verrassing was. Nederland had het verlies aan zichzelf te danken. Na het WK van 1974, het EK 1976, het WK 1978 en het WK 1990 kon de zoveelste domper worden bijgeschreven. Sleutelwoorden: overschatting en arrogantie. En het ontbreken van datgene wat we in 1988 in overvloed hadden: geluk.

Het goede nieuws: getergd zou Oranje door dit resultaat zéker het WK van 1994 gaan winnen.

1994

Advocaatje USA'tje

De voorbereiding op het WK 1994 in Amerika valt samen te vatten onder de noemer: gezeik in het dubbelkwadraat. Na het teleurstellende EK in Zweden sloot Michels zijn carrière als trainer af. Zijn assistent Dick Advocaat zou de kwalificatie voor 1994 voor zijn rekening nemen, waarna Johan Cruijff Oranje eindelijk naar een WK-titel zou loodsen. Een mooi voornemen. Dat spectaculair mislukte.

Nederland zat in een kwalificatiepoule met Noorwegen, Polen, Turkije, angstgegner San Marino en favoriet Engeland. De eerste wedstrijd was al meteen een domper: verlies tegen Noorwegen. Aanvoerder Ruud Gullit kondigde hierna aan dat hij het allemaal niet meer zag zitten en verliet het Nederlands Elftal. Het kwam erop neer dat hij het niet eens was met de gekozen aanvallende speelwijze. Het verlies tegen Noorwegen zorgde voor een mineurstemming onder het Nederlandse voetbalpubliek: slechts vijftienduizend toeschouwers kwamen naar De Kuip voor het kwalificatieduel tegen Polen.

Keeper Stanley Menzo blunderde Oranje al binnen vijftien

minuten naar een 0-2-achterstand. De toenmalige Ajacied (en latere Feyenoorder) Peter van Vossen richtte zich op als redder des vaderlands door twee keer te scoren, omdat Bergkamp en Van Basten dit verzuimden. Het zou de laatste wedstrijd van Van Basten voor Oranje zijn.

Menzo werd vervangen door Feyenoord-keeper Oeh Ah Ed de Goeij, die om onduidelijke redenen de bijnaam Ed Konijn had gekregen. Met De Goeij in het doel leefde het Nederlands Elftal weer even op. De ontvlambare, veel te agressieve Turkse idioten — zeggen wij als nazi's en fascisten, zoals de Turkse president Erdogan Nederlanders in het voorjaar van 2017 noemde — kregen in eigen huis met 1-3 klop, na twee doelpunten van Van Vossen en de even daarvoor weer als de verloren zoon teruggehaalde Gullit.

De wedstrijd op Wembley, tegen favoriet Engeland zou om meerdere redenen in het geheugen blijven hangen. Allereerst was er de miraculeuze manier waarop Oranje een snelle 2-0-achterstand rechttrok, na een doelpunt van Bergkamp en een penalty van Van Vossen, die was ingevallen voor Gullit. De laatste was ontstemd over deze wissel en wilde Van Vossen zelfs geen hand geven, alsof die er iets aan kon doen. Na afloop verklaarde Gullit wederom dat hij zich niet meer beschikbaar zou stellen voor Oranje. Tot ziens, Ruud, wederom bedankt voor alles!

Tot slot: waarom we ons deze wedstrijd altijd zullen herinneren, was natuurlijk de dreun die Jan Wouters uitdeelde aan Paul Gascoigne (al eerder gememoreerd). Ook wel genoemd 'de moeder aller elleboogstoten' of 'de elleboogstoot zoals God elleboogstoten moet hebben bedoeld'. In het dagelijks leven zou Wouters twee jaar gevangenisstraf hebben gekregen voor zijn letterlijke poging tot doodslag, maar in het veld kreeg hij niet eens een gele kaart. 'Gasmunt', zoals de Engelse speler door de Nederlanders in de kleedkamer werd genoemd, kwam na de rust dankzij een gebroken jukbeen niet terug en zou nog weken spelen met een masker op.

De Noren waren ondertussen op dreef en al vroeg in de kwalificatie stelden zij deelname aan het toernooi zeker (voor het eerst sinds 1938 zouden ze weer meedoen). In een onderling duel moesten Nederland en Engeland uitmaken wie tweede in de poule zou worden, al moest er dan nog wel even gelijk worden gespeeld tegen Polen. Engeland was in De Kuip beter, hoewel er een reglementair doelpunt van Rijkaard werd afgekeurd. Later in de wedstrijd vloerde Koeman de doorgebroken David Platt, maar Koeman mocht van scheidsrechter Assenmacher in het veld blijven.

In de pauze leverde Jules Deelder, door de NOS als gelegenheidsanalist ingehuurd, commentaar. In onvervalst Rotterdams accent stelde hij dat die Koeman zó traag was dat-ie nodig eens door een peloton matrozen in zijn reet moest worden geneukt. Net zoals Mario Been enkele jaren ervoor bleef de interlandcarrière van Jules Deelder ook tot één wedstrijd beperkt.

Wederom was het een scheidsrechter die het lot van Oranje bepaalde, want een paar minuten later scoorde Koeman uit een onterecht toegekende vrije trap de bevrijdende 1-0, waarna Bergkamp er nog 2-0 van maakte. Tegen de Polen werd later ook zowaar met 1-3 gewonnen: we gingen naar Amerika!

Eind goed al goed, zouden we denken — maar niet als het om het Nederlands Elftal gaat. De loting voor het WK vond plaats op 19 december 1993 in Las Vegas en het voornemen was om op die dag naar buiten te komen met het nieuws dat 'de beginnende coach Johan Cruijff' (zoals Rinus Michels hem intern noemde) als bondstrainer van het Nederlands Elftal naar Amerika zou gaan. Dat was al in een vroeg stadium afgesproken. In november 1993, een maand voor de loting, was KNVB-voorzitter Jos Staatsen nog naar Barcelona afgereisd, waarna hij als Lord Chamberlain terugkeerde met de mededeling dat de eisen van Cruijff om bondscoach te worden niet onredelijk waren. *'Peace for our time,'* zei hij bij terugkomst in Zeist.

Maar Johan Cruijff zou Johan Cruijff niet zijn, als er geen gezeur kwam. Hoe het precies is gegaan zal wel nooit meer zijn te achterhalen, en de betrokken hoofdrolspelers zijn allebei overleden. Er was sprake van een falende communicatie tussen de weerbarstige Cruijff en zijn vele opgefokte paladijnen en de wellicht niet zo gestroomlijnde amateuristisch georganiseerde KNVB onder leiding van oud-burgemeester Jos Staatsen. Er waren pogingen om tot een vergelijk te komen, er waren faxen die niet waren verstuurd of onleesbaar bleken, er was gesteggel met advocaten, er was gedoe over telefoontjes die wel of niet werden beantwoord, er waren scheldkanonnades in de pers, verdachtmakingen, er waren wanhoopsonderhandelingen en er werden 'flagrante leugens' verspreid. Staatsen zelf zou persoonlijk nog hebben geprobeerd om Cruijff buiten zijn adviseurs om te bereiken, maar hij werd afgewimpeld door een dienstmeisje.

De reden van het dispuut? Tromgeroffel... kledingsponsors! Daar zijn ze weer! Als er één hoofdschuldige is voor het feit dat Nederland nooit een WK heeft gewonnen, dan zijn het de blubberbuikige kapitalistische kindermisbruikende grootuitbuiters. Voor straf zouden Nederlanders nooit meer één sportkledingstuk van welk sportkledingmerk dan ook moeten aanschaffen.

Een week voor de WK-loting en de bekendmaking dat Cruijff bondscoach zou worden, maakte Fame International bekend dat het bedrijf tijdens het WK een grote reclamecampagne zou beginnen voor de kledinglijn van Johan Cruijff. Dit tot ongenoegen van de kledingsponsor van Oranje, Lotto, die onmiddellijk dreigde met immense schadeclaims richting de KNVB. Althans, dat was één versie van het verhaal. Een andere versie was dat de KNVB al van begin af aan nooit met de immer lastige Cruijff in zee wilde en een manier zocht om de onderhandelingen te traineren. Cruijff zou namelijk naast een aparte regeling voor zijn kledinglijn ook tien procent van de nettowinst van de KNVB hebben geëist, plus een garantiebedrag plus vette premies. Cruijff sprak dit overigens tegen en zei dat het maar ging om driehonderdduizend gulden, stukken minder dan de afkoopsom die de KNVB voor het vorige WK aan Thijs Libregts had moeten betalen.

Wat volgde was een Shakespeareaanse tragedie over verraad en macht, tussen waarheid en leugens, tussen het sectiebestuur van de KNVB en het kamp Cruijff. De scherpe onderhandelingstactiek van Cruijff botste met de nuchtere slagvaardigheid van droogstoppel Staatsen.

Toen een delegatie van de KNVB in Las Vegas aanwezig was bij de loting, had Staatsen genoeg van alle problemen en verdachtmakingen, waarop hij zakelijk bekendmaakte dat Dick Advocaat en niet Johan Cruijff bondscoach zou worden. Later erkende Cruijff dat hij zich wellicht wat toeschietelijker had moeten opstellen. De pers, met name de toenmalige adjunct-hoofdredacteur van het weekblad *Voetbal International* Johan Derksen, veegde de vloer aan met Staatsen. En weer was er een WK verpest voordat het überhaupt was begonnen.

Gelukkig was er ook goed nieuws: Ruud Gullit, inmiddels speler van Italiaans bekerwinnaar Sampdoria, kondigde voor de derde keer aan toch weer voor Oranje te willen spelen. Overal in het land werden na dit nieuws duiven losgelaten. Ondanks de afwezigheid van Cruijff zou het wellicht toch allemaal goed komen.

De voorbereiding voor het WK begon met slecht nieuws. Achttien dagen voor de start van het toernooi verliet Ruud Gullit woedend de Oranje-residentie Huis ter Duin in Noordwijk. Zijn afscheid werd de slotscène van een Hollywoodfilm, met Oscars voor Frits Barend en Dick Advocaat. Gullit gaf een persconferentie, waarin hij aankondigde dat hij vertrok. Hij vertelde de journalisten dat hij — met nota bene Advocaat naast hem — zijn trainer nog niet had verteld waarom.

'Dat zal ik met het oog op de korte voorbereiding pas na de WK doen, in het belang van het Nederlands Elftal' zei Gullit – en het vreemde was dat in de perszaal toen helemaal niemand moest lachen, terwijl wij dit bijna vijfentwintig jaar later schaterend opschrijven. Hij hoefde zich namelijk alleen maar even naar Advocaat toe te buigen en uit te leggen wat de reden was van zijn vertrek. Stoïcijns bleef de Kleine Generaal voor zich uit kijken.

Even later stapte de grote Gullit, gekleed in een vaal spijkerjackie in een heel klein rood autootje. Frits Barend reed hem achterna, waarna er op Schiphol een geëmotioneerd interview met Gullit volgde. Na het gesprek volgde er een ongemakkelijke omhelzing, ingezet door Barend, die daarmee duidelijk maakte dat hij geraakt was door Gullits vertrek. Later gaf Erik van Muiswinkel in zijn rol als Ruud Gullit in het programma *Toen Nederland nog meedeed* (2012) van Studio Spaan uitleg van zaken (terug te zien op YouTube).

'Nou, je weet niet wat je meemaakt,' zei Gullit/Van Muiswinkel, 'Barend wou me gaan zoenen. En dan was ik nog blij dat die dikke er niet bij was, want normaal is het dan zo dat die kleine je vasthoudt en die baard je gaat bekken.'

Waarom Gullit vertrok uit het trainingskamp werd nooit echt duidelijk. Wat voor groots speelde er? Moord? Doodslag? Zwart geld? Een affaire tussen Advocaat en Gullits echtgenote? Of andersom?

De reden dat Gullit opstapte bleek een sluimerend conflict over de speelwijze van Oranje. Ach jongens toch. Advocaat wilde in essentie aanvallend voetbal, Gullit toch liever behoudend. Hij noemde het een zelfmoordtactiek als Oranje al te veel 'Nederlands voetbal' zou spelen. De oefenwedstrijd tegen Schotland — met moeite met 0-1 gewonnen, na een doelpunt van Bryan Roy — zou dit hebben aangetoond. In Amerika, waar de temperaturen ondraaglijk zouden zijn, zou Nederland het offensieve spel nooit kunnen uitvoeren. Spelen met twee spitsen was in de ogen van Gullit een betere optie, iets dat Advocaat op zijn beurt niet echt zag zitten. De Kleine Generaal zei hierover tegen de pers: 'Er is er maar één die beslist en dat ben ik.'

Volgens Gullit waren hierover afspraken gemaakt bij zijn terugkeer. Er bleek ook nog een tweede reden te zijn voor Gullits vertrek. Tegen het *Rotterdams Dagblad* zei Gullits vader George dat Ruud niet meer wenste mee te spelen omdat hij klaar was met 'de Ajax-kliek' binnen de selectie van Oranje. Het zou en zal niet de eerste keer zijn dat Ajacieden de sfeer binnen het Nederlands Elftal dusdanig verpesten dat de prestaties eronder lijden. [noot van auteur Kluun: dit heeft uiteraard niets met hoofdstedelijke arrogantie te maken, maar met de wet van de grote getallen. Als er van de ene club structureel drie tot vier keer zoveel spelers worden opgeroepen dan van de andere club, is het statistisch gezien niet meer dan logisch dat daar net een ietsiepietsie meer problemen vandaan komen.]

[Noot van auteur Giphart: dat gezeik van die Amsterdammers ook altijd.]

In 2013 kwam de kwestie ter sprake in het tv-programma *Studio Voetbal*, waarin Gullit en Advocaat beiden te gast waren. De mannen waren opmerkelijk toegeeflijk. Advocaat vertelde dat hij anders had moeten reageren op de mededeling van Gullit om te vertrekken: 'Ruud belde mij 's avonds op om te zeggen dat hij de volgende ochtend een persconferentie zou geven. Toen had ik in mijn auto moeten stappen. Dat is de onervarenheid die ik toen nog had. Ik was nog vrij jong. Als we met elkaar hadden gesproken, was hij meegegaan.'

Ook Gullit betuigde spijt: 'Ik was emotioneel. Het was stom om niet te gaan. We hebben het allebei fout gedaan. Het was ook wel een beetje mijn trots, ja. Ik had er veel meer met hem over moeten praten.'

Ja, bedankt. Weer een zekere wereldtitel vergooid.

Overigens — maar dit terzijde — kondigde vlak voor aanvang van het toernooi in 1994 Marco van Basten aan zich weer ter beschikking te stellen van Oranje. Hoewel hij al meer dan een jaar niet had gespeeld, nam hij zijn toevlucht tot steunzolen en speciale bandages om de kraakbeenblessures in zijn gewricht te verhelpen. Er was bij het publiek enthousiasme, maar ook verbazing. Helaas bleek zijn terugkeer een luchtbel. Van Bastens voornemen was wellicht doorleefd, maar verre van realistisch. AC Milan, zijn werkgever, gaf hem dan ook geen toestemming. Hij zou nooit meer spelen.

Het echte dieptepunt voor Dick Advocaat kwam vlak voor het vertrek van het Nederlands Elftal naar Amerika, toen de toch al zo geplaagde trainer tijdens een uitzending van Ivo Niehe een verrassingsoptreden kreeg van een gezelschap dat zich De Advocado's noemde, bestaande uit de broer van Dick Advocaat, een lookalike en een paar losbandige meisjes in oranje flodderbloesjes. Zij zongen het nummer 'Advocaatje USA'tje', dat door het zwakzinnige publiek van Ivo Niehe uit volle borst werd meegezongen. Als blikken konden doden was het voltallige podium van die uitzending met een precisiebombardement aan flarden geschoten. Zelden heeft er op de Nederlandse televisie iemand zo getergd gekeken als Dick Advocaat tijdens deze vocale hommage.

Het toernooi was nog niet begonnen of Oranje had een paar affaires te pakken. Zo moest het Nederlands Elftal een vlucht tussen Washington en Orlando onderbreken omdat radioverslaggever Leo Driessen onwel was geworden, hetgeen achteraf de opmaat bleek voor nog veel grotere vliegellende. Ook was er het gedoe rond Feyenoordspeler John de Wolf. In de voorbereiding op de eerste wedstrijd tegen de miljonairs van Saoedi-Arabië speelde Oranje 1 tegen Oranje 2. Plotseling kromp Feyenoordspeler John de Wolf ineen van de pijn. Hij had een spierscheuring opgelopen en moest terstond het veld verlaten. Zijn toernooi was voorbij, aldus teamarts Frits Kessel. De Wolf bleef niet in Amerika om zijn team te steunen, maar hij koos ervoor naar huis te gaan. 'Niemand hoeft medelijden met me te hebben,' zei hij tegen journalisten. 'Op de weg terug ben ik de enige passagier in het vliegtuig. En er zijn twaalf stewardessen aan boord.'

Dat was lachen, zeg. Wie niet zo moesten lachen waren de andere spelers van de selectie. John de Wolf was namelijk een paar dagen daarvoor ontmaskerd als een ordinaire valsspeler — een doodzonde onder vrienden. In zijn door Jeroen Siebelink geschreven biografie *De Wolf, John* (2014) liet De Wolf optekenen hoe het zover had kunnen komen. Het was gebeurd in Huis ter Duin, waar werd gekaart door de broertjes De Boer, Aron Winter, Robbie Witschge en De Wolf. De twee laatsten waren op dat moment erg goede vrienden, en hadden bij Feyenoord net een prima seizoen gehad. Ze speelden op een avond 'poker met een joker' oftewel Five of a Kind. De mannen kaartten niet om voetbalplaatjes, maar om geld. Groot geld. De inzet kon soms oplopen tot duizenden guldens (omgerekend naar huidige valuta ongeveer dertien euro).

En toen besloot De Wolf om vals te spelen. Waarom wist hij op dat moment zelf eigenlijk ook niet. 'Zij zijn Ajax, ik ben Feyenoord,' stelde hij zichzelf voor. 'Ik moet zo niet denken, maar ik doe het toch. Ben ik de underdog, ondanks alles wat ik heb bereikt? Samen hebben zij vieren meer dan honderd caps bij Oranje. Ik heb er pas zes. Ze bouwen aan vermogens met zoveel meer nullen dan ik — dat soort slechte gedachten komen steeds maar terug, hoe hard ik ze ook wegduw. Wil ik ook een keer het mannetje zijn? De verklaring komt niet eens bewust in me op, het scheert langszij.'

Zijn bedrog werd al snel ontmaskerd, al ontkende De Wolf aanvankelijk furieus. Hij zwoer op zijn kinderen dat het niet waar was. De gebroeders De Boer liepen hem achterna en zetten hem voor het blok. De Wolf gaf toe, tot ontsteltenis van zijn bloedgabber Robbie, die daarna nooit meer iets met hem te maken wilde hebben. De Wolf, die zo lang had gehoopt op een carrière bij Oranje, besefte dat zijn dagen bij Oranje waren geteld. Net als uiteindelijk die bij Feyenoord.

De wedstrijd tegen Saoedi-Arabië, gespeeld in een broeiend warm Washington, dreigde desastreus te verlopen. Het sleutelwoord, alweer: overschatting. Oranje dacht de voetbaldwerg wel even te overmeesteren, maar kwam van een snikhete kermis thuis. De besnorde Fouad Amin mocht na achttien minuten vrij inkoppen, een doelpunt waarmee de Saoedi's op dat moment virtueel honderdduizend dollar de man verdienden, bovenop de twee ton en de gloednieuwe Mercedes die ze ieder sowieso zouden krijgen van hun sjeik.

Oranje kwam met de schrik vrij door een schot van Jonk en een kopdoelpunt van de halfzieke Feyenoorder Gaston Taument, een notoire niet-kopper, die laat in de wedstrijd inviel voor Marc Overmars. Doof van een antibioticakuur ging de ontlading onder zijn ploeggenoten zo goed als langs hem heen.

Waar het in Washington heet was geweest, was het in Florida een Oudtestamentische bakoven. Het WK in Amerika zou, zoals voorspeld, het toernooi van de verzengende hitte worden. De weersomstandigheden in Orlando hadden die zomer wel iets weg van het eveneens totaal voor topsport ongeschikte klimaat van Qatar in 2022. En de heren van de FIFA staken, zittend in hun jacuzzi, nog een sigaar op.

Het Nederlands Elftal streek neer in Lake Nona, een bekend golfresort. Het luxueuze optrekje ligt omzoomd door moerassen waarin krokodillen leven, beestjes die ervoor zorgden dat de spelers van Oranje zich behoorlijk opgesloten voelden in hun chique gevangenis. Te vervelen hoefden de spelers zich niet, het complex was geëquipeerd met een geweldige golfbaan, verschillende zwembaden, sauna's, een zaal met flipperkasten, er stond een tafeltennistafel die gretig werd gebruikt en vooral, overal immense tv-toestellen waarop bijvoorbeeld de achtervolging van de witte Ford Bronco van O.J. Simpson live was te volgen

Vooral de alligators werden door de spelers zeer interessant gevonden. Gaston Taument maakte er met Aron Winter een sport van om bij de keuken van het hotel lappen vlees en kippenpoten te halen en die te voeren aan de beesten die in de meren lagen te luieren. Toen zich later een enorme krokodil had verschanst onder een golfkarretje dat door Bryan Roy, Witschge en Winter werd gebruikt, kropen de drie sterspelers gillend als schoolmeisjes op het dak van het karretje.

Vanwege het uitzendtijdstip moest de tweede groepswedstrijd tegen de Belgen om half een 's middags worden gespeeld, toen het in de Citrus Bowl in Orlando zo heet was dat het eigenlijk niet meer uitmaakte of je de temperatuur uitdrukt in Celsius of Fahrenheit. Iedereen had vooraf gewaarschuwd dat het bij deze weersomstandigheden eigenlijk onverantwoord was om te spelen of hoe dan ook te verblijven in de koekenpan waarin het stadion rond het middaguur veranderde. Flauw, want bij een wereldkampioenschap draait het natuurlijk niet om sport, maar om geld. Voetbal. En die paar spelers en supporters vallen in het niet bij die miljoenen tv-kijkers.

Ondanks de hitte ging Oranje tegen de Belgen aanvallend van start, wat wellicht — had Ruud Gullit nu echt voor de kat z'n viool staan praten? — niet per se de beste speelwijze was. Dat leverde een vreemde wedstrijd op: er werd wel degelijk aangevallen, maar door de hitte leek het of dit in slow motion ging. Ook verdedigen bleek niet eenvoudig in deze hitte. Uit een corner kopte Anderlecht-verdediger Philippe Albert de bal richting de tweede paal, waar Wouters stond opgesteld. Hij hoefde de bal alleen maar met zijn rechterbeen weg te schieten, maar koos — zonnesteek? oververhitting? Brandwonden? — voor zijn linkerbeen. Er volgde een Charlie Chaplin-achtige manoeuvre, waarna de bal tegen het doelnet schoot.

Nederland moest winnen van de Marokkanen om niet al na de groepsfase terug naar huis te moeten, al was iedereen door de aanhoudende drukkende atmosfeer zo lamgeslagen dat niemand dat nog leek te boeien. De spelers raakten drie à vier liter vocht per wedstrijd kwijt, een hoeveelheid waar niet tegenop viel te drinken, ondanks de creatine die sommige spelers slikten om het lichaam enigszins op de rails te houden. Na de 1-0 van Bergkamp en een levensbedreigende 1-1 van Hassan Nader leek zich een Marokkaans wonder te voltrekken, tot Bryan Roy in de 77ste minuut voor Oranje de winnende goal erin pegelde, na een voorzet van Bergkamp. Een minuut na het laatste fluitsignaal bleek dat de ploeg van Advocaat, ondanks de drie slechte wedstrijden op rij, tot verbijstering van alles en iedereen nog groepswinnaar was geworden ook.

De achtste finale tegen Ierland werd gewonnen dankzij doelpunten van Bergkamp en Jonk.

Twee dagen later, op 6 juli 1994, vertrok het Nederlands Elftal in een chartertoestel van Orlando naar Dallas. Voor het vertrek naar Dallas kreeg *Algemeen Dagblad*-journalist Lex Muller van een stewardess te horen dat hij een tas – die niet van hem was – moest opbergen. Om het ijs een beetje te breken zei hij, nadat de vrouw voor de vijfde keer had geklaagd: 'Ja maar, er zit een atoombom in.'

Tien minuten later werd Muller door veiligheidsagenten van het vliegtuig gehaald en afgevoerd. Er volgde een van de meest bespoken episodes in de geschiedenis van Oranje. Iemand had op een noodknop gedrukt en er was een protocol in werking gezet dat niet meer kon worden gestopt. Geëscorteerd door een legioen legervoertuigen werd het toestel naar apart gebied getaxied. Na anderhalf uur mogen de spelers en journalisten het benauwde toestel verlaten. Dat was net op tijd, want de baby van Ronald de Boer had ondertussen een luier volgescheten.

En daarna begon het lange wachten. Alle bagage werd uit het toestel gehaald en uitgesteld in lange rijen. Ondertussen vlogen er helikopters over en stelden in de verte cameramannen zich op. En toen kwam er de mededeling dat een securityhond inderdaad een bom had gevonden. Er was een bom gevonden... Het nieuws werd met ongeloof ontvangen. De bom scheen verborgen te zijn in een stuk handbagage. Er werd een kort onderzoek uitgevoerd naar de eigenaar van de tas. De vrouw van Ronald de Boer bleek een bom het vliegtuig te hebben binnengesmokkeld. Wie had dat ooit van haar gedacht? Er moest een tweede securityhond aan te pas komen om vast te stellen dat het niet om een bom ging, maar om opgerolde poepluiers. Vijf uur en een complete alarmoefening van de Orlando Airport Police later, koos het toestel dan eindelijk het luchtruim richting Dallas. Een dag later kopte het *Algemeen Dagblad* in de allergrootste letters denkbaar: 'ORANJE SORRY'.

De volgende dag vertrok er een bus journalisten naar het stadion voor de kwartfinalewedstrijd tegen Brazilië. Ook in Dallas was het moorddadig warm, maar anderhalf uur voor de kwartfinale tegen Brazilië de temperatuur in de Cotton Bowl zakte in een kwartier tijd plotseling tien graden Celsius. Van 'bijkans ondraaglijk' werd het 'aangenaam voetbalweer'. Het was alsof de Schepper het welletjes vond en een wedstrijd tussen Oranje en Brazilië perfecte omstandigheden gunde. 24 °C was de ideale thermometerstand om dit gevecht op leven en dood te leveren.

Het was alsof het toernooi, na alle affaires, kaartincidenten en bommeldingen nu pas was begonnen. Alsof de spelers van Oranje beseften: als we deze pot winnen, en de volgende ook, en die daarna ook nog even... dan... dan zijn we wereldkampioen.

Oranje leek herboren tegen Brazilië. Er werd eindelijk goed gevoetbald. Dick Advocaats offensieve opstelling werkte wonderwel. En toen kregen Romário en Bebeto het op de heupen. Vlak na rust scoorden ze binnen tien minuten 2-0 voor Brazilië. Er kwam een vreemde gelatenheid over de meegereisde Nederlandse supporters en journalisten. De houding werd: 'Het is gedaan.' Oranje had gestreden en nu konden we naar huis. Het was goed zo.

De enigen die hier niet zo over dachten waren de spelers van Oranje. Op fabuleuze wijze scoorde Bergkamp 1-2, waarna de druk op het doel van de illustere Seleção immens werd. Twaalf minuten duurde het bestand en toen scoorde Winter 2-2. Wat eerder was gebeurd tegen Oost-Duitsland in 1979 en Noord-Ierland in 1983, stond nu weer te gebeuren, maar dan tegen Brazilië. BRAZILIË!: 0-2 achter, 3-2 winst.

Goed, we weten allemaal dat het niet zo mocht zijn. Er zijn wetten in het voetbal en een daarvan luidt: een ploeg die een achterstand van 0-2 wegwerkt kan niet meer verliezen. Wetten zijn er blijkbaar om gebroken te worden. Thuis in Milaan zat Gullit zich voor zijn tv-scherm te verbijten, net als iedereen in Nederland. In de 81ste minuut scoorde Fluminense-linksback Branco, voetbalnaam van Cláudio Ibrahim Vaz Leal, uit een vrije trap 2-3 — een schot dat Oeh Ah Ed Konijn volgens velen had moeten kunnen hebben doen keren (merk op dat het aantal werkwoorden hier de tergend lange weg symboliseert die de bal onderweg was).

Het was maf. Nederland was nooit echt in dit toernooi geweest, maar nu de spelers eindelijk op dreef waren, konden ze naar huis — in het knagende besef dat er wellicht veel meer in had gezeten. Brazilië werd wereldkampioen. Dat hadden wij dus kunnen zijn.

1996

De Kabel

Op 24 mei 1995 wint Ajax de Champions League-finale van AC Milan in Wenen. Na afloop worden Frank Rijkaard (32) en Clarence Seedorf (19) voor de camera's van de NOS geïnterviewd. Beide spelers komen rechtstreeks uit de kleedkamer, waar een euforische stemming heerst, alsof men zojuist de Champions League-finale had gewonnen, wat ook zo was, dus dat verklaart veel. Rijkaard en Seedorf zitten te shinen dat het een aard heeft, in hun korte blauwe broekjes en lila-blauwe Umbro-shirtjes. Tijdens het interview leggen beide spelers hun hand op het bovenbeen van de ander. Vader en zoon in hun meest intieme samenzijn. De kabel is geboren.

In het daaropvolgend seizoen begint het bij Ajax te rommelen. Arie van Os, beëdigd kruidenier en penningmeester, zorgt ervoor dat de salarissen van Blind, Frank en Ronald de Boer, spelers met blond haar, een witte huid en een voorkeur voor aardappelen, André Hazes en kamperen, ietsje (vele malen, om precies te zijn) hoger zijn dan die van Patrick Kluivert, Clarence Seedorf en Winston Bogarde (die jaren later zijn biografie zal uitbrengen met als titel *Deze neger buigt voor niemand*). De laatstgenoemden zijn al dan niet toevallig jongens met zwart haar en een donkere huidskleur en andere ideeën over muziek, vakanties, kleding en sieraden dan de gebroeders De Boer en Arie van Os zelf. De penningmeester van de club zou hebben gezegd dat het beter was de donkere jongens geen exorbitante bedragen te betalen omdat ze 'er toch maar rare dingen en sieraden van kochten'. We zouden kunnen spreken van een human resourcebeleid waarmee Nederland in de Gouden Eeuw groot is geworden, maar Arie van Os verdedigt zichzelf in *HP/De Tijd*: 'Rijkaard was in 1995 de best betaalde speler uit de Ajax-historie. Misschien ben ik kleurenblind, maar volgens mij is die ook zwart.'

Hoe en wat er precies is gezegd en betaald aan de spelers zullen we nooit zeker weten, maar wat we wel weten is dat Seedorf direct na de Champions League-winst naar Sampdoria vertrekt, en Davids, Reiziger, Finidi en Kanu aan het eind van het daaropvolgende seizoen. Alle blanke spelers van de basiself in de finale tegen AC Milan blijven nog minimaal twee jaar. De donkere spelers houden er een smaak in de mond van over die te vergelijken valt met een typisch Hollandse maaltijd van aangebakken aardappel, doorgekookte bloemkool en een lekkere taaie sukadelap.

Aan het einde van het seizoen is het Europees kampioenschap voetbal in Engeland.

Football is coming home.

Nederland heeft zich moeizaam geplaatst. In de poule wordt Oranje – ook weer met moeite – tweede achter Noorwegen. Oranje moet zich middels een barragewedstrijd tegen de Ieren weten te plaatsen. De wedstrijd vindt plaats in Liverpool. Nederland speelt briljant. Bondscoach Guus Hiddink stelt voor het eerst in de historie van het Nederlands Elftal meer donkere dan blanke spelers op. Kluivert, Seedorf, Davids, Reiziger en Bogarde blinken uit. Kluivert scoort twee keer: 0-2. Prompt is Oranje favoriet bij de bookmakers.

Als Oranje dan ook nog eens een makkelijke poule loot, kent het optimisme opeens geen grenzen. Oranje is een veredeld Ajax (Ronald de Boer verspreekt zich na Ierland-Nederland op Freudiaanse wijze: 'We leden in het begin van de tweede helft nog te veel balverlies. Dat hoort niet bij een topclub, eh... ik bedoel topploeg.') en datzelfde Ajax heeft twee keer achtereen de Champions League-finale gehaald en de Wereldcup gewonnen, wat kan er nog fout gaan?

Simpel. Het Eeuwige Gezeik.

Oranje zal op het EK van 1996 voor de zoveelste maal van zichzelf verliezen. In een schier onmogelijke, maar evenwel ruimschoots geslaagde poging van kledingmerk Umbro om nóg lelijkere shirts te ontwerpen dan concurrent Adidas in 1988 (kijk het rustig terug op YouTube, we overdrijven deze keer niet, het is alsof een van de stamgasten van FC Bar Ome Joop op het Dorpsplein in Zeist in de kelder nog wat shirtjes had liggen) spelen we gelijk tegen Schotland: 0-0. In een matige wedstrijd tegen de Zwitsers winnen we met 2-0, onder andere door het enige interlanddoelpunt van Jordi Cruijff, met papa op de tribune die keek en zag dat het goed was.

Maar voor iedere televisiekijker is het rottingsproces in de selectie al zichtbaar. We kunnen het verhaal heel ingewikkeld maken door hier te vermelden dat Davids niet blij was dat hij voor de wedstrijd tegen de Zwitsers was gepasseerd en niet alleen hij, maar ook Patrick. Maar Edgar werd pas echt boos op bondscoach Guus Hiddink toen die de euvele moed had om Clarence in de 26e minuut te wisselen omdat die als mandekker verdedigend niet opgewassen bleek (getuige een gele kaart in de eerste minuten en bijna een rode enkele minuten later) tegen de Zwitsers.

Davids verwoordde zijn gevoelens over de trainercoach tegen een Zwitserse journalist: *'Guus Hiddink must get his head out of players' asses so he can see better.'* Bedoeld werden de anussen van Ronald de Boer en Danny Blind.

Persoonlijk moeten wij daar niet aan denken. Bondscoach Guus Hiddink ook niet, want Davids mag naar huis – en wel direct. De rust lijkt wedergekeerd.

Helaas.

De bondscoach heeft buiten de media gerekend. De NOS brengt een foto naar buiten van de Oranje-selectie in de tuin van het spelershotel, voorafgaand aan de wedstrijd tegen de Zwitsers. Het is een maaltijd, er zijn drie tafels in beeld. Op de voorgrond de tafel waaraan bondscoach Hiddink zit, of liever staat, zijn oog gericht op de fotograaf van de foto, die blijkbaar is binnengedrongen in het hotel. Aan de tafel van de bondscoach onder anderen Dennis Bergkamp en Danny Blind. Op de achtergrond een tweede ronde tafel, waaraan Gaston Taument, Winston Bogarde, Patrick Kluivert, Aron Winter en John Veldman zitten. Allen zwart. Clarence Seedorf, symbool van de kabel, zit niet aan tafel. Wel zien we een speler, wiens gezicht weliswaar half is verscholen achter dat van Taument, maar duidelijk zichtbaar: Richard Witschge. Richard Witschge, achterneef van Cor Witschge, is de acteur van, letterlijk, de meest witte komiek in de geschiedenis van de Nederlandse televisie, Pipo de Clown. Geen exclusief zwarte tafel dus, maar hoe wit Witschge ook is: de foto wordt het symbool en het bewijs van de etnische kloof die zich in het Nederlands Elftal had voltrokken.

De foto leidt een eigen leven. En terwijl Europa zich erover verbaast waar Nederland zich druk om maakt, splitst ons land zichzelf in tweeën: #teamdavidsbogardekluivert vs #teamcampingaardappelsmetjusfredoster.

Kabel of geen kabel, Nederland kan het zich veroorloven om in de laatste poulewedstrijd met drie doelpunten van thuisland Engeland te verliezen. Een wedstrijd om des Churchills sigaar, zou je zeggen, ware het niet dat Oranje na 62 minuten met 4-0 achter stond (twee keer Alan Shearer, twee keer Teddy Sheringham).

Zijstapje.

Een van de twee auteurs van dit boek, Kluun, zat die avond samen met een vriend (Kurt, voor de historici onder ons) op de tribune van het oude Wembley-stadion. Kurt & Kluun, destijds beiden vierendertig jaar oud, beseften dat het ongelofelijke op het punt stond te gebeuren: Engeland, al lang en breed geplaatst voor de kwartfinale, stond op het punt Oranje uit het toernooi te kegelen.

Bij elk doelpunt van de Engelsen schalde het 'Three Lions (Football's Coming Home)' door het vak waarin de geplaagde Oranje-supporters Kurt & Kluun zaten. Prijsschieten was het. En toen kwam Kluivert. Zes minuten nadat hij was ingevallen, scoorde hij de verlossende 4-1. Kurt & Kluun, beseffende dat Oranje bij deze stand alsnog door zou gaan, ten koste van Schotland, sprongen op, vielen elkaar om de hals en juichten. En werden vervolgens door een heel vak met Engelsen uitgelachen.

In de kwartfinale, enkele dagen later, volhardt Oranje in het abominabele spel van de poulefase en laat het voor het oog van de wereld zien hoe verziekt de sfeer in de ploeg is. Spelers schelden op elkaar en maken wegwerpgebaren naar elkaar. Wonder boven wonder blijft het honderdtwintig minuten lang 0-0.

Er volgen penalty's. Negen spelers scoren. Eén man mist. Clarence Seedorf. Hij wordt het symbool van het EK van Oranje.

Nederland naar huis.

Van Basten miste de pingel op het EK van 1992, waardoor Oranje naar huis ging.

Seedorf miste de pingel in 1996.

Anders dan Van Basten in 1992 wordt Seedorf, die een zeer ongelukkig EK speelt, door het Nederlandse publiek als de schuld van alles gezien. Huilend loopt de twintigjarige speler van het veld.

Huiskamervraag. Stel dat Ronald de Boer of Phillip Cocu de penalty had gemist. Hadden we het deze spelers net zo kwalijk genomen als bij de trotse Clarence Seedorf?

Ga verder naar het volgende hoofdstuk voor het antwoord.

1998

Penaltydrama deel II

De twee tegenspelers in de Oranje-soap van het EK in 1996, Edgar Davids en Danny Blind, deden beiden niet mee in de kwalificatie. Blind stopte als international, Davids en Hiddink hadden weinig zin in elkaar na het kop en kont-gedoe in Engeland. Jaap Stam en Phillip Cocu voegden in, Frank de Boer en Marc Overmars kwamen terug van blessures en schorsingen en Veldman, Hoekstra, Johan de Kock, Taument en Jordi mochten voortaan bij moeder de vrouw op de bank blijven kijken. Al met al geen onlogische keuzes van Hiddink.

De poule begon voorspoedig. Wales werd met 1-3 en 7-1 aan de kant gezet, België werd overklast met 0-3, San Marino mocht zich gelukkig prijzen met 4-0; met 12 punten uit vier wedstrijden en een doelsaldo van tig voor en amper iets tegen, gingen we naar Bursa in Turkije.

Bursa, een stad in de Achterhoek van Turkije (Bursa betekent Boer in het Turks) (nee hoor) waar het kon spoken, een heksenketel zou zijn, Oranje een hels onthaal zou wachten en meer van dat soort clichés van sportjournalisten die geen idee hadden waar anders over te schrijven. En wat is de beste remedie om een stel vijandelijke, besnorde schreeuwlelijkerds stil te krijgen?

Juist.

De tegenstander alle hoeken van het veld laten zien en er snel een paar in leggen.

Het eerste deed Oranje, het tweede niet. En zoals het dan altijd gaat, scoort de tegenstander. Hakan Şükür mocht vrij inkoppen van Jaap Stam en we stonden achter.

Paar minuten voor tijd. Pingel voor Nederland. Geen mens overboord met penaltyspecialisten als Wim Jonk en Frank de Boer in de ploeg.

En plots stond daar Clarence Seedorf met de bal in zijn handen. Seedorf, de jongeling die Frankrijk naar de kwartfinale had geholpen door als enige van de tien penaltynemers een strafschop te missen, nam zijn verantwoordelijkheid, zoals dat dan heet. Zelden is deze uitdrukking misplaatster gebruikt dan door Clarence Seedorf op dat moment, in de (cliché-alert) Hel van Bursa. En Frank de Boer, Wim Jonk, Dennis Bergkamp, Guus Hiddink en de driehonderdeenentwintig meegereisde supporters laten het gebeuren dat de jonge Seedorf zijn 'verantwoordelijkheid neemt'. Op het Dorpsplein van Bursa staat naast het standbeeld van Atatürk een prachtig beeld van een jonge voetballer, het bovenlichaam sierlijk naar achter gebogen, het standbeen achter de bal en de zelfverzekerde blik van een penaltykiller.

Seedorf jast de bal het stadion uit en wordt de meest gehate Nederlander sinds Vader Abraham en zijn smurfen. 'Kunnen jullie door een waterkraan?' Nee, natuurlijk niet, ouwe, maar dat is nog geen reden om een leren bal niet van 11 meter in een doel van 7,32 breed en 2,18 hoog te kunnen mikken.

'Wat kon Seedorf nou gebeuren toen hij van elf meter schoot', zong Freek de Jonge, in zijn nr. 1 hit in december 1997. 'Er is leven, er is leven na de dood.'

Dat zal allemaal best, maar na de strafschop is het nooit meer helemaal goed gekomen met Nederland en Clarence. Clarence werd uitgefloten in de ArenA, in De Kuip en in het Philips Stadion. Het weerhield hem er niet van om met Real Madrid de Champions League te winnen en daarna nog eens tweemaal met AC Milan. In een van deze finale mist Clarence overigens wel gewoon weer een strafschop.

De nationale roep om economische sancties tegen Suriname werd nog groter toen een andere Ajax-voetballer na een avondje stappen in club Sinners op het Rembrandtplein op niet al te florissante wijze in het nieuws kwam.

Dat ging als volgt. Sinners in Heaven was een populaire nachtclub in de jaren negentig. Een discotheekje met nauwelijks meer vloeroppervlak dan een uitgevouwen pakje kabouterpost, maar wel drie verdiepingen hoog. Sinners in Heaven, roepnaam Sinners, was het domein van voetballers, soapies, modelletjes en meisjes die model of soapie wilden worden. Of die een voetballer wilden scoren. En die kwamen er bij de vleet. Aron. Patje. Edje. Michael. Winston. Bryan. Dani. Marco. Frankie. Johnny. Rob & Richard. Ronald. Mark. Ruudje uiteraard.

We gaan geen namen noemen hier, maar het kwam erop neer dat een Sandra uit Hoofddorp De Voetballer op een zaterdagavond in Sinners treft. De voetballer spreekt haar aan of althans, roept haar toe. 'Zo zo, dat ziet er goed uit.' We hebben sterkere openers gehoord, maar als voetballer kun je zelfs over de waterstanden van de Berghse Rijn beginnen als je op jacht gaat. Sandra, ook niet behept met de eloquentie van Connie Palmen (wel met modieuzer kapsel) komt ook niet veel verder dan wat gegiechel. Buiten bij de taxistandplaats treffen de tortelduifjes in spe elkaar weer. Babbeldebabbeldebabbel, waar woon je, wat doe je, hoe heet je, leuke schoenen, heb je zin om mee te gaan en voor ze het weet zit Sandra in de taxi met De Voetballer en twee of drie – op een gegeven moment doet dat er ook allemaal niet meer toe – kornuiten. Sandra beweert dat de mannen haar om drie uur 's nachts meenamen naar een appartement in Diemen, niet om een potje te klaverjassen, maar voor seks. Sandra zegt onder dwang, De Voetballer houdt bij hoog en laag vol dat er geen sprake van (onwillige) seks is geweest, maar media en publiek oordelen anders: zolang De Voetballer in het proces zit, hoort hij niet zijn land te vertegenwoordigen.

Guus Hiddink heeft maling aan wat pers en publiek denken en stelt Patrick Kluivert gewoon op tegen de Belgen. En de rechter spreekt Patrick Kluivert (dat kunnen we nu gewoon zeggen, toch, nu hij onschuldig is verklaard?) vrij, Kluivert scoort tegen de Belgen en daarmee is ook door pers en publiek alles weer vergeven en vergeten. Nederland plaatst zich.

In de voorbereiding op het WK gebeurt er iets bijzonders. Iets ongelofelijks, iets dat niemand voor mogelijk had gehouden.

Er was geen gezeik.

Geen spelers die elkaar voor racist uitmaken, geen spelers die vertrekken, geen trainers die worden weggestuurd, geen hotel dat voelt als spookslot, geen bommelding, geen klaverjasschandaal, het is koek en ei en pais en vree. Het was het jaar waarin een opinieblad kopte dat Nederland af was, waarin Paars II ons land leidde en we allemaal nog geloofden in het poldermodel, waar werkgevers en werknemers samenwerkten ter meerdere eer en glorie van 's lands welvaart.

Zo ook Oranje.

Met Ronald Koeman, Frank Rijkaard en Johan Neeskens als assistenten leidt people manager Hiddink Oranje met zachte hand. Er heerst rust, reinheid en regelmaat. Zelfs Edgar Davids gaat mee en houdt zich koest.

Alles gaat van een leien dakje.

Maar het is alsof de Rode Duvel ermee speelt: komt het gezeik niet van binnen, dan wel van buiten, en het heet Lorenzo Staelens.

België, nummer 2 in de kwalificatiepoule, had zich via een beslissingswedstrijd alsnog weten te plaatsen. Het is nu amper meer voor te stellen, maar in die tijd was België de mindere van Nederland. De Belgen hadden al twee keer in de kwalificatie verloren en ze hadden geen goesting om in de eerste wedstrijd op het WK wederom de bietenbrug op te gaan. Ze zetten daarom hun speciale wapen in: Lorenzo Staelens.

Je mag mensen niet op hun uiterlijk beoordelen, maar er is wetenschappelijk vastgesteld een onbetrouwbaar, gemeen, onguur hoofd heeft zelden gepaard met een sympathieke persoonlijkheid. Ziedaar Lorenzo Staelens. Bij het horen van de naam weet je het eigenlijk al. Een Italiaanse voornaam mag dan in Italië en in woonwagenkampen misschien heel normaal zijn, maar als je ter wereld komt in Lauwe, West-Vlaanderen, dan is zo'n voornaam bij voorbaat vragen om ellende. Lorenzo. Dan ga je er als ouders blijkbaar al tijdens de zwangerschap van uit dat je zoon niet geboren wordt om op het rechte pad te blijven. De ouders hadden een vooruitziende blik.

Deze laag bij de grondse Rode Duivel had het dus op onze Patje gemunt. Er wordt iets gezegd door de Belg. Patje reageert verbolgen. Je hoeft geen professioneel nieuwslezer voor doven en slechthorenden te zijn om te herkennen wat Patrick, duidelijk aangedaan, terugzegt. Keurig, beleefd, zonder enige ingebouwde agressie. Goed, dat opgeheven vingertje van Patje is misschien wat belerend, maar hé, de knul is 21, wat kun je verwachten?

'Niet zeggen', liplezen we. En nog een keer. 'Niet zeggen!'

En wat had Lorenzo, de viezerik, tegen Patje gezegd? De Belgische boef heeft Kluivert 'verkrachter' genoemd. En dat terwijl Patje er net overheen was dat de media hem maandenlang ervan hadden beticht deelnemer te zijn geweest van een *gangrape*, een niche in de seks die destijds vrij onbekend was, maar waar tegenwoordig in de porno-industrie miljarden mee worden verdiend. We willen hierbij geenszins insinueren dat Patrick Kluivert zijn tijd gewoon ver vooruit was, dat hij een liberaal, een vrijheidsstrijder, de Patricia Paay van de jaren negentig was, want de rechter heeft rechtgesproken: Patrick was er niet bij geweest en was hij er al bij geweest, dan was er geen enkele sprake van dwang. Dat het publiek in alle voetbalstadions buiten De Amsterdamse Meer daar hoorbaar anders over dacht, doet niet ter zake.

Moet je net Lorenzo Staelens hebben. De klootzak van het zuiverste water rakelt het (niet-gebeurde!) voorval doodleuk nog eens op.

Patrick doet het enige juiste en geeft Staelens een koekie met de elleboog, niet eens hard, geen Woutersje, maar een kleine corrigerende tik, meer was het niet. Maar dan blijkt de ware aard van de Belg – die als een stervende Italiaanse zwaan ter aarde stort.

Rood voor Kluivert, in de 81e minuut, Nederland mag verder met tien man. Met hangen en wurgen overleven we de laatste minuten en blijft het 0-0.

Zuid-Korea wordt met 5-0 verslagen, tegen Mexico 2-2 en we gaan door.

De Joegoslaven worden in de achtste finale moeizaam verslagen. Doelpunt vlak voor tijd van de verloren zoon Edgar Davids. Bergkamp riskeert nog rood door zijn hak te planten in de maagstreek van een Joego, maar die zal het vast ook verdiend hebben, Dennis kennende, want die doet dat soort dingen anders nooit.

Zijn naam worde geheiligd, zijn koninkrijk kome, zijn wil geschiede.

En toch was dat allerminst vanzelfsprekend, tot die kwartfinale tegen Argentinië, in Marseille op de Dag des Heren, 4 juli 1998. Bergkamp was een speler die – zoals Robin van Persie jaren later – continu ter discussie stond. Was hij wel de juiste spits voor Oranje? Scoorde hij niet te weinig? Een spits met vliegangst (dank, Lex Muller): kon die eigenlijk wel een killerinstinct hebben? Bergkamp, half voetballer half kunstenaar, maakte zich er zelf nog het minst druk om en zijn werkgever Arsenal en het publiek op Highbury, waar hij wekelijks het ene na het andere kunstwerk op de grasmat neerlegde, evenmin.

Bergkamp scoorde tegen Argentinië en we gedenken die dag nog immer in onze avondgebeden. Alles klopte. De timing van het doelpunt in de laatste minuut. De pass van Frank de Boer over vijftig meter. De aanname. De passeeractie. Het buitenkantvoetje. Het juichen, als in trance: handen voor de ogen, achterovervallend vlak voor de cornervlag. Het licht in Marseille, midden op de dag. Het weer: strakblauwe hemel, blakende zon. En de shirts van Oranje: geen visgraat, geen rare strepen of blokken, geen designerfratsen, gewoon fel oranje.

Dat alles maakte het doelpunt van Bergkamp tot het mooiste Oranje-doelpunt in de jaren negentig. (Voor de historici onder u: Cruijff maakte op het WK 1974 tegen Brazilië de mooiste van de jaren zeventig, Van Basten nam de jaren tachtig voor zijn rekening voor zijn science fiction doelpunt tegen Rusland in 1988, en Robin van Persie deed dat tegen Spanje op het WK van 2014 in Brazilië. Weet u dat ook weer.)

O ja, het doelpunt waarmee Kluivert in de twaalfde minuut de 1-0 maakte, was minstens zo'n mooie aanval. 'Schitterende aanval. Fantastische aanval van Nederland. De Argentijnse verdediging wordt o-pen-ge-scheurd'. Aldus Frank Snoeks.

Kijk het maar eens terug.

Enkele jaren geleden sprak Kluun Phillip Cocu op Ibiza, een vakantie-eiland waar types als Patty Brard, Gordon, Wendy van Dijk, Edwin Smulders, John Ewbank, alle profvoetballers en ook schrijvers als Kluun heen plegen te gaan. Kluun vroeg Phillip wat voor hem het meest memorabele moment in zijn spelersloopbaan was. Wat zou de 101-voudige international antwoorden? Die wedstrijd tegen Argentinië waar we het hierboven over hadden? Het landskampioenschap met Barcelona in 1999? Zijn drie landstitels op rij met PSV in 2005, 2006 en 2007? Een van zijn tien interlanddoelpunten?

Cocu aarzelde geen moment. 'Mijn gemiste penalty in de halve finale tegen Brazilië op het WK van 1998.'

Alles gewonnen. 101 interlands. Zes jaar onafgebroken in de basis van FC Barcelona. 'Mijn gemiste penalty tegen Brazilië op het WK van 1998.'

1998 was ons beste WK sinds 1974. Het klopte. Er was geen gezeik. Geen gedoe met sponsors. Geen gedoe met kabels, vetes, klaverjassen. Barend en Van Dorp haalden vanuit hun Villa in Roquebrune Cap-Martin dagelijks kijkcijferrecords met Villa BvD.

Iedereen was blij.

Dit had het WK kunnen zijn.

Nederland strandde, voor de tweede keer achtereen op een WK, tegen Brazilië.

En voor het tweede toernooi achtereen op strafschoppen. Eerst miste Ronald de Boer. Daarna Phillip Cocu.

Phillip, we nemen het je niet kwalijk, hoor. Je bent gewoon onderdeel van een Hollandse traditie. Veel plezier met het volgende hoofdstuk.

2000

Penaltydrama deel III

Het EK 2000 was het grootste sportevenement dat ooit in ons land is gehouden, een eer die zeventig jaar lang was voorbehouden aan de Olympische Spelen van 1928: aan dat evenement deden veertienhonderd atleten mee, onder wie coryfeeën als Bep van Klaveren (The Dutch Windmill) en Johnny Weissmuller (Tarzan!).

EURO2000 vond een van de vele aan de UEFA gelieerde marketingbureaus wel een lekker bekkende naam, EURO2000. Ons doet het meer denken aan een computergame met een joystick dan aan een voetbalfeest in een sfeervol stadion met echt gras en echte voetballers en wij doen dan ook niet mee aan die interessantdoenerige sponsorpleasende marketingflauwekul.

Nike ook niet. Het kledingmerk dat zoveel van kinderen houdt dat ze er speciaal fabrieken voor bouwt, zodat die lieve Zuidoost-Aziatische kindertjes zich overdag niet de hele dag hoeven te vervelen in de buitenlucht, pakt groot uit tijdens het EK. Amsterdam wordt Nike-town. In een gepimpt Olympisch Stadion kunnen kinderen voetbalspelletjes doen en voetbalsouvenirs kopen, gemaakt door hun leeftijdgenootjes in Pakistan en Cambodja. Dat schept toch een band.

In een commercial met de naam *The Mission*, krijgen Edgar Davids, Oliver Bierhoff, Luis Figo en Pep Guardiola in een Ocean Eleven-achtige setting opdracht een Nike-bal te redden uit handen van de slechteriken. Leider en brein achter de operatie is in de commercial niet George Clooney, maar Louis van Gaal, die het A-team een foto van de Nike-bal toont.

'*We need this back*,' zegt Louis op zijn eigen enigszins dwingende wijze.

Oliver Bierhoff, gezegend met minimaal zoveel acteertalent als Louis, maakt de fout door te zeggen dat het '*Just a ball*' is, maar daar moet je bij Nike en Louis van Gaal natuurlijk niet mee aankomen.

'*No!*' riposteert Van Gaal boos. '*It's rounder!*'

Aha. Nike is er dus in geslaagd een nóg rondere bal te ontwikkelen. Het werd eens tijd ook, na al die jaren met die vierkante en driehoekige wedstrijdballen die, als je pech had met het koppen, meer schade aanrichtten dan een elleboogstoot van Jan Wouters. Hulde aan Nike!

Nadat de spelers door George van Gaal op de ernst van de situatie zijn gewezen, gaat het los. De spelers springen als ware Navy Seals uit de auto, spoeden de vesting in waar de bal in hechtenis wordt gehouden, lokaliseren het kleinood, bestuderen de ontsnappingsroutes en – eindelijk wordt het geheim van de bril van Edgar Davids geopenbaard! – de beveiliging. Wat een normaal mens met het blote oog niet kan zien, kan onze kleine held met zijn supersonische Nike-bril wel: de onzichtbare laserstralen laten zich met de bril, een wonder der techniek, ineens klip en klaar zien! Davids is niet alleen de man met de wonderbril, ook redt hij de bal hoogstpersoonlijk diverse keren uit de klauwen van gemene robot-samoerai en hun leider, met gevaar voor eigen bril, dreadlocks en leven. Uiteindelijk schiet onze Edgar de bal vanuit het gebouw door een raam in een helikopter, waar Van Gaal tevreden constateert dat zijn mannen ook deze klus weer hebben geklaard en kan het EK beginnen, want de bal is terecht, hoezee hoezee hoezee.

Ware het niet dat op het toernooi met een bal van hoofdsponsor Adidas wordt gespeeld en dat Nike officieel helemaal geen binding heeft met het EK.

Ook Nationale Nederlanden, hoofdsponsor van Oranje, maakt Edgar Davids tot haar uithangbord. Van kilometers afstand is te zien hoe een SuperEdgar van tientallen meters groot dwars door het groene glas van hoofdkantoor van NN op het Weena in Rotterdam komt aansnellen. Met bal. Davids, op het vorige EK van 1996 nog uitgekotst door de natie als het hart van de kabel en samen met Seedorf de schuld van alles, in 1998 in genade genomen door Guus Hiddink, in 2000 de Nieuwe Neeskens, symbool van de onverzettelijkheid van multi-cultureel Oranje.

Halleluja.

onal, *De Telegraaf* en *de Volkskrant* heeft weinig vertrouwen in het Oranje van Rijkaard.

Maar wat doet het ertoe? De spelers – intussen allemaal voetbalmiljonair in de grote Europese competities (ja, de tijden zijn veranderd) – zelf zien het helemaal zitten.

Jaap Stam: 'Een prijs met het Nederlands Elftal. Het besef dat met het EK dé kans eraan komt, groeit steeds meer.'

Dennis Bergkamp: 'We hebben de kwaliteiten om een toernooi te winnen.'

Frank de Boer: 'Er is maar één plaats die telt: de eerste. Als iedereen (...) ervoor wil knokken en zich weg wil cijferen, gaan we het redden. Daar ben ik zeker van.'

Aron Winter: 'Op 2 juli houden we zeker die beker omhoog.'

Dé kans. Een toernooi winnen. Zeker (2x).

Tja. Wie zijn wij, het volk, dan om deze vloedgolf aan zelfvertrouwen tegen te spreken? En dus telt heel Nederland (en België, maar dat doet er niet toe in dit boek) de dagen af naar de eerste wedstrijd van Oranje op het EK, waarin we tegen Tsjechië eens zullen laten zien wie er de baas is.

De Amsterdam ArenA was in de vijf jaar van haar bestaan uitgegroeid tot het minst sfeervolle voetbalstadion van Nederland: een betonnen bunker met een ongekende noviteit: een buckelpiste als grasmat. Voor de openingswedstrijd van Oranje op het Europees kampioenschap 2000 had de KNVB de ArenA verkozen boven De Kuip.

Het was te danken aan scheidsrechter Collina, die als enige

in het stadion een strafschop zag in een achterwaartse radslag van Ronald de Boer (die struikelde over een molshoop) en het Nederlands Elftal op deze manier in de voorlaatste minuut de overwinning cadeau gaf, want anders was het Europees kampioenschap voor Oranje begonnen met een kater van hier tot Tokyo (waarover in het volgende hoofdstuk meer). Een overwinning voor Tsjechië was meer op zijn plaats geweest. In de tweede helft had Poborský op anderhalve meter voor open doel gemist, eindigde een kopbal van Nedvěd via de binnenkant van de paal en de doellijn in de handen van de op de grond liggende Edwin van der Sar, en kopte Koller van vier meter snoeihard tegen de lat.

Na de openingswedstrijd kwam Oranje op stoom. Door drie doelpunten in twintig minuten (Kluivert, Ronald de Boer, Zenden) wordt het 3-0. Zelfs *VI* ziet het ineens zitten: 'Met een enorme wil om te winnen en een van individuele kwaliteit overlopende spelersgroep kan dat een onverslaanbare combinatie worden. Het heeft twee jaar geduurd, maar Frank Rijkaard heeft plotseling alle troeven in handen om EURO2000 tot een succesvol einde.te brengen.'

Ook de laatste poulewedstrijd, tegen de Fransen in de ArenA, wordt gewonnen. Poulewinnaar zonder puntverlies met voetbal dat met elke wedstrijd beter en beter werd: met nog drie wedstrijden te gaan weet heel Nederland het zeker: die Europese titel kN ons niet ontgaan.

En wie is er dan altijd weer bereid om roet in het eten te gooien?

Juist. Johan Cruijff. Na de 3-2 tegen Frankrijk analyseert hij voor de NOS de wedstrijd. Phillip Cocu en Dennis Bergkamp hadden zwak gespeeld. Patrick Kluivert had niets laten zien (oké, behalve dat doelpunt dan). Marc Overmars speelde onopvallend, Frank de Boer voorspelbaar en Edgar Davids moest minder praten en gewoon doen waar hij goed in was: ballen afpakken.

De spelers reageren als door een adder gebeten. 'Oranje is kritiek van Cruijff beu.' (*Telegraaf*). 'Oranje heeft genoeg van Cruijff.' (*AD*)

Drie dagen later walst het Nederlands Elftal over Joegoslavië heen. Het wordt 6-1, Patrick Kluivert scoort drie doelpunten en krijgt een publiekswissel.

Johan Cruijff lacht in zijn vuistje. Nederland mag hem dankbaar zijn. Heeft-ie ze toch maar mooi op de rit gekregen.

We hoeven geen *spoiler alert* te geven als we met het plot van de halve finale beginnen: we worden er voor het derde toernooi op rij uitgekegeld met penalty's.

En hoe! In de vaderlandse sportgeschiedenis zijn een paar voorvallen die men eerder zou verwachten in *Hollands Funniest Home Videos* dan in *Andere Tijden Sport*.

Het Polletje van Van Breukelen.

De Meeuw van Eddy Treijtel.

De Vogelpoep van Hilbert van der Duim.

De Stempelpost van Piet Kleine.

De Wissel van Sven Kramer.

De Wissel van Dick Advocaat. (zie hoofdstuk 2004)

Maar de wijze waarop Oranje zichzelf uitschakelde in de halve finale van het EK in Amsterdam, wordt wereldwijd erkend als de wedstrijd waarin de sporthumor een nieuw, daarvoor niet voor mogelijk gehouden niveau bereikte.

Vijf penalty's missen, waarvan twee in de reguliere speeltijd.

Slechts drie landgenoten in het stadion kunnen erom lachen, die avond. De eerste is Kroonprins Willem-Alexander. Prins Pils schatert het uit op de tribune als Frank de Boer, Patrick Kluivert, weer Frank de Boer, Jaap Stam en tot slot Paul Bosvelt de ene na de andere penalty missen.

De andere twee lachende landverraders zijn Kluun en zijn vrouw.

Enkele weken voor het EK krijgt Judith van de Klundert van de internist in het Lucas Andrea Ziekenhuis te horen dat er in de *iecur* een metastase van de mastitis carcinomatosa in haar linkermama zit. Waarschijnlijk kijkt u nu even glazig als haar man op dat moment.

De arts legt het voor alle zekerheid nog even uit. De borstkanker van Kluuns vrouw is uitgezaaid tot in haar lever en het is nu zeker dat ze doodgaat. Op de terugweg van het Lucas Andreas Ziekenhuis besluit Judith twee dingen: ze gaat weer roken ('Marlboro light weer, schat?' 'Nee, doe maar Marlboro gewoon, beetje longkanker erbij doet er nu toch niet meer toe.') en ze gaat zo lang mogelijk van het leven genieten. Kluun en Judith stoppen beiden met werken en nemen de hele zomer vrij om tegen de klippen op te genieten. Beiden zijn groot voetbalfan en samen hebben ze al tien jaar een seizoenkaart bij Ajax. Via de Supportersclub KNVB en via de zwarte markt weet men kaarten te scoren voor alle poulewedstrijden van Oranje, voor de kwartfinale, de halve finale én de finale. Een mens moet optimistisch zijn, ook bij de naderende dood.

'Het zou wel mooi zijn als ik doodga als Nederland Europees kampioen wordt, hè,' ginnegapt Judith. 'Dan stop ik op het hoogtepunt.'

Het mag niet zo zijn.

Judith houdt het langer vol dan het Nederlands Elftal. Ze leeft nog bijna een jaar, tot 14 mei 2001.

Het Nederlands Elftal wordt op 29 juni 2000 uitgeschakeld op de meest amateuristische, knullige, klunzige, klungelige, lachwekkende, bespottelijke, tenenkrommende (leuk hoor, dat synoniemennet.nl) wijze waarop een elftal ooit werd uitgeschakeld. Frank Rijkaard neemt dezelfde avond nog ontslag. De televisiekijkers weten het eerder dan de spelers.

De uitslag van de finale moesten we even opzoeken (weet u het nog?).

(Frankrijk won met 2-1 van Italië, na verlenging.)

2002

De neus van Van Gaal

'Nou moeten jullie dus geen foto's nemen als ik aan mijn neus zit en die morgen in de krant zetten. Ik zit één keer aan mijn neus en dan beginnen jullie te flitsen. Dat is een bepaalde tendens. Ik ben blij dat dit nu live op tv wordt uitgezonden en de mensen kunnen zien hoe het werkt. Zo werkt het dus.'

Dit was misschien wel dé zin die de mislukte kwalificatie van het WK 2002 in Japan/Zuid-Korea het beste typeert. Deze verheffende uitspraak werd door trainer Louis van Gaal gedaan in november 2001, tijdens een persconferentie in KNVB Headquarters in Zeist. Een bondscoach die op twee verschillende netten live mag vertellen waarom het hem niet is gelukt zich te plaatsen voor een eindtoernooi, hadden we nog niet gezien. Het was twee maanden nadat Osama Bin Laden de Twin Towers had laten vernietigen. Nederland had zijn eigen problemen. Louis van Gaal zat aan zijn neus.

Toen Van Gaal werd aangesteld als trainer van het Nederlands Elftal was dat zijn grote droom: onder zijn leiding zou hij zijn land wereldkampioen maken. Misschien al in 2002, maar zeker in 2006. Van Gaal had visie. Van Gaal had een doel. Van Gaal had een drive. Met zijn inzichten en de onder zijn supervisie ontwikkelde talenten van de spelersgroep moest dat zeker kunnen. En dat had wellicht ook gekund.

Alleen: alles zat tegen. De spelers — murw na hun uitschakeling op het EK van 2000 terwijl ze aantoonbaar de beste ploeg waren — hadden een nogal slechte start. Gedemotiveerd begonnen ze aan hun eerste kwalificatiewedstrijd tegen Ierland, een pot die al krap anderhalve maand na het debacle in eigen land moest worden gespeeld. Ze speelden in de ArenA ternauwernood gelijk (2-2), na een 0-2-achterstand.

Tegen de Cyprioten wonnen ze met 4-0, maar thuis tegen Portugal ging het mis: ze verloren in De Kuip met 0-2. Het excuus voor de vernedering: iemand in het publiek blies op een fluitje. Dat is natuurlijk dodelijk, iemand die op de tribune geluid maakt. De spelers waren zo geschrokken van dat fluitje dat ze dachten dat de scheidsrechter het spel had stilgelegd. Dat was dus niet zo. En daarmee was 'het fluitincident' een feit. Het fluitincident... Als het niet zo intens droevig was, konden we er later misschien om lachen. Mede dankzij 'een fluitje op de tribune' wist Nederland zich uiteindelijk niet te plaatsen, want na deze tegenslag raakte Oranje in een negatieve spiraal. Zowaar werd er van Andorra gewonnen (0-5), maar uit tegen Portugal ging het weer mis.

Nederland speelde niet eens zo heel erg slecht, sterker nog: we waren daar gewoon veel beter. Oranje kwam met 0-2 voor en toen werd het tijd voor Van Gaal om zijn stempel op de wedstrijd te drukken. In plaats van er een verdediger in te zetten en de prima voorsprong lekker te consolideren, verving hij Van Bommel in de 69e minuut voor Paul Bosvelt, en Boudewijn Zenden in de 73e minuut voor spits Roy Makaay. Was dit een aanval van aanvalswaanzin? De Nederlandse verdediging raakte ontregeld en niet snel daarna sloegen de Portugezen hard toe: Pauleta scoorde 1-2 en even later maakte Figo er uit een penalty 2-2 van (na een onfortuinlijke botsing met Frank de Boer). Nederland had de Portugezen laten ontsnappen. Alle ogen waren gericht op Van Gaal. Wat had hem bezield? Van Gaal deed of de rest van het land gek was geworden en hij de enige was die Oranje kon redden.

Inmiddels was het de buitenwereld duidelijk dat er in deze kwalificatie misschien wel iets nog méér tegenzat dan een rotloting en de vermeende belabberde instelling van de dikbetaalde spelers: de trainer zelf. Voetbaltechnisch gezien wordt Van Gaal door iedereen genoemd als een van de beste coaches ooit, maar als manager konden veel spelers hem tijdens die voorrondes minder waarderen (Frank de Boer bijvoorbeeld). Er voetbalden bij het Nederlands Elftal destijds grote jongens, die bij grote ploegen grote prestaties verrichtten. Bij het Nederlands Elftal moesten deze volwassen mannen al om half elf in bed liggen. Van Gaal onderwierp zijn selectie aan een strak regime. Hij stelde een lijst met regels op. Op die manier wilde Van Gaal 'het toeval uitsluiten'.

Neem Ruud van Nistelrooij (of Nistelrooy, zoals zijn naam

De voorbereiding op het EK is verre van halleluja. Nederland en België zijn als organiserende landen rechtstreeks geplaatst en dat is maar goed ook, want het Nederlands Elftal bakt er weinig van in de oefencampagne onder leiding van de kersverse bondscoach Frank Rijkaard.

Jawel, Frank Rijkaard.

De wegen van de KNVB bleken eens te meer ondoorgrondelijk. De nieuwe bondcoach van het Nederlands Elftal, de halve finalist van het WK van 1998, had tot zijn aanstelling nog geen enkele ervaring opgedaan als eindverantwoordelijke trainer-coach bij een club. Nul, nada, niks, noppes, nirgendwo.

De gloednieuwe bondscoach begint evenwel met een overwinning, tegen het gerenommeerde Peru. Nederland wint met 2-0. En dan begint een kolderieke reeds van gelijke spelen en hier en daar een nederlaag.

In heel 1999, het eerste jaar onder Rijkaard, wint Oranje geen enkele van de tien oefenwedstrijden. Pas in februari, vier maanden voor het EK van start gaat, wint Nederland weer eens, tegen een Duitsland dat toen voetballend in een soortgelijke crisis zat als Nederland momenteel. Maar daarna volgen weer gelijke spelen tegen België en Schotland.

Na elf gelijke spelen, één overwinning en twee nederlagen, werd de roep in den lande om een andere, ervaren, gelouterde bondscoach luider. Pas in de laatste twee oefenwedstrijden, waarin van Roemenië en Polen wordt gewonnen, neemt het gemor enigszins af, maar het journaille van *Voetbal Internati-*

in Engeland werd gespeld). Medio 2001 was hij gecontracteerd door Manchester United, waarna hij in zijn eerste seizoen 36 keer scoorde en in zijn tweede 44 keer. Bij het Nederlands Elftal kreeg hij straf als hij geen sokken in zijn badslippers droeg, want dat was iets waar Van Gaal zich aan ergerde. De vraag is waarmee een ploeg meer is gediend: sokken in slippers of overwinningen.

Van Gaal nam zelfs Bertus Holkema aan, een gerenommeerde bewaker en oud-keeper van Cambuur, die 's nachts op de gang controleerde of de spelers hun kamers niet verlieten. Hij werkte met luciferhoutjes in deuren en touwtjes die moesten verklikken of de spelers zich wel aan de regels hielden, precies zoals spionnen in de Tweede Wereldoorlog te werk waren gegaan. Holkema had een loper om onverwachts op de kamers te komen. Wie weet wat die kleuters daar allemaal uitspookten. We kunnen ons voorstellen dat de spelers nogal een hekel aan deze praktijken kregen, hoewel de meesten met Holkema goed konden opschieten omdat hij mooie verhalen vertelde over Mick Jagger, Madonna en andere wereldsterren die hij had beveiligd.

Op het trainingsveld had Van Gaal ondertussen Raymond Verheijen ingehuurd, een inspanningsfysioloog die de welpjes van Oranje uitlegde dat ze er niets van snapten bij hun topclubs. Van Gaal had niet door hoe de moedeloze spelersgroep Verheijen met dedain en zelfs afkeer bejegende, en hij voerde zijn (angst)regime nog wat op. Het kwam de prestaties zacht gezegd niet ten goede.

Van Van Gaal moesten zijn spelers bijvoorbeeld *Het Wilhelmus* meezingen, want daar zouden ze beter van gaan voetballen. 'Dat heeft te maken met gevoel van eenheid,' blafte de getergde trainer bij de persconferentie waarmee zijn ontslag bekend werd gemaakt.

De eenheid onder zijn spelers werd er niet groter van. Ternauwernood won het Nederlands Elftal uit tegen Estland. Tot de 83e minuut hadden de Esten met 2-1 voor gestaan, waarmee Oranje zou zijn uitgeschakeld voor deelname aan het WK. Toen scoorde Ruud van Nistelrooij de gelijkmaker en Patrick Kluivert in de 90e minuut 2-3. Van Nistelrooij maakte daar een minuut later nog 2-4 van. Dat was kantje, kantje boord.

Nederland moest nu de uitwedstrijd tegen de Ieren winnen, en dat beloofde op voorhand moeilijk te worden, want Edgar Davids en Frank de Boer waren geschorst wegens het gebruik van doping, in het bijzonder nandrolon (niet de shampoo). Deze vorm van anabole steroïden werd gevonden in hun urine, al bleek jaren later dat het middel (of een vergelijkbare stof) voorkomt in voedingssupplementen die ze tijdens hun verblijf bij het Nederlands Elftal toegediend zouden hebben gekregen. Bedankt, KNVB.

Zonder Davids en De Boer ging Nederland goed van start tegen de Ieren en Kluivert en Van Nistelrooij misten gigantische kansen. Toen verdediger Gary 'de Gier' Kelly een rode kaart kreeg, namen de kansen voor Oranje toe. Toen de illustere Jason McAteer in de 68e minuut scoorde, namen die kansen weer af.

Nederland verloor. De resterende wedstrijden tegen Estland en Andorra deden er niet meer toe. Nederland werd derde in de poule. Zelfs een intercontinentale play-off tegen Iran zat er niet in. Laat de voorgaande zin even op u inwerken. Van Gaal had niet zo maar gefaald, hij was grotesk ten onder gegaan. Iedere coach zou na zo'n wanprestatie de hand direct in eigen boezem steken en zijn ontslag aanbieden. Maar niet Van Gaal, want zoals hij in zijn persconferentie zelf zei: 'Ik ben niet een figuur die emotioneel een beslissing neemt.'

Eerst moest hij bepalen of niet iets anders schuldig was aan het debacle. De spelers. Of de loting. De KNVB. De pers. De voetbalwereld. Iedereen, behalve hijzelf. Van Gaal zocht naar prikkels om toch door te blijven gaan als bondstrainer. Hij zocht naar 'eer'. Hij zocht naar 'een drive'. Hij wilde spelers die hém lieten zien dat zij het waard waren dat hij zich verwaardigde te blijven.

En dus speelde Oranje een veelbesproken oefenwedstrijd: uit tegen Denemarken. Uit niets bleek dat de spelers of de trainer zich de erbarmelijke kwalificatie hadden aangetrokken. Het werd 1-1, na doelpunten van Jerrel Hasselbaink en Martin Jørgensen. De echte ophef kwam pas later en had niet te maken met het dreigende vertrek van Van Gaal. Of misschien ook wel.

Het kwam bewaker Bertus Holkema ter ore dat een delegatie spelers van het Nederlands Elftal in Denemarken op een hotelsuite verzeild was geraakt in het gezelschap van zes Deense vrouwen, onder wie de porno-actrice en stripper Kira

Eggers. De avond voor de vriendschappelijke interland was het idee ontstaan om de internationale banden ook op een andere manier wat aan te halen. De Royal Suite van het Marriot in Kopenhagen, huurprijs meer dan tweeduizend euro per nacht, zou zijn georganiseerd door een internetondernemer en zou zijn bijgewoond door onder anderen Patrick Kluivert. Holkema bracht dit nieuws over aan Van Gaal, waarna beide mannen besloten tot een interventie. Van Gaal stuurde Kluivert de suite uit en maakte zo een einde aan het feestje (jaren later werd Kluivert assistent-bondscoach van Van Gaal, maar dat is weer een heel ander hoofdstuk) (*funfact*: een tijdje later werd Bertus Holkema ontslagen omdat de KNVB bezig was met 'de heroriëntatie van de beveiligingsstructuur', zoals dat in walmende bestuurderstaal heet).

De zogenaamde seksfuif in het Marriot – als-ie al heeft plaatsgevonden – is niet te vergelijken met eerdere erotische uitspattingen van Oranje (met name die in Antwerpen, zie hoofdstuk 1), maar toch gaat het verhaal dat de hele sfeer rondom dit vriendschappelijk duel heeft meegespeeld bij de beslissing van Van Gaal om te stoppen. Of nou ja, de beslissing *van Van Gaal...* Henk Kesler, de directeur betaald voetbal van de KNVB, sprak later in een interview de hilarische woorden: 'Louis van Gaal is in onderling overleg ontslagen.'

Of zoals de trainer/*controlfreak* het in zijn persconferentie op poëtische wijze zelf omschreef: 'De drive was gedoofd.'

Nadat Van Gaal live op twee zenders zijn ontslag had toegelicht, bleek hij, tot verrassing van Kesler en persvoorlichter

Rob de Leede, nog niet klaar met zijn verhaal. Met tranen in zijn ogen begon hij aan een minuten durende monoloog over wat er in zijn ogen allemaal was misgegaan. Was het de loting? De verwende spelers? Wellicht toch de coach zelf?

Er volgden iconische beelden die een permanente plek kregen in het *Grote Geschiedenisboek Van Het Nederlands Elftal*. Van Gaal, die door zijn spelers — en ook door verschillende media — voortdurend werd verweten een starre schoolmeester te zijn geweest, begon verbeten met het voorlezen van een rapport voor alle betrokkenen, alsof niet alleen hijzelf eindverantwoordelijk was geweest voor de mislukte kwalificatie, maar zestien miljoen mensen daaraan hadden bijgedragen.

'KNVB... ,' blafte hij met tranen in zijn ogen. 'Plus plus.'

Dat was een goed rapportcijfer. De KNVB kon opgelucht ademhalen.

'Publiek... ,' ging hij verder. 'Plus.'

Oké, dat kon beter, maar wij waren met deze beoordeling in ieder geval door naar de volgende ronde... Oh, dat waren we nu juist niet.

'Media... ,' schreeuwde Van Gaal in de microfoons en hij liet een omineuze stilte vallen. 'Min min.'

Oeioeioei, daar kregen de media het even lelijk op de neus. Dubbel min. Dat was even pijnlijk voor de Nederlandse kranten, tv-programma's en tijdschriften, dat ze zo hadden gefaald in hun bijdrage aan het succes van Louis van Gaal. Bedankt media, dat jullie het zo hebben verpest voor het Nederlandse volk.

2004

De Wissel

Hoe het geheugen werkt... Terugdenkend aan 2004 kregen de schrijvers van dit boek een discussie over de prestaties van het Nederlands Elftal tijdens dat toernooi. De een dacht met liefdevolle gevoelens terug aan het misschien niet helemaal geslaagde, maar toch hooglijk amusante kampioenschap, terwijl de ander zich vooral herinnerde hoe 'fibromusculaire buis met gelaagd epitheel' het allemaal was geweest (wat een chique manier is om kut te zeggen). De waarheid zal wel ergens in het midden liggen.

2004 begon als vanouds met een angstaanjagende kwalificatie waar Oranje het patent op lijkt te hebben. Dick Advocaat was terug ingevlogen om de puinhopen van Van Gaal op te ruimen en daarin leek hij aanvankelijk best te slagen. We lootten een poule die makkelijk moest zijn te halen, met Wit-Rusland (lachen toch?), Moldavië (waar ligt dat?), Oostenrijk (wie waren dat ook alweer?) en Tsjechië (bestaat dat nog?). Toen Nederland vriendschappelijk Duitsland van de mat veegde met 1-3, leek niets meer een zegetocht in de weg te staan.

Nou ja, niets, *behalve* dan Oranje zelf natuurlijk. *Here we go again.* Tijdens de kwalificatie speelden we eerst thuis gelijk tegen de Tsjechen en daarna zakten we steeds dieper weg in ellende. Toen het er echt opaan kwam, verloor het Nederlands Elftal uit met 1-3 tegen datzelfde Tsjechië, ons angstinboezemland. De kranten schreeuwden inmiddels om het ontslag van Advocaat. De koppenmakers spraken van — we houden ons vast aan onze stoelen — 'Code Rood bij Oranje'. Nederland kon zich alleen nog via play-offs tegen Schotland plaatsen. Schotland, was dat niet dat land dat ons in 1978 bijna het toernooi had uitgekegeld? Uit in het Hampden Park in Glasgow ging het faliekant mis.

Dat stadion staat bekend om zijn *'Hampden Roar'*, oftewel het typische gebrul dat tegenstanders in verwarring kan brengen. Het verschijnsel werd voor het eerst waargenomen in een wedstrijd van Schotland tegen Engeland in 1929. Tien minuten voor tijd maakte Schotland destijds gelijk, waarna er een onmenselijk lawaai opsteeg dat tot in de verre omtrek was te horen. De Hampden Roar raakte zo ingeburgerd dat het in het plaatselijke taalgebruik werd opgenomen. Nog steeds vragen mensen uit Glasgow elkaar: *'What's the Hampden?'* waarmee ze bedoelen 'hoe gaat het?' of 'hoeveel staat het?'. Na de verbouwing van het stadion in de jaren tachtig liep het aantal bezoekers terug van 150.000 naar 50.000, wat wel enige effect had op de Brul.

Op 15 november 2003 klonk de Roar in alle hevigheid om precies 15.22 uur, toen de jonge Everton-speler James McFadden de bal in het doel van Edwin van der Sar kegelde. Nederland stond met 1-0 achter en dat bleef het. Wat volgde was een staaltje 'paniekvoetbal in praktijk'. Het is dat Oranje in de tegenwedstrijd met 6-0 won, anders was ook het EK aan ons voorbijgegaan.

Goed, we gingen dus vrij makkelijk naar Portugal. Toch mocht het ook dit toernooi niet lukken om de eindoverwinning te pakken. Om het geheugen even op te frissen en onszelf te kwellen: waar gastland Portugal in de openingswedstrijd met 1-2 verloor van voetbaldwerg Griekenland, begon Nederland met een gelijkspel tegen de Duitsers (met een heel late gelijkmaker van Ruud van Nistelrooij). Daarna verloor Oranje van onze toenmalige angstgegner, de Tsjechen, met 2-3 (een wedstrijd waar we later in dit hoofdstuk nog op terug zullen komen). Onze kansen op het bereiken van de knock-outfase leken verkeken. Na een winst van 3-0 op Letland werden we dankzij het Tsjechische B-elftal dat Duitsland versloeg ternauwernood tóch tweede in de poule, vanwege een net iets beter doelsaldo. Geweldig hoe holstrontverklonterend Oranje het altijd weet te maken!

In de kwartfinale stonden we tegen de Zweden, die minstens even slecht waren als wij. Wij wonnen. Dat kwam doordat Edwin van der Sar in de strafschopreeks een slap schot van de Zweedse aanvoerder Mellberg tegenhield. Het wonder was geschied: Nederland won een penaltyreeks! Twee dagen later verloor het machtige Frankrijk totaal onverwachts van de

Grieken, die de knock-out alleen maar hadden bereikt omdat Spanje had verloren van Portugal. Spanje, Italië en Duitsland deden niet mee aan de eindstrijd. Het kan dus altijd nog knotsgekker.

In de halve finale verloor Nederland van Portugal, dat net iets beter speelde. Portugal zou nu zeker Europees kampioen worden, ware het niet dat het voetballende plankton uit Griekenland, tactisch sterk dankzij hun trainer Otto Rehhagel, roet in het eten gooide door na de openingswedstrijd nu ook de finale te winnen — waarmee 2004 de geschiedenis in ging als een van de meest idiote toernooien ooit.

Op 7 juli 2004, drie dagen na deze finale, diende Dick Advocaat zijn ontslag in. Het duurde nog maanden voor hij in Den Haag over straat durfde, uit angst voor hoon en napruttelende Oranje-supporters.

De vraag in dit hoofdstuk is waarom het Oranje, dat toch over redelijke spelers beschikte (Van der Sar, Reiziger, Stam, De Boer, Van Bronckhorst, Seedorf, Cocu, Davids, Van Nistelrooij, Sneijder, Robben) het niet lukte zijn stempel op het toernooi te drukken. In de aanloop naar dit boek vroegen we op social media — *the wisdom of crowds* — wat volgens die beerput nu eigenlijk de oorzaak was van het feit dat het in 2004 misging. We kregen veel reacties op onze vraag: reaguurders spraken van het gebrek aan eenheid, het gebrek aan Feyenoorders, de middelmatige selectie en de middelmatige leiding. Iemand gaf als antwoord: 'Willem van Hanegem.'

En dat laatste behoeft uitleg, want dat de bijzondere verhouding tussen coach Advocaat en assistent Van Hanegem wellicht niet heeft bijgedragen aan het succes, mag duidelijk zijn. Na afloop van het toernooi zijn beide trainers elkaar jarenlang verbaal te lijf gegaan over elkaars tekortkomingen, waarbij Advocaat meesmuilde over Van Hanegem en Van Hanegem Advocaat bij voortduring 'een slapjanus' en een 'flapdrol' noemde.

'Flapdrol' blijft met voorsprong een van de lekkerste woorden ooit uit de Nederlandse taal. Het is een redelijk recent woord, dat pas in 1897 voor het eerst werd opgeschreven in een roman van Herman Heijermans. Toen sloeg 'flapdrol' nog op een vrouw. In 1901 verscheen het boek *Levensgang* van Israël Querido, die het woord in de mond legt van een werkman die een loopjongen een uitbrander geeft. De loopjongen heeft zonder toestemming een wc niet alleen gebruikt, maar ook per ongeluk ondergescheten, waarop de werkman hem toebijt: *'Je weet toch da je op óns bestekamer niet mag, mieterkop! Ons sekreet, da sluit je nou af, god-sal-me-lasere! Voor wat betale we anders, hè!? Wou jij jouw rotsaakie op ons bril uitschijten! Je moer op 'n hort!... flapdrol!'*

Dertien jaar later, in 1914, was het woord inmiddels zo gangbaar dat *Van Dale* het opnam in het woordenboek met de betekenis 'vent van niets, iemand die niets durft'. Dat was precies wat Van Hanegem zijn voormalige baas na 2004 bij vele gelegenheden verweet. Zo liet De Kromme in 2013 in zijn column in het *AD* optekenen: 'Dick wilde zonder mij geen bondscoach worden. Hij dacht dat hij me nodig had omdat de publieke opinie niet veel met hem ophad. Dick durfde zonder mij geen bondscoach te zijn op dat moment.'

Het was waar dat Advocaat een dramatisch slechte kwalificatie had gehad en dat zijn populariteit erg laag was. In 2013 vertelde Advocaat in het programma *Derksen &* ... op zijn beurt dat hij Willem van Hanegem in 2004 naar dat EK had meegenomen op advies van Frits Barend en Henk van Dorp. Van Hanegem zat op dat moment werkloos thuis en volgens het duo zou hij Advocaat niet alleen kunnen bijstaan in zijn gevecht met de weerbarstige media, ook zou de voormalige sterspeler van 1974 het goed doen bij de spelersgroep.

Volgens Advocaat moest hij bij de KNVB dreigen met ontslag om zijn oude vriend Willem mee te krijgen naar Portugal. Later noemde hij dit 'een vergissing', want de twee ego's botsten op groteske wijze.

Dit kwam naar voren bij de nasleep van een onschuldig akkefietje dat de geschiedenis in is gegaan als 'De Wissel'. Als er één gebeurtenis is waarom we ons 2004 zullen herinneren, dan is dat de onfortuinlijke wissel tijdens de groepswedstrijd Nederland-Tsjechië. Achteraf gezien is deze gebeurtenis eigenlijk niet zo heel erg belangrijk, maar het typeerde destijds hoe het er bij Oranje aan toeging, hoe hoog de spanningen waren opgelopen. Zelfs minister-president Jan-Peter bemoeide zich met de nasleep. Een beetje socioloog zou 'De Wissel' kunnen gebruiken voor een verhandeling over de veranderende omgangsvormen in Nederland.

Bij een internetpeiling genaamd 'De Verkiezing van De Slechtste Wissel Ooit' brachten twee jaar later 230.062 mensen hun stem uit op de wissel van Arjen Robben voor Paul Bosvelt in 58e minuut van de EK-groepswedstrijd Nederland-Tsjechië. Deze wissel won daarmee de competitie glansrijk (in ieder geval *iets* gewonnen!). We kunnen geen boek schrijven over Het Eeuwige Gezeik zonder het over deze veelbesproken Wissel te hebben en over welke al dan niet dramatische gevolgen die beslissing had.

Het woord 'wissel' bestaat overigens veel langer dan het woord 'flapdrol'. Taalkundigen hebben vaak moeite om de herkomst van woorden te dateren en dat geldt ook voor wissel. De oudste *attestatie,* zoals historici het noemen, vond men in een document afkomstig van tussen het jaar 900 en 1000. In de middeleeuwen kwam het woord wissel bij ons al zeker voor, net als in het oude Hoogduits ('*wihslen*' of '*wëhsalôn*'), het Oudnoors ('*vixl*') en het Oudfries ('*wixlia*'). Er lijkt verwantschap te bestaan met het Latijnse woord *vicis* dat 'wijken' betekent. Na de middeleeuwen raakte het woord 'wissel' pas echt goed ingeburgerd. P.C. Hooft schreef in 1642 de profetische zin: '*Ooverweeght wat ghy by de wissel winnen zult.*'

We kunnen met een zekerheid van 100% aannemen dat Dick Advocaat deze woorden van een van de grootste Nederlandstalige schrijvers niet kende, al zal hij de strekking ervan zeker hebben begrepen. Natuurlijk had hij bij zijn Wissel de overweging gemaakt wat hij ermee te winnen had. Nou, veel.

Oranje had een paar geweldige spelers in de selectie, met als *primus inter pares* Arjen Robben, de twintigjarige valkunstenaar uit Groningen. Nederland begon de wedstrijd tegen de Tsjechen sterk en kwam met 2-0 voor, na snelle doelpunten van Bouma en Van Nistelrooij. Er gloorde een glorieuze overwinning. Helaas scoorde Koller in de 23e minuut al 2-1, maar dat voelde niet meer dan als een druivenpitje dat dwars zat. Dick Advocaat zag tijdens de wedstrijd de Tsjechen met name op het middenveld steeds sterker worden. Robben was in topvorm, maar fysiek moest hij nog bijkomen van enkele zware blessures. Het zou kostelijke zonde zijn als Robben zichzelf al vroeg in het toernooi zou opblazen. Dat, én de opstormende Tsjechen, deden Advocaat besluiten zijn sterspeler te wisselen voor Bosvelt. Een logische wissel, die ook vooraf was afgesproken met Robben, maar die door bijna niemand in het universum werd begrepen. Ook door Robben niet, die bijna huilend om een afgepakt stuk speelgoed van het veld kwam gestrompeld.

Nederland ontplofte. De net opgerichte site GeenStijl vond dat Advocaat de tyfus kon krijgen. Al in het *Journaal* na de wedstrijd toonde de NOS Nederlanders die met bloed doorlopen ogen de onmiddellijke standrechtelijke executie van Advocaat eisten. Voor minder deden ze het niet. Wat Johan en Cornelis de Witt in 1672 was overkomen, stond ook Hagenees Dick Advocaat te wachten.

Bij de NOS werd de bondstrainer geïnterviewd door Jack van Gelder, die Advocaat zowaar van repliek diende toen hij de schuld van het debacle bij de spelers probeerde te leggen. Hij en alleen hij was verantwoordelijk voor De Wissel. Een stuk verderop in het stadion gaf Johan Cruijff commentaar op de wedstrijd, maar hij wilde geen kritiek geven op de beslissing van de Kleine Generaal, want dat leek hem naschoppen. Cruijff had, zei hij, 'de mooiste wedstrijd tot dusver gezien'. Het bleek een nog geniepiger steek in de rug.

Op het andere tv-kanaal werd ondertussen nog steviger van leer getrokken. Jan Mulder deed bij *Villa BvD* zijn beroemde uitspraak dat hij vond dat de bondscoach moest worden gestenigd. Schuimbekkend van woede begon hij zijn tirade, die we — naar hij later verklaarde — vooral als een gevalletje 'ironie' en 'satire' hadden moeten zien. Toen Mulder zei dat hij vond dat Advocaat moest worden gestenigd, bedoelde hij nu juist dat hij vond dat Advocaat niet moest worden gestenigd. Dat is het fántástísche van ironie: je kunt je er altijd achter verschuilen.

De woede in Nederland deed even denken aan het geval Andrés Escobar, de onfortuinlijke speler van Colombia die in 1994 in de WK-wedstrijd tegen de Verenigde Staten een eigen doelpunt maakte, waardoor zijn land was uitgeschakeld in de groepsfase. Tien dagen later werd hij in een buitenwijk van Medellín doodgeschoten uit wraak voor zijn wanprestatie. Had Advocaat vanwege een ingelast spoed-familiebezoek zich in de dagen na De Wissel in Nederland opgehouden, wie had het verbaasd als hem eenzelfde lot was overkomen.

Op de verschillende internetfora werd Advocaat vanuit

honderden hoeken heel Mulderiaans met de dood bedreigd. Een anoniem iemand schreef: 'Stenigen lijkt me idd overdreven. Onthoofden is minder pijnlijk.' Anderen vroegen in welk hotel Advocaat sliep en of iemand een Portugees adresje voor geweren kende.

Niet alleen op tv, ook in de andere media was het daags na het treffen prijsschieten: Advocaat was een bullebak, een zielenpoot, een lafaard, een landverrader, een angsthaas, een *sucker*, een domme man, een opportunistische trainer, hij had kortsluiting in zijn hoofd, hij moest aan Bin Laden worden uitgeleverd, hij moest worden afgemaakt. En dat waren dan nog de aardige verwensingen. Waarin een klein land nog kleiner kan zijn. Het *AD* plaatste een foto van Advocaat met daaronder in Sinterklaasletters: 'WISSELEN!'

Bert Wagendorp zag in *de Volkskrant* direct de toekomst van Dick Advocaat voor zich: 'Dick is gedoemd Dick-van-Robbens-wissel te blijven. Dat is tragisch, maar altijd nog beter dan de vergetelheid. Politici leven soms voort in de herinnering door uitspraak, muzikanten door solo en natuurkundigen door formule. Dus wat zou het als Dick Advocaat onsterfelijk wordt door een bezopen wissel?'

Ook Hugo Borst liep leeg. In *VI* liet hij optekenen: 'Advocaats ingreep zal uitgroeien tot de beroemdste wissel in de historie van het Nederlands Elftal en waarschijnlijk ook wel de beroerdste (...) Oranje speelt gewoon ontzettend kut en ik ben consequent, ik pleit er al twee jaar voor dat Dick Advocaat van zijn taak als bondscoach ontheven wordt.'

Twee dagen na de wedstrijd tegen de Tsjechen bereikte de gekte rondom Advocaat wezenloze hoogten. 'Flapdrol Advocaat' liet de traditionele persconferentie over aan zijn vriend en assistent Wim van Hanegem, en toen al was duidelijk dat het niet helemaal meer boterde tussen de mannen. De Kromme werd gevraagd wat hij zou doen als Advocaat in een vergelijkbare situatie opnieuw Robben wilde wisselen.

'Dan sla ik 'm neer,' mompelde Willem, waarna er een gebulder in de persruimte opsteeg, en in vele Nederlandse huiskamers. De collectieve strafexpeditie tegen de hoofdtrainer begon te lijken op de manier waarop destijds Pim Fortuyn was gedemoniseerd. Wat had Advocaat fout gedaan? Had hij zich verrijkt ten koste van doodzieke uitgebuite Afrikaanse kindjes? Had hij in de Tweede Wereldoorlog Joden aangegeven bij de Duitsers?

Overigens (*funfact*) lieten de politieke nazaten van Fortuyn na de wedstrijd tegen de Tsjechen weten dat wat hen betreft de functie van bondscoach, net als die van burgemeester, door het volk *per referendum* moest worden gekozen — een voorstel dat door andere partijen niet werd overgenomen. Wie zou zich beschikbaar stellen, als het morrende rotvolk al na één wissel om je dood zou schreeuwen?

De bedreigingen aan het adres van Advocaat liepen ondertussen dusdanig uit de hand, dat ook andere politici zich ermee begonnen te bemoeien. Minister Donner zei in een interview: 'Niemand voelt zich meer geremd om mensen met de dood te bedreigen, zelfs als het gaat om een wissel in een voetbalwedstrijd.' Ook minister Remkes gaf zijn mening ('onbetamelijk en onaanvaardbaar') en anderen spraken hun afschuw uit (Jan Marijnissen: 'Dit loopt de spuigaten uit.'). Het was uiteindelijk minister-president Jan-Peter Balkenende die zich op televisie over de kwestie uitliet en tot kalmte en respect voor de bondscoach opriep. 'De media zijn te ver gegaan,' zei hij. 'Er zijn dingen gezegd over Advocaat die ondenkbaar zijn.'

Zijn woorden schoten velen in het verkeerde schreeuwgat. Jan Mulder wijdde op 29 juni 2004 een CaMu-stukje aan de kwestie, waarin hij excuses van Balkenende eiste. We citeren de column in zijn geheel:

Hooggeachte heer Balkenende, de BBC schreef mij een brief waarin zij uw dienaar als 'high-profile media person' om een interview vroeg (was u trots?), maar ik ben een high-profile media person intensive care en wees het verzoek af.
Mijn hart bloedt.
Oorzaak: U
Dat ik-besef-me-zeggers als Tom van 't Hek ('stenigen'?: 'hoge kijkcijfers'), Jack van Gelder (kwam maandag in het Algemeen Liegt Dat Het Gedrukt Staat Dagblad *met zelfs voor zijn doen zo'n populaire reactie dat we die beter verzwijgen en voor rekening van het* Algemeen Liegt *laten), minister Donner ('niemand voelt zich meer geremd om iemand met de dood te bedreigen'), nabouwende staatssecretaris Ross ('hier neem ik echt scherp afstand van'), media columnist Ad van Liempt ('ironie op tv: beetje dom') en de*

commentaarschrijver van deze krant mijn zeer ernstige, van iedere ironie gespeende hyperbool ('nee, ik heb gezegd stenigen en ophangen, nou goed?') om Hans Kraay's absurde aantijging aan de kaak te stellen ('jij criminaliseert Dick Advocaat') niet snappen: ik begrijp het, het zijn de asielzoekers zonder vignet van de Nederlandse taal. U, mijn minister president, schaarde zich afgelopen vrijdag onder dit gezelschap. Dat is fase rood. U bevindt zich op loopafstand van de koningin en zal haar deelgenoot van dit dieptepunt maken: 'Majesteit, ga even zitten: er is, vlak onder uw bordes op de Dam, een voetbalcoach gestenigd.'

De vorstin kan allang rekenen op mijn bewondering, Willem-Alexander is verslaafd aan CaMu, u en steller dezes hebben een uitstekende verstandhouding (dank voor je laatste brief): laten we het zo houden, doe dus iets aan uw perceptie. Negeer de knipkunst van het NOS journaal, zoek de waarheid. Handel daarna in het landsbelang en bied, als hoge gezagsdrager van de Nederlanders en hun taal, in het openbaar uw excuus aan.

Balkende las dit stuk en was *not amused*. Hierop schreef hij een Open Brief in *de Volkskrant* een repliek die ook te mooi is om niet in zijn geheel te citeren:

Geachte heer Mulder, U vraagt van mij openbare excuses omdat ik u vals beschuldigd zou hebben van het onverantwoord zwart maken van bondscoach Advocaat. Die excuses krijgt u niet. Voor iemand die zo subtiel de eigen woorden weet uit te leggen, luistert u opvallend onzorgvuldig en een tikje gemakzuchtig naar de woorden van anderen. Ik heb in verband met de verwijten aan het adres van de heer Advocaat nooit uw naam genoemd en nimmer gerept van uw 'stenigt hem' opmerking.

Dat daar wat u noemt 'ironie' in zat was mij niet ontgaan. Net zo min als het mij ontgaan is dat die ironie door vrijwel niemand is begrepen. U zou de conclusie kunnen trekken dat u zich dus kennelijk erg onzorgvuldig hebt uitgelaten, en dat zou een ervaren publiek persoon als u zich moeten aantrekken. Ik wil niet meteen net als u openbare excuses eisen, maar in plaats van op hoge toon vermeende fouten bij anderen aan de kaak te stellen, zou een beetje zelfkritiek zeker geen kwaad kunnen.

Ik heb in volle overtuiging het bedenkelijke klimaat van vorige week rond de bondscoach aan de orde gesteld. Ik heb erop gewezen dat we in gezinnen, op scholen en sportverenigingen onze kinderen proberen te leren respect te hebben voor elkaar en in het bijzonder voor de leraar, de trainer en de scheidsrechter.

Ik vond het klimaat dat ook door de media werd aangewakkerd rond de heer Advocaat in dat opzicht zwaar ondergravend. Neem bijvoorbeeld het ochtendblad dat anonieme doodverwensingen afdrukte ('naar welk hotel moet ik mijn geweer sturen'). Op die redactie is men onvoldoende doordrongen van haar maatschappelijke verantwoordelijkheid.

Ik sta nog steeds voluit achter mijn oproep en gezien uw eigen peiling onder 9000 mensen denkt inmiddels bijna 80 procent van Nederland er net zo over.

Ik wens u veel sterkte.

J.P. Balkenende

En zo waren we beland in een land waar de premier en een columnist een snoeihard debat voerden over een onhandige Wissel van de bondscoach en welke gevolgen die had voor de stemming onder de bevolking.

Wat een weldaad. Een land dat zich bij gebrek aan echte problemen daarover druk maakt, is een gezegend land — dunkt ons.

2006

De Slag bij Nürnberg

Marco van Basten had al vroeg in zijn carrière, toen hij door beslommeringen als voetballer nog geen tijd had om zich fulltime met de golfsport bezig te houden, een handicap van 18. Niets om over naar huis te schrijven, maar voor iemand die er een drukke baan naast had zeker geen slechte uitgangspositie. Nadat hij besloot te stoppen met voetbal en zich serieus te gaan wijden aan zijn grote liefde, sloot hij zich aan bij de Monte Carlo Golfclub, opgericht door de vermaarde Willy Park Jr. in 1911. Hij boekte jaarlijks aanzienlijke progressie, getuige zijn plaats op de lijst van de club: achtereenvolgens 341e, 167e, 74e en 14e. Na een hooglopend conflict over de spelregels (Van Basten opperde de in het golf veelgebruikte buitenspelregel af te schaffen en shoot-outs in te voeren) verhuisde de voormalige spits van Ajax en AC Milan naar de nabij gelegen golfclub en aartsrivaal Golf Old Course Cannes Mandelieu, hetgeen hem niet in dank werd afgenomen door de achterachterkleinzoon van Willy Park jr, jonkheer Willy Park jr. IV.

Van Basten, die onder Cruijff, Michels en Sacchi trainde, is niet in het minst onder de indruk van de mening van Willy, zegde zijn lidmaatschap op, haalde zijn gram door tijdens de regiokampioenschappen van het district Cannes in 1999 totaal onverwacht vijfde te worden, achter Gérard Depardieu, Yannick Noah, Eric Cantona en een ons onbekende Fransman, de zesendertigjarige ex-scheikundeleraar Jean Claude Defevre uit Les Sables d'Olonne, een kustplaatsje in de Franse Vendée (zoekt u het maar op). Genoeg over Defevre.

Van Basten verwierf op de club de bijnaam Le Stoïque (De Stoïcijn), vanwege zijn killerinstinct bij het putten en het ontbreken van elk spoor aan empathisch vermogen in het clubhuis. Na furore te hebben gemaakt in de golfwereld in de Provence, vertrok Van Basten naar het mekka van de golfwereld: Noordwijk, om daar te gaan spelen bij de gerenommeerde Noordwijkse Golfclub, een club die al jaren tegen het predikaat Koninklijk aanhikt, maar om onduidelijke redenen telkens weer naast het net vist.

Van Basten (36) slaagt er bij de Noordwijkse Golfclub in om tot een handicap van 3,5 te komen en neemt samen met professional Tjeerd Staal (19) deel aan de landelijke competitie. Het tweetal begint met een wedstrijd tegen Almeerderhout op het terrein van golfclub De Dommel uit St. Michielsgestel. We zouden liegen (en dat hebben we, eerlijk is eerlijk, in het gedeelte hiervoor over Van Bastens internationale golfcarrière al genoeg gedaan) als we stellen dat het een gekkenhuis is op die eerste competitiedag in St. Michielsgestel, maar er zijn toch mooi enkele tientallen toeschouwers – een vervijfvoudiging van het gemiddeld aantal bezoekers van het seizoen ervoor. En daar zit men bepaald niet op te wachten bij Golfclub De Dommel, een keurige, besloten vereniging met een strak ballotagebeleid om het gepeupel, schorriemorrie, tuig van de richel, bloggers, belhamels, niksnutten, rooie rakkers, RTL-kijkers en allochtonen buiten de poorten te houden. Men wordt dan ook behoorlijk nerveus van de komst van het koningsduo uit Noordwijk, met name van de oudste van de twee. 'Want zeg nou zelf,' zegt de secretaresse van Golfclub De Dommel desgevraagd tegen de verslaggever van *NRC*, 'het is toch eigenlijk van de zotte al die toestanden voor ene meneer Van Basten die hier toevallig een golfpartijtje komt spelen. Dacht u dat de andere golfers die drukte op prijs stellen?'

Daar kunnen wij ons volledig in vinden. Sterker nog, alsof de golfer in kwestie zelf daarop zit te wachten. Die is gebaat bij rust, niet bij een publiek dat juicht, yellt en joelt bij iedere slag. Zo werkt het niet bij golf.

Van Basten en Staal winnen hun eerste competitiewedstrijd. Een nieuw Gouden Duo lijkt geboren. Van Basten, in een zeldzaam diepte-interview voor een van de cameraploegen bij zijn debuut: 'Ik heb het af en toe erg zwaar gehad,' zegt hij. 'Pff, ik ben blij dat dit erop zit.'

Maar de Noordwijkse Golfclub vreesde het al. Dit keer is het geen opspelende enkelblessure die San Marco dwingt een voortijdig einde aan zijn nieuwe carrière te maken. Het is niet meer dan logisch dat de KNVB in haar zoektocht naar een opvolger voor de falende bondscoaches Van Gaal en Advocaat terechtkomt bij een talent als deze homo universalis, deze hedendaagse Michelangelo. Johan Cruijff, onbezoldigd adviseur vanuit Barcelona, weet het zeker: Marco van Basten, de man die acht jaar lang fanatiek golfde, tenniste, skiede en fietste, was de aangewezen man als nieuwe bondscoach van Oranje.

Hoe flauw was het dan ook van Co Adriaanse om te stellen dat 'een goed paard nog geen goede ruiter is'.

We praten hier over Marco van Basten. Marco van Basten! Marco van fucking Basten, godsamme! Het op één na beste paard ooit in de Nederlandse stal. En als paard nummer 1 zelf, helemaal vanuit Barcelona zijn zegen geeft, wie is Co Adriaanse dan helemaal om aan Diens Woord te twijfelen? En trouwens: wat zou het dat Van Basten bij zijn aanstelling als bondscoach van het Nederlands Elftal alleen nog maar ervaring had opgedaan in de verkorte trainingscursus en als trainer van Jong Ajax? Het was altijd nog meer dan Rijkaard in 1998.

Met pijn in het hart beëindigt Marco van Basten zijn golfcarrière en stelt hij zich in het landsbelang beschikbaar als bondscoach. De oud-Ajacied stelt John van 't Schip (ex-Ajax), Stanley Menzo (ex-Ajax) en Rob Witschge (ex-Ajax) aan als assistenten. Het selectiebeleid van de nieuwe bondscoach is als zijn doelpunt in 1988 tegen de Russen. Volstrekt onnavolgbaar. Martijn Meerdink, Kevin Bobson, Romano Denneboom, Theo Lucius, Nicky Hofs, Dave van den Bergh, Andwelé Slory en Civard Sprockel worden tot hun eigen stomme verbazing opgeroepen voor het Nederlands Elftal. In Mark van Bommel en Ruud van Nistelrooij ziet de bondscoach het in eerste instantie niet zitten. Edgar Davids wordt als volgt afgeserveerd: 'We selecteren Jan Wouters toch ook niet meer?'

Nederland overleeft de groepsfase van het WK in Duitsland redelijk eenvoudig. Servië (prachtig doelpunt Robben) en Ivoorkust (prachtig doelpunt Van Persie) worden met 1-0 en 2-1 aan de kant gezet. Tegen Argentinië spelen we gelijk. *So far, so good.*

En dan komt de achtste finale. De slag bij Nürnberg, tegen Portugal. De eerste gele kaart is voor Van Bommel. Aanslag van achter op de enkels. De tweede voor Bouhlarouz. Karatetrap op de knie van Ronaldo. Maniche (scheermes) en Costinha (vliegende tackle) volgen. En nog een keer Costinha (hands), vijf minuten later, de eerste rode kaart van de wedstrijd. Petit (bodycheck). Van Bronckhorst (terreuraanslag). Figo (kopstoot). Bouhlarouz (elleboogstoot) tweede geel en rood. Deco (voetzoeker). Sneijder (slaan). Van der Vaart (praten en/of natrappen). Ricardo (praten). Nuno Valente (doodschop). Deco (weggooien bal) tweede geel en rood. Van Bronckhorst (ippon) tweede geel en rood.

Tussendoor heeft Maniche van de Nederlandse verdedigers de bal nog ongehinderd in het kruis mogen jagen. Zestien keer geel, vier keer rood, en één doelpunt tussendoor.

Marco van Basten staat het slagveld stoïcijns vanaf de zijlijn te overzien. Soms krabt hij wat aan zijn neus. 'De scheidsrechter voelde de wedstrijd niet aan,' vond doelpuntenmaker Maniche. 'Het was een hard duel, maar zeker niet gemeen.'

Nimmer in de geschiedenis heeft een WK-wedstrijd meer gele en rode kaarten opgeleverd. We liggen eruit, maar hebben wel geschiedenis geschreven. Van de drie officieel erkende hardste wedstrijden in de EK- en WK-geschiedenis heeft Nederland er drie gespeeld: Nederland-Brazilië (1974), Nederland-Tsjecho-Slowakije (1976) en de Slag bij Nürnberg, op 25 juni 2006 tegen de Portugezen.

En dan moet de finale van het WK 2010 tegen Spanje nog komen.

Maar eerst iets leuks.

Het EK van 2008. Met Marco van Basten als glorieuze regisseur.

Had je wat, Co?

2008

De Vriendenploeg

Het beste voetbal dat Oranje ooit speelde was in 1974, dat weet een kind. Iedereen viel aan, iedereen verdedigde mee en iedereen (op Cruijff na, die adviseerde slechts de scheidsrechter) schopte elke tegenstander omver die de euvele moed had ons frivole voetbal te verstoren.

Vooral dat laatste middel zette Oranje daarna op regelmatige basis in zodra het even niet lekker liep. Zie de wedstrijd tegen de Portugezen op het WK van 2006.

Maar op het Europees kampioenschap van 2008 speelde Oranje drie wedstrijden lang voetbal zoals in 1974.

We zeiden het al in het vorige hoofdstuk: Marco van Basten is een Grote Coach en de KNVB een bond met visie. Onze Utrechtse Homo Universalis slaagde er voor het EK in Zwitserland en Oostenrijk in om een team te formeren dat zowat uit elkaar spatte van spelplezier. Alles lukte, alles mocht, alles klopte, alles ging goed, en in tegenstelling tot 1974 hoefden we er niet eens de botte bijl voor te hanteren: in de drie poulewedstrijden kreeg Nederland in totaal slechts twee gele kaarten

– een aantal dat in de laatste wedstrijd op een internationaal toernooi al na zeven minuten was bereikt.

Nu zijn wij de laatsten die het alomvattende vakmanschap van meestercoach Marco van Basten op ook maar enigerlei wijze zouden durven bagatelliseren, maar anno 2017 loopt het water de geplaagde Oranje-fan wel in de mond wanneer we de spelers zien die Marco van Basten tot zijn beschikking had in 2008. Edwin van der Sar. Ruud van Nistelrooij. Arjen Robben. Robin van Persie. Rafael van der Vaart. Wesley Sneijder.

En dan vergeten we nog één man. Giovanni van Bronckhorst. Wat bezielde deze jongen tegen Italië toen hij aan de Moeder aller Tegenaanvallen, aan de Counter der Counters, aan de Rush van de Eeuw begon in de 31e minuut van de eerste wedstrijd van Oranje, tegen wereldkampioen Italië?

Situatieschets.

Het is al 1-0 voor Oranje (Van Nistelrooij, 26e minuut) maar we staan onder druk. Giovanni van Bronckhorst voorkomt een zeker Italiaans doelpunt door de bal van de lijn te halen (op zich al een hele verbetering gezien de historie; we noemen Michel Valke en Jan Wouters) en hij zet het vervolgens op een rennen als ware hij achternagezeten door een roedel wolven. Halverwege zijn eigen helft ontdekt onze vaderlandse Usain Bolt dat niemand van de Italianen hem is gevolgd en hij bijgevolg zo vrij als een vogeltje loopt, daar op die linkerflank van het veld. Al zwaaiend ('Joehoe! Jongens!! Hiero! Kijk mij!') zet hij de turbo erop, ontvangt de bal van Rafael van der Vaart en draaft langs de lijn tot het midden van de Italiaanse speelhelft.

Daar kijkt Gio op, ziet de blonde lokken van Dirk Kuijt in het strafschopgebied en jakkert de bal over veertig meter op diens kruin. Kuijt kopt terug naar Sneijder, hatseflats, 2-0.

In de 79e minuut kopt Van Bronckhorst, zo vrij als een vogeltje, er ook nog eens de 3-0 erin.

Wereldkampioen Italië is van de mat gespeeld. En als zelfs spelers als Van Bronckhorst gaan uitblinken, waar eindigt het dan, vraag je je af.

In de tweede wedstrijd wacht het Frankrijk van Thierry Henry, Ribéry, Anelka en Thuram. En weer spelen we (jawel, beste lezer, staat u ons toe dat wij ons even identificeren met Oranje, met onze jongens, laat ons even onbeschaamd meegenieten van het fenomenale succes van Oranje en in de eerste persoon spreken, er komt nog ellende genoeg in dit boek, eerder dan u denkt, en dan nemen we weer afstand) als het Nederland van 1974, La Naranja Mecánica, episode II.

Dit keer stopt de teller bij 4-1. Kuijt, Van Persie, Robben en Sneijder koppen en schieten de ballen erin alsof het allemaal niks kost. Commentator Bas Ticheler geeft een doortimmerde analyse. 'Is dit lekker? Jahahahaaa, dat is lekker! En is dit mooi? Jahahaaaaa, dat is mooi.'

Het is niet alleen mooi, er is ook iets nieuws aan de hand. De spelers laten na een overwinning het publiek meedelen in de poel van jolijt die zich op het veld voltrekt. Of nou ja, publiek: hun vrouwen en kinderen, die op de eerste rij aan de lange zijde zitten en daar regelmatig in beeld worden gebracht door de regie. Dat doet het altijd goed, voetbalvrouwen zijn zelden onappetijtelijk om te zien. Een mooie voetbalvrouw hoort bij een profvoetballer, net als zijn getatoeëerde rug en een klokkie van twintigduizend euro. Profvoetballers halen gemiddeld op hun twintigste hun eerste tattoo, gaan vervolgens een tijd lang net zo vaak naar de tattooshop als andere mensen naar de supermarkt, totdat zo rond hun eenentwintigste de arm en/of rug en/of borst is volgekrabbeld.

De voetbalvrouw verschijnt rond diezelfde tijd. Een voetbalvrouw heeft per definitie nooit tattoos en is altijd blond. De gemiddelde leeftijd waarop voetbalprofs met hun aangeschafte voetbalvrouw trouwen, is tweeëntwintig jaar. Het seizoen erna komt het eerste voetbalkind en het seizoen daarop het tweede. Als de voetbalprof vijfentwintig jaar is, is het voetbalgezin af. Tijdens de carrière mag de voetbalprof op buitenlandse reizen naar hartenlust andere voetbalvrouwen oppikken. Geen haan die ernaar kraait, want meereizende voetbaljournalisten komen 's avonds niet in de nachtclubs waar de spelers vertoeven. Met een buikje, morsig colbert en kalend voorhoofd kan je nu eenmaal slechts in het commerciële segment van de liefde terecht, en daarom verblijft het voetbaljournaille tijdens toernooien en kwalificatiewedstrijden in bordelen, stripbars en massagesalons – zo begrepen we althans van Kees Jansma, die daar, voor alle volledigheid, zelf nooit aan meedeed.

De scheiding vindt in de meeste gevallen plaats in de eerste drie jaar nadat de actieve voetbalcarrière over is, gelijktijdig met de periode waarin de ex-voetbalprof aan de drank of drugs raakt of aan het gokken slaat. Voetbalvrouwen worden vaak onderschat. De voetbalvrouw die thuis met de voetbalkinderen verblijft, is natuurlijk niet achterlijk, maar je moet wat over hebben voor zo'n kast van een huis in de duurste buurten van Milaan, Barcelona of Londen. Dus is een scheiding voor de voetbalvrouw het beste in te plannen in de eerste twee, drie jaar na het beëindigen van de carrière van de speler, want dan is er nog geld. Enkele jaren later is het opgebouwde vermogen van de speler al grotendeels verdampt door een combinatie van extreme inkomensterugval en onveranderde levensstijl.

Terug naar het EK in Zwitserland. De voetbalvrouwen van Oranje en hun kroost zitten steevast aan de lange zijde op de eerste rij. Elke cameraman of regisseur weet hen feilloos te spotten. Wie precies bij wie hoort is vaak onduidelijk, maar dat doet er ook niet toe.

Er is maar één ding waar regisseurs meer van houden dan van voetbalvrouwen. Voetbalkinderen. Op het EK van 2008 raakten de voetbalkinderen plots in de mode. Bij Oranje mogen de voetbalkinderen na een overwinning soms zelfs even met papa mee het veld op, om de doelnetten en de palen aan te raken en de andere Oranje-supporters te begroeten, alles live en onverkort uitgezonden door de NOS.

Waarmee de spelers van Oranje, net als in 1974 met hun lange manen, bakkebaarden en kralenkettinkjes, ook anno 2008 weer een trend zetten: de voetbalkinderen als accessoire, in het verlengde van de voetbaltattoo en de voetbalvrouw.

De wereld heeft kunnen zien hoe de Oranje-spelers met hun voetbalkinderen de twee overwinningen vierden, en zich daarmee plaatste, als eerste ploeg op het toernooi, voor de kwartfinale.

Marco van Basten gooit voor de derde wedstrijd, tegen Roemenië, zijn hele elftal om. Bankzitters Stekelenburg, Bouma, Heitinga, Tim de Cler, Afellay, De Zeeuw en Huntelaar krijgen speelminuten, zij hebben tenslotte ook contributie betaald en willen ook wel eens met hun voetbalkinderen de blits maken. Het gaat iets minder soepel als tegen de Fransen en de Italianen, maar met doelpunten van Huntelaar en Van Persie wordt het 2-0. Nederland wint de poule met negen punten uit drie wedstrijden en een doelsaldo van negen voor en een tegen. Dit kwam zelfs in 1974, 1978 en 1988 niet voor. Oranje loopt op wolken. De selectie, inclusief trainersstaf, voetbalvrouwen en voetbalkinderen, is door de overwinningen en het fantastische spel tot één grote vriendenploeg uitgegroeid. Zou het dan toch, net als in 1988, weer eens gaan gebeuren?

Nee.

Op de training de dag na de wedstrijd tegen Roemenië wordt Khalid Boulahrouz door de politie verordonneerd het trainingsveld in Lausanne te verlaten en ogenblikkelijk mee te komen. Onder politiebegeleiding, met loeiende sirene, verlaat de speler het trainingscomplex.

Meteen zijn er geruchten van doping. Dat is niet het geval. De vrouw van Khalid, Sabia (u kent haar vast wel als een van de vaste programmaonderdelen van *RTL Boulevard*) is met zwangerschapscomplicaties in het plaatselijk ziekenhuis opgenomen. De vriendenploeg van Ome Marco leeft mee. Terwijl de technische staf en enkele spelers die avond op tv naar Rusland-Zweden kijken – een duel dat over de tegenstander van Oranje in de kwartfinale beslist – komt er een bericht binnen. De te vroeg geboren dochter van Khalid en Sabia, Anissa, is overleden. Nigel de Jong, Robin van Persie, Edwin van der Sar en Ruud van Nistelrooij bedenken zich geen moment en vertrekken halsoverkop naar het ziekenhuis.

De essentie van de boeddhistische leer wordt gevormd door de vier Edele Waarheden. De eerste van die vier waarheden is dat ieder mens te maken krijgt met zogenaamde levenspijn. Daar valt niet aan te ontkomen, net zo min als dat we uiteindelijk doodgaan. Van leven ga je nu eenmaal dood. Iedereen hoopt erop dat dat ons zo lang mogelijk wordt bespaard en, anders dan vroeger, is dat ook zo. De gemiddelde levensverwachting voor mannen in Nederland is 78, voor vrouwen 82. De meesten van ons maken in hun leven de dood van hun ouders mee. Zeer verdrietig, maar biologisch gezien acceptabel. Een minderheid verliest vroeg in zijn leven een broer, zus of geliefde. Zeer verdrietig. Het ergste wat ons kan overkomen is de dood van een van onze kinderen. Er zijn in de literatuur prachtige boeken over geschreven, vaak verhalen die dwars door de ziel snijden. We noemen *De kleine blonde dood* van Boudewijn Büch (hoewel een verzonnen zoon en een verzonnen dood, maar de feilloos beschreven pijn is er niet minder om), *Tonio* van A.F.Th. van der Heijden en *Een roos van vlees* van Jan Wolkers.

De in het ziekenhuis aanwezige spelers zijn totaal uit het veld geslagen. Ruud van Nistelrooij zit op de gang op de afdeling verloskunde met het hoofd tussen de knieën. Intussen gaat het als een lopend vuurtje onder het ziekenhuispersoneel dat er zich in het ziekenhuis een aantal spelers van Oranje bevindt. Waarom ze op die afdeling zijn, is dan nog niet bekend. Van Nistelrooij, hevig aangeslagen, wordt enkele malen gevraagd mee op de foto te gaan en een handtekening te zetten.

In het spelershotel wil de hele Vriendenploeg eigenlijk ook het liefst direct afreizen naar het ziekenhuis, om Khalid te ondersteunen. De voetbalvrouwen van de Vriendenploeg zijn hetzelfde van plan: Sabia is immers in de afgelopen week een heel goeie vriendin geworden, gisteren hadden ze nog met z'n allen zitten keuvelen over hot spots om te winkelen in Londen, New York, Parijs en Barcelona en was er geen vuiltje aan de lucht.

Het wordt intussen later en later die avond. Er is continu sms-verkeer tussen de spelers in het ziekenhuis, de spelers in het hotel en de voetbalvrouwen. Die laatsten zetten druk op hun echtgenoten. Als het aan de spelersvrouwen ligt zou men vanavond nog en groupe acte de présence geven bij Sabia.

De emoties lopen op wanneer de spelers in het ziekenhuis te horen krijgen dat de technische staf heeft besloten het geplande avondprogramma van Rusland-Zweden verder te gaan bekijken, te analyseren en ook dezelfde avond nog een eerste strijdplan tegen de komende tegenstander op te zetten. Ruud van Nistelrooij vindt dat Marco van Basten in zijn functie als voorman van de vriendenploeg direct moet worden gebeld en absoluut en ogenblikkelijk naar het ziekenhuis moet komen. Intussen zijn de spelers toegelaten tot de verloskamer, waar Khalid en Sabia ontroostbaar zijn.

Perschef Kees Jansma is druk met het opsporen van de familie van Boulahrouz, die op een onbekende plek ergens in Europa op vakantie is. Het bericht van de dood van het kindje zal de dag erna overal in de media komen.

De dag na de dood van zijn dochtertje, laat Boulahrouz weten dat hij tegen Rusland wil spelen. Marco van Basten lijkt niet onverdeeld gelukkig met deze kennisgeving. Was het niet beter geweest als Khalid, eh, helemaal niet meer in het spelershotel rondliep? De spelers denken er anders over. Op momenten van persoonlijk leed moet je er zijn voor elkaar, of je nu midden in een internationaal toernooi zit of niet. Van Basten laat het maar zo.

Intussen vindt er druk overleg plaats binnen de spelersgroep over wat ze een gepaste rouwaanpak vinden voor bij de wedstrijd. Rouwbanden? Een minuut stilte op het veld? De KNVB laat weten dat het niet zo eenvoudig ligt en dat de protocollen van de UEFA niet voorzien in stilte voor de wedstrijd vanwege het overlijden van een kind van een speler.

Twee dagen later speelt Nederland, mét rouwbanden en mét Khalid Bouhlarouz, de kwartfinale tegen het Rusland van

Guus Hiddink. Rusland laat Oranje alle hoeken van het veld zien, telkens weer komen spelers van Rusland gevaarlijk door. Het is een wonder dat het tot enkele minuten voor tijd nog maar 0-1 is en dat Ruud van Nistelrooij tegen de verhoudingen in 1-1 kan maken.

In de verlenging zakt het halve Nederlands Elftal door zijn hoeven. Het is wachten op ellende.

Een halfuur later staat het 1-3 voor Rusland. De beste groepsfase die Oranje sinds 1974 neerzette, is abrupt voorbij.

Rusland gaat door, de Vriendenploeg mag naar huis.

Marco van Basten stopt als bondscoach.

2010

Treitertoeters en Teringbeesies

De vraag is wat we persoonlijk over zouden hebben voor een Nederlandse wereldtitel? Hoeveel geld zou u uit uw eigen portemonnee overmaken aan de KNVB als daarmee een wereldkampioenschap gegarandeerd is? Er is onderzoek naar deze vraag gedaan, aldus schrijver Patrick Bernhart in een artikel in *de Volkskrant* van 19 juni 2010 (toen het WK in Zuid-Afrika al in volle gang was). Volgens Bernhart heeft een Braziliaan uit eigen zak gemiddeld 813 euro over voor een wereldtitel en een gemiddelde Nederlander slechts 47 euro. Het verlangen naar een eindoverwinning is bij de Braziliaanse bevolking zoveel groter dat de kans dat zij het toernooi winnen ook groter is.

'Verlangen' is volgens Bernhart het sleutelwoord. Met instemming citeerde hij een aan Kafka toegeschreven zin: *'By believing passionately in something that still does not exist, we create it. The nonexistent is what-ever we have not sufficiently desired.'* Door hartstochtelijk te geloven in iets wat nog niet bestaat, maken we het. Het onbestaande is wat we niet voldoende hebben gewenst. Als we na al die jaren en al die pogingen nog geen wereldkampioen zijn geweest, hebben we daar onvoldoende naar verlangd — is de boodschap. Voor welk team dan ook is 'verlangen' het belangrijkste wapen, aldus Bernhart. Het enige wat ons bij het begin van het toernooi in 2010 te doen stond — en anno 2017 nog steeds staat! — is het kweken van passie, geilheid, verlangen.

Deze stelling kwam wonderwel overeen met wat assistent-bondscoach Frank de Boer in de aanloop naar het toernooi in Zuid-Afrika onthulde aan de pers: dat de Oranje-selectie bij voorgaande toernooien nooit echt de IJzeren Wil heeft gehad om de eindzege te pakken. De focus om wereldkampioen te worden ontbrak, liet hij optekenen door journalisten. En daar konden we het mee doen. Focus, verlangen, geilheid... Allemaal takken aan dezelfde boom.

Diezelfde Patrick Bernhart schreef overigens begin 2010 een bijzondere terugblik op het WK in Zuid-Afrika: *2010, Zo werden wij wereldkampioen*. Het opvallende aan zijn boek was dat het een 'terugblik vooraf' betrof, een voorspelling, een minutieus verslag van wat hád kunnen gebeuren. Een genre dat ook wel 'faction' wordt genoemd: fictie op basis van feiten. In de stijl van meesterauteur Auke Kok deed de schrijver alsof hij — acht jaar na het WK — uitvoerig had gesproken met toenmalige hoofdrolspelers als Bert van Marwijk, Robin van Persie, Morten Olsen, Johan Cruijff en Carice van Houten. In het boek van Bernhart werd Nederland in 2010 eindelijk wereldkampioen — en zo ver zat Bernhart er dus niet naast. Want we werden (weer) tweede, als we hier even mogen plotspoilen.

Aan verlangen en focus had het tijdens de kwalificatie niet gemankeerd. Al bij zijn aantreden in 2008 had de nieuwe bondscoach Bert van Marwijk voor de ploeg uitgesproken wat hij wilde: wereldkampioen worden in 2010. De latere Feyenoord-trainer Giovanni van Bronckhorst, een van de pijlers van Oranje, vertelde na het toernooi: 'Het geloof daarin werd alleen maar sterker. In elke training en oefenwedstrijd werkten we naar dat doel toe en alles wat we deden, stond in het teken van die finale.'

De weg naar de finale was voor Oranje opmerkelijk eenvoudig. Het Nederlands Elftal kwalificeerde zich probleemloos, dat was ook wel eens prettig. Er was geen vuiltje aan de lucht geweest. Het team van Van Marwijk werd met 24 punten uit 8 wedstrijden ongeslagen eerste in de poule en liet de armzalige Noren (10 punten), de aandoenlijke Schotten (10), de stumperige Macedoniërs (7) en de zwakbegaafde IJslanders (5) ver achter zich. Omdat het allemaal zo makkelijk was gegaan, waren de verwachtingen hoog, niet alleen bij de spelers zelf, maar ook bij het publiek en al helemaal bij de commercie.

Terwijl de spelers zich voorbereidden op het toernooi, maakte het Nederlandse bedrijfsleven zich op voor een gigantische zwengel op het kapitalistische gaspedaal. Het WK 2010 in Zuid-Afrika is volgens ingewijden in de reclamewereld waarschijnlijk het meest vercommercialiseerde toernooi waaraan een Nederlandse ploeg ooit heeft meegedaan. Het leek wel of iedere ondernemer in Nederland een graantje probeerde mee te pikken van de waanzin rond het voetbal. We herinneren ons een karrenvracht hele en halve onzin die we te verstouwen kregen. Oranje smeerkaas. Oranje pasta. Oranje smarties. Oranje gebakjes. Oranje deurmatten. Oranje broodjes. Oranje mayonaise. Oranje autovlaggetjes (die het inbreken zo vergemakkelijkten). Oranje zoutjes. Oranje wc-papier ('Met het Nederlands Elftal veeg ik mijn reet af'). Oranje chocolade. Oranje haarspray. Uitvaartbedrijven waar overleden geliefden in een oranje doodskist gecremeerd konden worden. Oranje condooms 'voor in de rust en om de overwinning te vieren'. Oranje sinaasappels en duizenden andere artikelen die de debilisering van de Nederlandse samenleving compleet maakten.

Friedrich Nietzsche schreef ooit dat gekte bij individuen de uitzondering is, maar bij groepen de regel. Iedereen die wel eens naar een wedstrijd van Oranje is geweest, weet dat dit waar is. De misantroop Gustave Le Bon publiceerde in 1895 een klassiek geworden polemisch boek genaamd *Psychologie van de massa's*, waarin hij poneerde dat een menigte veel minder was dan de optelsom van de afzonderlijke leden. In zijn opvatting was een massa een zelfstandig organisme dat maar al te vaak handelde op een manier die niemand in die massa had bedoeld. Een menigte gedraagt zich altijd dwaas en 'kan nooit handelingen uitvoeren die een hoge mate van intelligentie vereisen'. Laten we die gedachte eens toepassen op de gedragingen van Oranje-supporters. Het zal de reden zijn dat zoveel redelijk denkende individuen zich ieder toernooi weer overgeven aan volslagen idioot (oranje) massagedrag. Zoals de maffe versieringen en de aanschaf van oranje zotternijen.

Nu volgt een niet-volledig overzichtje van de tinnef die er rond het WK in Zuid-Afrika werd verspreid. Vooral biermerken gooiden zich in de strijd. Grolsch kwam in 2010 met de WKoelserver, een op afstand bestuurbare koelbox (à raison van € 36,-). Je zou er in een aanval van acute verlamming potverdomme maar om verlegen zitten. KNVB-sponsor Heineken presenteerde speciaal voor het WK Voetbal in Zuid-Afrika.... de Pletterpet! Het vervolg op de succesvolle 'Luidsprekershoed' en 'Trom-Pet' uit voorgaande jaren. De Pletterpet (Afrikaans voor veiligheidshelm') — wie heeft hem in godsnaam nog? — was geïnspireerd op met de hand uitgesneden en beschilderde mijnwerkershelmen genaamd *Makaraba's*, die vele Zuid-Afrikaanse voetbalsupporters zouden dragen.

Concurrent Bavaria bedacht de 'Dutch Dress', een kledingstuk louter bedoeld voor vrouwen en M/V-transgenders die zich graag in vrouwenkleren hullen. Het weinig verhullende strakke oranje gevalletje kreeg smoel doordat het biermerk voetbalvrouw Sylvie van der Vaart had ingehuurd om het hitsige tricootje te promoten.

Tijdens het WK veroorzaakte Bavaria een stunt toen het bedrijf zesendertig Nederlandse vrouwen zich tijdens de wedstrijd Nederland-Denemarken in Johannesburg liet verkleden als Deense supporters. Na twintig minuten trokken de meiskes echter hun rood-witte tenuetjes uit, waarna ze Dutch Dresses bleken te dragen. De FIFA kon zoveel vrouwelijk schoon niet waarderen, omdat zij de actie vooral zag als een inbreuk op de reclameregels. WK-sponsor Budweiser moest worden beschermd en daarom werd een deel van de vrouwen verwijderd uit het stadion. Drie Nederlandse blondines werden zelfs gearresteerd, wat weer leidde tot vragen van het ministerie van Buitenlandse Zaken aan de Zuid-Afrikaanse autoriteiten (er zijn voor minder zaken oorlog gevoerd). Uiteindelijk verkocht Bavaria tweehonderdduizend Dutch Dresses à raison van € 9,99 euro bij acht blikjes bier.

Een volgende actie kwam van Nuon, dat ook met een even toepasselijk als overbodig gadget kwam: het Energieshirt. Wie dat zwarte gevalletje aantrok, kon door hard te juichen het zwart laten overgaan in oranje. 'Hoe harder jij juicht, hoe feller de kleur,' riep Nuon in de reclame. Er werden vijftigduizend van deze kledingstukken verkocht.

En dan waren er natuurlijk de supermarkten met wat in marketingtermen 'premiums' heet. Gadgets. Onzinzooi. Stuitende overbodigheid voor leeghoofdige malloten. Super de Boer kwam met *Bungels*, oftewel Zuid-Afrikaanse dieren verkleed als Oranje-supporter. Coop deelde *Buddies* uit, oranje figuurtjes die aan een keycord konden hangen, als aan een strop. Elke Oranje-Buddy had een eigen, unieke tot waanzin stemmende yell. Spar gaf *Sparky's* weg, ook echte hebbedingetjes om in te stikken, en bij Dirk, Bas & Digros konden *WK-handjes* worden gespaard (met een schaar kon je het vod zo bijknippen dat je alleen de middelvinger overhield). (Er schijnen foto's van Kluun in omloop te zijn waarop te zien is dat hij fanatiek heeft meegedaan aan iedere spaaractie van elke supermarkt, biermerk en benzinestation.)

Maar uiteindelijk — we spugen even op de grond — was 2010 vooral het jaar van de *Beesies*, die speciaal voor het WK in Zuid-Afrika waren ontwikkeld. Albert Heijn gaf klanten bij de besteding van elke tien euro de 'grootste supporter van Nederland' cadeau: een aaibare WK-mascotte, genaamd Beesie. Voor en tijdens het WK werden er — hou u even vast — eenendertig miljoen gratis Beesies verspreid, in de kleuren rood, wit, blauw en oranje. Eenendertig miljoen. Voor de productie daarvan waren tweeëntwintighonderd werknemers in twee fabrieken drie maanden bezig. Mensen die zich niet voor nop stonden af te beulen, dus uiteindelijk werden de kosten van de gratis teringbeesies betaald door de domme consumenten zelf.

En tot slot waren er de duizenden vuvuzela's, de treitertoeters die het WK 2010 zo'n onvoorstelbare rotklank gaven. Wij hebben wel eens gefantaseerd wat ze zouden doen als we de uitvinder van de lawaaitrompet zouden aantreffen, vastgebonden op een stoel in een verlaten industriehal. Dat is geen fraai beeld. Een van onze kinderen, een destijds driejarig huftertje, kon helemaal niets en deed helemaal niets — behalve dat het hem lukte om een dusdanig volume uit een oranjekleurige plastic vuvuzelaatje te persen dat hij de hele dag de huiskamer, de tuin en de wijk terroriseerde met zijn walmende aanwezigheid. Zijn schelle geblaas was een bijdrage aan het geluidsbeton dat gedurende het hele toernooi over alle wedstrijden lag en dat het WK 2010 zo'n aperte crime maakte.

In de kwaliteitskranten verschenen gewichtige artikelen over de herkomst van de vuvuzela, een blaasinstrument waarmee Afrikaanse mannen hun viriliteit konden tonen, onder het motto: wie het meeste lawaai maakt, is het sterkst. Vrouwen hebben hun hakken om mee te klakken en de aandacht op zichzelf te vestigen, mannen proberen om het hardst te brullen, aldus een verhandeling in *de Volkskrant* waarin het verschijnsel van de treitertoeter werd verklaard.

Op de tribunes van Johannesburg en Durban was de aanwezigheid van duizenden amateurtrompettisten wellicht amusant voor de meegereisde supporters, maar thuis op de bank was het ondraaglijk. Geluidstechnici probeerden hun apparatuur zo af te stellen dat het snerpende geloei minder hoorbaar was. Een van de weinige bijkomende voordelen was dat het geluid van de commentatoren nu af en toe minder goed doorkwam, wat een weldadige afwisseling betekende. Gandhi zei ooit: 'Spreek alleen als het een verbetering is van de stilte.' Een gebod dat menig Frank Snoeks en diens gelijken zich ook eens zouden moeten aantrekken. Om over schrijvers maar te zwijgen.

Enfin, we dwalen af. Terug naar Zuid-Afrika, een land waar vooraf de nodige bedenkingen over waren geweest. Er werden in 2008 18.487 moorden gepleegd (een gemiddelde van vijftig per dag), er waren 18.795 pogingen tot moord en ruim 36.000 verkrachtingen (bijna honderd per dag). Vooraf waren er dus nogal wat mensen die zich zorgen maakten over de veiligheid van spelers, journalisten en supporters tijdens het WK.

Over de verrichtingen van Oranje maakten velen zich minder zorgen. Het Nederlands Elftal beschikte dan wellicht over wat minder uitgesproken wereldsterren zoals in 1974 of 1988, maar het collectief was goed gesmeed, met name tijdens de voorbereiding in het Zwitserse Seefeld. Mark van Bommel (toen 33) was een van de dragers van het team, nadat hij de jaren daarvoor door Van Basten aan de kant was gezet en had bedankt voor Oranje. Zijn schoonvader de bondscoach had hem weer teruggehaald, wat een logische beslissing was gezien zijn carrière (zeven landstitels en de Champions League). Zijn rentrée was symbolisch tijdens de vriendschappelijke wedstrijd tegen de Russen (augustus 2008), het land dat eerder dat jaar Nederland uit het EK had geknikkerd (zie het vorige hoofdstuk). Met Van Bommel erbij speelde Oranje uitstekend, zeker omdat hij zo'n goed koppel vormde met Nigel de Jong.

Onder Van Marwijk speelde Oranje defensiever en degelijker dan onder zijn voorganger Van Basten. Uiteraard was er in de media en in de fora het gebruikelijke gezeur over de spelwijze, want degelijk voetbal is voor de lekkerbekkende Oranje-supporters niet genoeg. Ook voor ons niet, moeten we bekennen. Ik heb me soms (als ik dit even mag nemen, Kluun) gek geërgerd aan het bedachtzame, aan de krampachtige speelstijl, de ingebouwde veiligheden, de handremmen, het saaie zelfs. Voorafgaand aan de finale won Nederland alle zes de wedstrijden, wat een geweldige prestatie was, al heb ik soms vertwijfeld naar mijn televisie staan schreeuwen, met de Carice van Houten-achtige intonatie uit *Zwartboek*: 'HOUDT HET DAN NOOIT OP?! ALS HET ZO MOET HOEFT HET NIET VAN MIJ!'

Nederland won met enig geluk van Denemarken (2-0), speelde moeizaam tegen de Japanners (1-0) en had geen moeite met Kameroen (2-1). Ook de achtste finale tegen Slowakije was een matige pot, waarin Nederland niets van het oude Hollandse voetbal liet zien. Op de sociale media spraken velen meesmuilend van 'anti-voetbal'. Toch maakten al deze verwensingen niets uit: we wonnen vrij eenvoudig met 2-1. Saai ambtenarenvoetbal, maar wel effectief (toegegeven: misschien dat het selectieve geheugen de wedstrijden hier somberder kleurt dan dat ze wellicht waren).

Pas tegen de Brazilianen kreeg Oranje het even moeilijk. Nederland leek in de eerste helft te worden weggespeeld en kwam al na tien minuten met 1-0 achter. Het kraakte bij Oranje. Overal in Nederland waren straatfeesten georganiseerd — ook in de volksbuurten rond het Wilhelminapark in Utrecht en het luxereservaat Oud-Zuid in Amsterdam — en daar was men het erover eens: Brazilië had ons ontmaskerd.

In de rust wist Van Marwijk zijn spelers echter op te peppen. Opgeleefd en geherfocust (als dat een woord is) keerden ze terug op het veld. Nederland 'herpakte zich', zoals dat in jargon heet. In de 54e minuut gaf Sneijder een voorzet, die zo maar in het Braziliaanse doel belandde. Dit doelpunt 'gaf Nederland vleugels', zoals dat in jargon heet. Een krap kwartier later scoorde Sneijder opnieuw, ditmaal met zijn hoofd. Brazilië stond achter en 'was klaar voor de sloop', zoals dat in jargon heet. Juventus-speler Felipe Melo kreeg een rode kaart en Oranje was als een roedel bloeddorstige hyena's die een uitgeputte gnoe op de knieën wist te krijgen om die vervolgens zonder pardon uit elkaar te rijten, zoals dat niet in jargon heet. Het nakloppende karkas bleef dampend achter op het veld van het Nelson Mandelabaaistadion in Port Elizabeth.

'Een hoop mensen hebben ons uitgelachen, maar je moet ergens in geloven en we hebben het wel waargemaakt,' zei Bert van Marwijk na afloop van de wedstrijd.

In de halve finale tegen Uruguay ging Nederland los. De wedstrijd begon met een fenomenaal afstandsschot van Giovanni van Bronckhorst, waarna Uruguay — zonder het geschorste bijtertje Suárez — verbeten begon terug te vechten. Diego Forlán scoorde de gelijkmaker en de ploegen leken even aan elkaar gewaagd, maar in de tweede helft overklaste Oranje de Zuid-Amerikanen. Sneijder en Robben scoorden vlak na elkaar, waarop zestien miljoen Nederlanders en miljoenen Beesies, Bungels en Buddies het uitschreeuwden: Nederland gaat naar de finale!

Dat was een fenomenale prestatie, maar op de een of andere manier haalden de spelers van 2010 nooit de status van de spelers van '74, '78 of '88. Joris Mathijsen, Maarten Stekelenburg, John Heitinga, Nigel de Jong, Eljero Elia (die zes keer inviel), Rafael van der Vaart, Demy de Zeeuw, Khalid Boulahrouz, Stijn Schaars... Ze hadden zich onsterfelijk kunnen spelen... als ze die verrekte finale maar hadden gewonnen.

Het heeft weinig zin om te speculeren waar het misging tegen de Spanjaarden, al is dat uiteraard veelvuldig gedaan. Spanje en Nederland leken elkaars evenknie. Beide landen waren nog nooit eerder wereldkampioen en in beide landen was het verlangen groot. Kafka indachtig geloofden beide landen hartstochtelijk in dat wat nog niet bestond: gekroond te worden als beste voetballand ter wereld. Spanje had de eerste wedstrijd in de groepsfase verloren, maar vocht zich daarna knap terug door onder andere Duitsland uit het toernooi te knikkeren.

In de finale hadden beide ploegen grote kansen om de wedstrijd te beslissen, maar het duurde lang voordat dit gebeurde. Door beide teams werd hard gevoetbald. Nigel de Jong plaatste in de 28e minuut zijn roemruchte karatetrap op de borst van Xabi Alonso. De Engelse scheidsrechter Howard Webb bestrafte de donker rode overtreding met een gele kaart, waar de rest van de wereld van mening was dat het rood had moeten zijn. Na afloop van de finale heeft Webb in een interview toegegeven dat hij ernaast zat. Een bevriende politiefunctionaris had hem in de rust van de wedstrijd een sms gestuurd met de tekst: 'Howard, dit was geen rood, dit was een strafbaar feit.'

Oké... Alsof die Spanjolen zulke lieverdjes waren. Het uitblijven van een straf voor De Jongs karatetrap werd gecompenseerd doordat Iniesta Van Bommel natrapte, wat door de vierde official werd gezien, maar compleet werd genegeerd door Webb. John Heitinga werd in de verlenging met twee gele kaarten van het veld gestuurd, een lot dat de Spanjaard Carles Puyol ook verdiende, omdat hij met een gele kaart op zak de doorgebroken Robben naar de grond had gewerkt. Puyol mocht echter blijven staan. Overigens gold hetzelfde voor Van Bommel en Arjen Robben. En voor Sergio Ramos,

Joan Capdevilla en Xavi. En voor Mathijsen, Van der Wiel en Van Bronckhorst.

Laten we het erop houden dat Howard Webb niet zijn dag had. Er waren spelers die het uiteindelijke verlies (in de 116e minuut scoorde Iniesta 0-1) bij de Engelsman legden, maar Van Marwijk deed daar niet aan mee. 'De beste ploeg heeft gewonnen,' zei hij na afloop.

En zo vertrok Oranje terug naar Nederland, in de wetenschap dat het team wéér in de finale had gestaan en dat het wéér niet was gelukt. Ook het defensiever ingestelde voetbal had ons uiteindelijk niets opgeleverd – behalve dan eenendertig miljoen Beesies.

(2012)

Eigenlijk hadden we dit EK gewoon over willen slaan.

Ook wij hebben op Wikipedia, YouTube en Voetbalstats.nl moeten zoeken om ons geheugen op te frissen. Er was niet één wedstrijd die we ons konden herinneren, niet één doelpunt van Oranje dat we ons nog voor de geest konden halen. We bleken het hele toernooi te hebben gedeleet van onze harde hersenschijf.

Heel, heel vaag herinnerden we ons de wanhopige blikken van Sneijder, Robben, Vlaar, Van der Wiel en vooral Bert van Marwijk, de bondscoach van dit alles, die later van zijn psycholoog zelfs een verbod kreeg om ooit nog te praten over het toernooi.

Proef op de som: welke drie wedstrijden heeft Oranje daar op het EK 2012 gespeeld, hoe was het wedstrijdverloop, wie scoorden er?

Nou?

Juist. Dat bedoelen we. Nou, vooruit, hier komen ze:

Nederland-Denemarken 0-1. Nederland-Duitsland 1-2. (Van Persie) Nederland-Portugal 1-2. (Van der Vaart).

Einde toernooi.

De wedstrijden werden gespeeld in Charkov (Oekraïne) en ieder woord dat we verder vuil maken aan dit EK is er eentje teveel. Zonde van uw en onze tijd.

2014

Vijf drie twee

Voordat we inhoudelijk over het WK 2014 beginnen, eerst maar eens letterlijk Het Eeuwige Gezeik. Neem onze drinkwatervoorziening. Tijdens de pauze en na afloop van belangrijke wedstrijden stijgt het waterverbruik in ons land buitensporig. Waterbedrijven kunnen van een gemiddelde dag vrij gemakkelijk voorspellen hoe de afname van drinkwater zal zijn. Om zes uur 's ochtends gaan de eerste kranen open voor koffie, thee, douches en toiletbezoeken. Dit duurt tot een uur of negen en daarna daalt het gebruik fors. Tussen vijf uur 's middags en acht uur 's avonds is er weer een grote piek. Althans, op normale dagen. Als het Nederlands Elftal speelt passen we ons waterverbruik aan. De Watermaatschappij Drenthe maakte in juli 2014 bekend dat het verbruik tijdens de wedstrijd van het Nederlands Elftal tegen Argentinië dramatisch daalde. Vlak daarvoor, tijdens de rust en meteen na afloop waren er enorme pieken zichtbaar, omdat juist in die minuten iedereen even naar de plee moest. In 2008 plaatste het waterbedrijf Oasen in Zuid-Holland tijdens het EK zelfs een overkoepelende watermeter op haar site, zodat klanten zelf konden zien hoe het waterverbruik was.

Een ander fascinerend onderzoek kwam uit Canada, van de beheerders van de internetsite pornhub.com, en voor wie dat niet kent: dat is een vrolijke verzameling filmpjes van mensen die zich genitaal aan elkaar (of zichzelf) vergrijpen. Pornhub is de grootste *'pornographic video sharing website'* ter wereld, zeg maar de YouTube van vieze filmpjes. Er zitten slimme koppen, daar bij Pornhub, hun data-analisten houden iedere maand een geweldig blog bij met wetenschappelijke onderzoeken en opmerkelijke analyses over het gebruik van hun dienst. Omdat pornografie mondiaal wordt genuttigd krijgen de onderzoekers van Pornhub een goed beeld van internationale evenementen, zoals bijvoorbeeld de pornoconsumptie tijdens het wereldkampioenschap voetbal 2014. Bijzonder interessante dwarsverbanden weten die jongens te leggen.

Net als het toiletbezoek, zag het team van Pornhub ook aan het pornoverbruik wanneer een land een wedstrijd speelde, want dan daalde het aantal bezoekers uit die landen drastisch ten opzichte van andere landen. Wie gaat er in godsnaam porno kijken als iedereen voor de buis zit om zijn of haar land aan te moedigen? Nederland — het zal eens niet — was daarbij vergeleken met landen als Portugal en Engeland uitschieter. Op wedstrijddagen van Oranje daalde het gemiddelde aantal pornokijkers het meest van allemaal. Blijkbaar is een wedstrijd van Oranje zo'n hoogtepunt, dat er op dat moment geen andere hoogtepunten meer nodig zijn.

Althans — en nu wordt het interessant — *tijdens* de wedstrijd. Want daarna gaan we pas echt los. Na de wedstrijd van Nederland tegen Brazilië bijvoorbeeld om de derde plaats, steeg het bezoek aan Pornhub met veertig procent ten opzichte van een normale dag. Met andere woorden: dankzij de jongens van Van Gaal was het land significant geiler. Ook de Belgen waren onderwerp van analyse en het bleek dat zij het nog bonter maakten: na hun gewonnen wedstrijd tegen de Verenigde Staten nam het bezoekersaantal met bijna honderd procent toe ten opzichte van normale rukdagen. Ook de Belgen moesten even wat seksuele energie kwijt. Fijn dat voetbal die rol kan spelen.

Echt leuk wordt het om te kijken naar de zoektermen die tijdens het WK worden gebruikt op zoek naar ondersteunend masturbatiemateriaal. Veel mensen — je staat er niet bij stil — zoeken op steekwoorden, in hun zoektocht naar expliciet visueel plezier. Wat bleek? Als een land tegen een ander land voetbalde dan nam de erotische nieuwsgierigheid naar de vrouwen van de tegenstander meetbaar toe. Overigens gold dit niet alleen voor landen alleen, maar zelfs bij de rest van de wereld. Statistici van Pornhub zagen bijvoorbeeld dat toen Nederland tegen Argentinië speelde de zoektermen 'Netherlands' en 'Dutch' wereldwijd met honderdvijfennegentig procent toenamen en 'Dutch amateur' met vijfenvijftig procent. Laat dit even tot u doordringen. Mensen willen opgewonden raken van porno uit en over landen die op dat moment voetballen of hebben gevoetbald. Ook op die manier dragen voetbal en porno dus gezamenlijk een beetje bij aan de verbroedering in de wereld — wie had dat kunnen denken?

Wat we óók niet hadden kunnen denken — om via een doorzichtige brug van dit heikele onderwerp af te komen — was de rol van Oranje tijdens het WK 2014. Vooraf gaf helemaal niemand in Nederland een eurocent voor de kansen van ons nationale elftal. Vijftien miljoen Nederlandse hulp-bondscoaches riepen op het werk, in de kroeg, thuis en op televisie om het hardst dat Oranje onder leiding van de echte bondscoach 'met dit spelersmateriaal' verdedigend een modderfiguur zou slaan. Nederland zou het toernooi roemloos verlaten, of op z'n allergunstigst één ronde verder komen. Meer zat er niet in voor de miljonairs van Van Gaal.

Er werden in de maanden, weken voor het WK door miljoenen mannen (en acht vrouwen) uitdijende vocale luchtstromen geproduceerd over het enigmatische verschijnsel 'systemen'. Er waren voorafgaand aan het vertrek naar Brazilië op tv voortdurend borden met veldformaties te zien en overal gebruikte men woorden als 'positiewisselingen', 'driehoekjes', 'vleugelbezetting', 'veldverdeling', 'taken', 'operationele ruimte', 'breedte-as', 'balsnelheid', 'lengteflank', 'het verdedigende middenveld', 'passlijnen', 'aanvalinfiltratie', 'spelpatronen', 'linies', 'doorschuivende backs', 'rendement in de eindfase', met een ernst alsof men bezig was een oplossing te zoeken voor vrede in het Midden-Oosten of de effecten van de klimaatverandering.

Hilarisch was het dat het naderende WK werd samengevat in drie cijfers, die voor iedereen direct duidelijk waren en waar een compleet wereldbeeld achter schuil ging.

   Vijf drie twee.
   Vier drie drie, punt naar voren.
   Vier drie drie, punt naar achteren.
   Vier vier twee.
   Vier vier twee, in trapezium (de ruit).
   Drie vijf twee.
   Drie vier drie, in lijn.
   Drie vier drie, in ruit.
   Vier vijf een.
   Het verouderde twee drie vijf (de aloude piramide).
   Of zelfs viercijferige formaties als: vier twee drie een.
   Vier drie twee een (de kerstboom).
   Twee twee twee twee twee (de penis).
   Nul nul tien (jeugdvoetbal).

Het leek of deze cijfercombinaties hun eigen maatschappelijke stromingen vertegenwoordigden. Het Nederlandse voetbal was van oorsprong vier drie drie, maar vier drie drie leek al jaren niet meer te functioneren, tot grote onvrede van het traditionele 'Hollandse School-kamp', dat vast bleef houden aan oude waarden en gedachten. Vier vier twee was van oudsher het vaste alternatief (denk Nederland in 1988), maar vier vier twee zou onze spitsen veel te veel isoleren en een te grote druk leggen op het middenveld (geen paniek, wij snappen hier ook de ballen van).

En dus koos bondscoach Louis 'mister aanval' van Gaal uiteindelijk voor vijf drie twee. Voor velen was dit een onmogelijk systeem: on-Nederlanders kon het niet. Vijf drie twee. Kenners (en miljoenen niet-kenners zoals wij) noemden dit systeem zeer verdedigend en vooral bedoeld voor countervoetbal. Er verschenen voorafgaand aan het WK gewichtige artikelen over de vele nadelen van vijf drie twee. Het zou onmogelijk zijn om hoge pressie te spelen (wat dat ook moge zijn), het systeem gaf veel ruimte op de flanken, de centrale as is vrijwel afgesloten (wat dat ook moge betekenen), het centrum zit volledig dicht, de aanvallende middenvelder moet infiltreren en verdedigende middenvelders moeten grote afstanden afleggen.

Bij *Studio Voetbal* verklaarde Ronald Koeman, scheidend trainer van Feyenoord, zich groot voorstander van dit ook door de Rotterdammers gespeelde systeem voor het Nederlands elftal, een mening die met name de koning van de voetbalmening Jan Mulder in het verkeerde schreeuwgat schoot.

'Dit systeem gaat dus maar uit van één ding: ik-pas-mij-aan-aan-de-tegenstander...' riep hij, met een blik alsof hij op dat moment zijn kat een dooie rat zag opeten. Aanpassen aan de tegenstander. Het was in de opmaat naar het WK zo'n beetje de grootste zonde die Oranje zich kon veroorloven. Nederland, wij, de Nederlandsche Leeuw, de jongens van De Witt, de naneefjes van Cruijff en Van Hanegem, de totaalvoetballers, de vernieuwers, de wereldverbeteraars... Moesten *wij* ons godverdomme aanpassen aan een tegenstander? Dat was *the bloody limit*. Het gevecht over het systeem werd verbeten gevoerd. De preciezen à la Mulder vonden dat we strikt in de leer van Het Nederlandsche Voetbal moesten blijven door voetbal te spelen dat louter op finesse, spelplezier en de aanval was gericht (Mulder: 'Gewoon de elf beste spelers opstellen en zo veel mogelijk proberen te scoren'). Rekkelijken als Koeman vonden dat we moesten roeien met de riempjes die we hadden en dat er uiteindelijk slechts één ding telde: de overwinning.

De overheersende angst was dat we verdedigend zouden worden weggespeeld door voetbalnaties die wel waren meegegroeid met de hartenklop van het moderne voetbal. Niet voor niets stond het Nederlands Elftal op dat moment vijftiende op de wereldranglijst. En dus koos Van Gaal, na een brede maatschappelijke discussie, voor vijf drie twee, met de mogelijkheid om tijdens de wedstrijd door te schuiven naar drie vijf twee of bij een achterstand naar een fatalistisch vier drie drie.

Bij vele praatprogramma's werd er gemeesmuild over deze keuze. Natuurlijk rezen er in de opmaat naar het WK weer ouderwets problemen, met name tussen Huntelaar en Van Persie, die zich beiden een glansrol hadden toebedeeld, met alle apenrots-manoeuvres die daarbij hoorden en alle media-aandacht. Op tv werd er veelvuldig over gesproken en alle kranten besteedden meer aandacht aan het Huntelaar of Van Persie-dilemma dan zij in één jaar deden aan poëzie, keramiek en alle toegepaste kunst bij elkaar. Louis van Gaal besloot om op onorthodoxe wijze een einde te maken aan de potentiële tijdbom.

Vlak voor het toernooi nodigde hij de beide spelers met elkaar uit in één kamer, samen met Kees Jansma (dat was overigens niet de straf). Van Gaal richtte zich tot Huntelaar en zei: 'Ik zal er meteen heel duidelijk over zijn. Hij gaat spelen. En ik zal vertellen waarom: hij is beter. Dat betekent dat jij op de bank zit. Maar ik beloof je dat jij verderop in het toernooi ook een rol krijgt. Als je dat niet bevalt mag je nu het trainingskamp verlaten en dan zal hij een persbericht schrijven waarin ik de zwartepiet op me zal nemen. Als je blijft, schik je je in die rol en wil ik er vier weken lang niets meer over horen. Zeg het maar, de keuze is aan jou.'

Wij, mensen die op tv en op straat discussieerden over Van Persie en Huntelaar, waren als de lieden in de allegorie van Plato's *De Grot*: we zagen alleen de schaduwen der dingen. Van Gaal zag als enige het licht. Daarom kon hij meteen naar de kern gaan. Van Persie was op dat moment gewoon beter. Van Gaal maakte hiermee, in een gesprek van minder dan twee minuten, een einde aan een Nationale Discussie. De 'hij' over wie Van Gaal het had scoorde in de eerste wedstrijd tegen de Spanjaarden het mooiste doelpunt dat ooit door Oranje op een WK is gescoord.

Nu we het toch over die wedstrijd hebben: de pot tegen Spanje is een van de bijzonderste die het Nederlands elftal ooit speelde. Vooraf was er in Nederland vrijwel niemand die een Albert Heijn-munt gaf voor de verrichtingen van Oranje. Een van ons — we vertellen niet wie, maar het was Kluun — liet in het *Algemeen Dagblad* optekenen: 'O, heel simpel.

We zijn over een week weer thuis. Echt. Een verdediging met Daryl Janmaat, Ron Vlaar, Stefan de Vrij, Bruno Martins Indi en Daley Blind, denk je dat de Spaanse spitsen daar van wakker liggen? Nee hoor, boek maar gewoon een vakantie deze zomer, liefst in een land waar ze niet van voetbal houden en je als Hollander niet wordt uitgelachen. Dus ga vooral niet naar Spanje.'

Hij stond niet alleen in deze overtuiging: dit was de gangbare mening. Iedereen verwachtte een exercitie van zelfhaat. God, wat waren wij slecht. Wat hadden wij een gemankeerde spelersgroep. In 2010 had Bert van Marwijk er nog met moeite enige lijn in kunnen brengen, maar daarna was het bergafwaarts gegaan.

En toen kwam de wedstrijd. We werden op onze wenken bediend: de regerend wereldkampioen liet de regerend nummer twee even zien waarom de verhoudingen waren zoals ze waren. Spanje viel stevig aan en na een klein half uurtje resulteerde dat in een onterechte en onbenullige strafschop, met dank aan Nicola 'Zwitserde bankrekening' Rizzoli (kutscheids). Xabi Alonso schoot de bal onverstoorbaar langs Cillessen. Met één schot lagen alle in het geheim gekoesterde dromen aan gruzelementen. Zie je wel, we waren inderdaad zo slecht als we allemaal hadden gezegd en voorspeld. Einde verhaal. Het Nederlands Elftal was klaar voor de sloop, net als in 2012. We hadden niets te zoeken in Brazilië. Bijna maakte Iniesta Silva er 2-0 van, dat scheelde niet meer dan een laagje opperhuid van de handen van Cillessen.

Maar toen.

Een *'peripeteia'* is een Grieks woord afkomstig uit de welsprekendheid. Het betekent een beslissende wending in het omstandigheden van de hoofdpersonen van een verhaal. De *peripeteia* is het moment dat alles anders wordt. De grote omslag voor het Nederlands Elftal kwam in 2014 in de 44ste minuut van de wedstrijd. Daley Blind gaf van links een weergaloze voorzet in het centrum van de aanval, waarop Hij, Robin van Persie, opsteeg van de grond, een kort moment zweefde en de bal met een ingenieuze boog achter keeper Casillas kopte. Al tijdens zijn duik wist iedereen de onvermijdelijke conclusie: dit was een iconisch doelpunt. Een gamechanger. Een *peripeteia*.

In de retorica is dat begrip overigens onlosmakelijk verbonden met een ander begrip: *agnitio*, het moment dat men zich diep bewust wordt van iets zeer belangrijks. Het was alsof heel Nederland na een collectief orgasme van blijdschap, bewondering en opluchting (en dat zonder Pornhub) ook een collectieve *agnitio* beleefde: zou het dan toch allemaal goed komen? Zou Van Gaal dan toch gelijk hebben gehad? Waren we dan toch minder slecht dan we onszelf hadden ingeprent?

Wellicht dat de spelers van Oranje waren bevangen door eenzelfde moment van inzicht, want na de rust legden ze de knoet over de Spanjolen. Al na acht minuten scoorde het Nederlandse Elftal opnieuw. Er zat veel frustratie in de manier waarop Arjen Robben de bal aannam met de punt van zijn schoen en snoeihard inschoot, frustratie over de verloren finale van vier jaar daarvoor, frustratie over de stroom aan beledigende commentaren van de Nederlandse fans. En nog was het niet voorbij. Het team van Van Gaal verraste gans de wereld door de ene dreun na de andere uit te delen en het Spaanse Elftal tot op het bot te vernederen, met een weergaloos doelpunt van Robben om hen de strot definitief door te snijden. 5-1. Vijf streepje één. Tegen de wereldkampioen.

De sfeer in Nederland sloeg, opportunistisch als we zijn, volledig om. Oranje werd van schlemiel in één wedstrijd tot gedroomde titelkandidaat. Velen bleken dit resultaat al te hebben voorspeld, velen hadden vijf drie twee altijd een geweldig systeem gevonden.

De terugslag na de winst op Spanje kwam al snel, want we wonnen de volgende wedstrijd tegen de eveneens kansloos geachte Australiërs maar ternauwernood met 2-3. Chili was beter dan Nederland, maar wij scoorden twee keer en dan win je dus. Na de groepsfase trof Nederland Mexico. De Mexicanen waren sterker, zeker in de eerste helft, en lange tijd stond het 1-0 voor hen. Drie minuten voor tijd scoorde Sneijder. En toen kwam het door Louis van Gaal beloofde moment van Huntelaar. De spits stond koud enkele minuten in het veld en eiste direct de bal op voor een strafschop, gegeven na een schwalbe van Arjen Robben. Huntelaar nam een aanloop en schoot de bal erin. Zo makkelijk is een penalty als je Klaas-Jan Huntelaar heet.

In veel internationale toernooien ging er voor Nederland uiteindelijk veel mis wat er goed had moeten gaan. In Brazilië was het andersom.

Alles wat er mis had kunnen gaan, ging goed. Dat het getoonde voetbal, op de wedstrijd tegen Spanje na, niet om aan te gluren was, verdeelde het land. De *Prinzipreiter* van de Nederlandse School bleven jeremiëren dat dit niet het spel was dat Nederland zou moeten spelen, maar de *Reaalpolitiker* waren blij met het hoopvolle begin en de daarop volgende kutwedstrijden. 'Liever met lelijk voetbal winnen dan met mooi voetbal ten onder gaan.'

Ondertussen werd duidelijk dat Van Gaal enorm had geleerd van zijn zeperd in 2002. De sfeer bij Oranje was uitstekend. Spelersvrouwen en spelerskinderen mochten bij trainingen op het veld komen (zie ook het hoofdstuk over 2008) en iedereen had het naar de zin. Nigel de Jong zei in een interview over gastland Brazilië: 'Dit land vreet, ademt, pist en schijt voetbal, en dat maakt dit toernooi voor elke voetballer het mooiste toernooi denkbaar. We zijn *blessed*.'

En dat waren ze. Alles dat mis had kunnen gaan, ging goed. De idiootste wedstrijd kwam tegen Costa Rica, een pot die uiteindelijk zou blijven steken op 0-0. Vlak voor het laatste signaal, in de 120ste minuut, wisselde Van Gaal Cillessen voor de erkende penalty-stopper Tim Krul, keeper van Newcastle United. Een keeperswissel in de slotseconden was in de historie van het WK nog niet voorgekomen. De internationale voetbalwereld was verbijsterd. Maar Van Gaal was dit WK als koning Midas: alles wat hij aanraakte leek in goud te veranderen. Krul stopte twee penalty's en keepte zo Oranje naar de halve finale tegen de Argentijnen. Met zoveel geluk zouden we zeker naar de finale gaan. Maar helaas was het geluk net even op.

De halve finale tegen de Argentijnen eindigde na verlenging in 0-0. Alle wissels waren al verbruikt, waardoor het aan Cillessen was om penalty's tegen te houden. Dit was teveel gevraagd. Vlaar en Sneijder misten. Cillessen liet zich vier keer achter elkaar verschalken. Het was gedaan. Klaas-Jan Huntelaar, onze penaltyzekerheid, hoefde niet eens meer zijn strafschop te nemen. Hij was als vijfde in de rij aangewezen. Logisch.

Wat er restte was de troostfinale, die vierjaarlijkse overbodige marteling. Van Gaal sprak voorafgaand aan de wedstrijd zijn teleurgestelde spelers toe. Hij zei empatisch en vol mededogen: 'Ik snap het heel goed als jullie geen zin hebben om die match te spelen. En dat hoeven jullie voor mij ook niet te doen. Wie er echt geen zin in heeft kan nu zijn vinger opsteken. Je hoeft echt niet te voetballen als je hoofd er niet naar staat. Zeg het maar, jongens. Wie haakt er liever af?'

Van het gezelschap reageerde niemand.

'Nogmaals,' ging Van Gaal verder, 'jullie hoeven echt niet te voetballen. Steek je vinger maar op als je het niet ziet zitten.'

Wederom stak geen enkele speler zijn hand in de lucht.

'Oké!' zei Van Gaal. 'Ik stel vast dat geen van jullie van mijn aanbod gebruik maakt.' Met stemverheffing ging hij verder: 'En dan verlang ik ook van jullie allemaal honderd procent inzet. Ik wil geen verhalen achteraf dat die troostfinale zo moeilijk en vervelend is, want dan had je maar je vinger moeten opsteken. Nu is er geen excuus meer. We gaan daar met z'n allen heen met maar één doel: winnen.'

Volgens ingewijden voorspelde Van Gaal nog het verloop van de wedstrijd, zoals hij in de loop van het toernooi regelmatig zeer nauwkeurig had voorspeld wat er in het veld zou gebeuren. De Brazilianen hadden net met 1-7 verloren van de Duitsers en ze waren er zeer op gebrand voor eigen publiek orde op zaken te stellen. Volgens Van Gaal zouden ze eerst een minuut of wat stormlopen op het Nederlandse goal. Nederland zou in die fase makkelijk kunnen counteren, om daarna het initiatief over te nemen en de Brazilianen lam te leggen. Hetgeen ook precies zo gebeurde. De Brazilianen gingen furieus van start, maar al in de derde minuut scoorde Van Persie uit een counter. Hierna werd Oranje oppermachtig. Die troostfinale deed wat een troostfinale moet doen: ze bood troost. Met opgeven hoofd en een ouderwets goeie pot voetbal kon Oranje het toernooi verlaten, na een winst van 3-0 op het land dat vooraf favoriet was.

In de laatste spelminuten wisselde Van Gaal Jasper Cillessen nog voor Michel Vorm, waardoor Nederland het eerste land werd dat alle drieëntwintig spelers van de selectie inzette op het toernooi. Een mooi gebaar van Van Gaal.

We zijn dit hoofdstuk begonnen met cijfers en we eindigen daar ook mee. Bij de research voor deze bijdrage stuitten we op de officiële site van de FIFA. Wat deden we, in godsnaam, voordat we die site ontdekten? Van alle toernooien — en dus ook van 2014 — staan er op die pagina uitgebreide statistieken en nuttige lijstjes. Uren van ons leven hebben we vergooid met het navlooien van leuke weetjes.

Dat Arjen Robben in totaal maar liefst 79,3 kilometer aflegde, waarmee hij op de zesde plaats eindige (de Duitser Thomas Mueller liep 84,0 kilometer). Jasper Cillessen liep toch nog 37.1 kilometer, met een gemiddelde snelheid van 22,3 kilometer per uur. Tim Krul liep 0,1 kilometer, volgens de FIFA, ofwel 100 meter, en dat klopt: de route van de bank naar het doel, een duik om de strafschop te stoppen, ons naar de halve finale te helpen en weer terug naar de kleedkamer. Nimmer in de geschiedenis van het WK leverde een loopactie meer rendement op. Dat de snelste Nederlander Ron Vlaar was, die een keer een spurt trok van 33,0 kilometer per uur.

Niet alleen gebruikte Nederland alle spelers, voor het eerst in de geschiedenis bleven we ook ongeslagen op een WK. Nederland was verdedigend zo sterk dat keeper Jasper Cillessen slechts 0,57 doelpunt per wedstrijd om zijn oren kreeg. Hij hield vier keer zijn doel schoon, bijna zo goed als Jan Jongbloed in 1974 (die dat vijf keer deed). Oranje maakte de meeste counterdoelpunten, lang leve vijf drie twee.

Van Persie eindigde met achttien overtredingen uit zes wedstrijden op de tweede plaats van het overtredingenklassement. Hij moest alleen de Belg Marouane Fellaini boven zich dulden (met negentien uit vijf). Wel won Van Persie de bokaal voor speler die het vaakst buitenspel stond (twaalf keer). In totaal was Nederland überhaupt het land dat het vaakst buitenspel stond: zevenentwintig keer. Dat Arjen Robben de Nederlandse winnaar was van de aanslagen-competitie. Maar liefst eenendertig keer werd hij onderuit geschoffeld. Nederland was het land met de meeste overtredingen: honderdzesentwintig keer, oftewel achttien per wedstrijd. Dat voelde dan wel weer vertrouwd.

~~2016/2018/2020~~/2022

Het Masterplan

Op het landgoed van hotel-restaurant Merlet in Schoorl, een gemeente aan de rand van de Noord-Hollandse duinen, staat het oudste raadhuis van Nederland. 't Oude Raadhuisje stamt uit 1601 en is prachtig gelegen, midden in het groen. De voornaamste feature van het huisje is dat er geen internet is, want dat hadden ze in 1601 nog niet, de boekdrukkunst bestond koud anderhalve eeuw. Binnen in het raadhuis waant een mens zich ver weg van alle hectiek, gedoe, gezeik, gezanik en gezever. De auteurs hebben zich er tijdens het schrijven van dit boek regelmatig teruggetrokken, zo ook in maart 2017. We zaten net midden in het wereldkampioenschap van 2014 in Brazilië, toen er op de deur werd geklopt.

Ronald Giphart stond op van zijn plek achter de laptop en liep het halletje in om de deur open te doen.

'Wie was dat?' vroeg Kluun.

'Niemand,' antwoordde Giphart. 'Maar dit lag voor de deur.' Hij zwaaide met een grote, bruine envelop, die zo te zien een dik pak papier bevatte.

'Zal de rekening van de afgelopen dagen wel zijn,' grinnikte Kluun.

We hadden samen vier dagen in het hotel gebivakkeerd. Overdag werkten we aan één stuk door aan Het Eeuwige Gezeik, 's avonds om acht uur genoten we van een maaltijd van up and coming sterrenkok Johan van Zandbergen. (Johan, mocht je dit lezen, we hoeven hier geen geld voor, maar een goede fles wijn slaan we nooit af.) Na de maaltijd doken we de bar in, om te delibereren over kunst, literatuur, politiek, de klimaatverandering, de laatste tweets van Donald Trump en hoe de tepels door de jurken van vrouwelijke collega's op het boekenbal schenen. Het waren geen goedkope dagen, maar daarvoor heb je een uitgever.

Giphart opende de envelop. Er zat inderdaad een flink pak papier in, bijeengehouden door een bruin elastiek.

'Nee, dit is geen rekening,' zei Ronald. 'Dit lijkt wel een of ander document.' Hij wees op het wapen van de KNVB, bovenop de eerste bladzijde.

STRIKT CONFIDENTIEEL

Helemaal rechtsonderaan stond een codenaam, die ons in eerste instantie weinig zei.

KNVB20140311-gh/db-2016/2018/2020/<u>2022.</u>

In het document waren alle namen met typex weggekalkt, maar de afzender had één belangrijk herkenningspunt onuitgewist gelaten. Een handtekening, helemaal onderaan het vuistdikke document. Je hoefde geen handschriftdeskundige te zijn om te ontcijferen wiens naam daar bijhoorde. Bert van Oostveen, technisch directeur KNVB van 2010 tot 2016.

Twee uur later. Klamme handen. Witte neuzen. We keken elkaar glazig aan.

'Godskolere, Kluun...' prevelde Ronald. 'Durf jij dit openbaar te maken?'

Kluun keek een beetje bangig. 'Kweenie...'

Stilte.

'We hebben natuurlijk allebei wel kinderen,' zei Giphart.

Kluun knikte.

'Maar zou dit echt zijn? Ik bedoel: als in afkomstig van de KNVB?'

Giphart bladerde nog eens door het document. Op een bladzijde ergens middenin hield hij stil. 'Dat weten we 25 maart.'

'Wat is er 25 maart?' vroeg Kluun.

'Bulgarije-Nederland.'

'Nou en?'

'Hier op pagina 34 staat dat de wedstrijd moet eindigen in een kansloze nederlaag. Het is de bedoeling om het een van de allerslechtste wedstrijden van Oranje ooit te laten worden. En er staat nog iets. In de dagen na de wedstrijd zal de bondscoach worden ontslagen, met medeweten van hemzelf. Zelfs de afkoopsom staat erin.'

Enkele weken later. Danny Blind heeft Ajacied Matthijs de Ligt (17), die bij zijn club op dat moment nog geen vaste basisplaats heeft, bij zijn debuut in het Nederlands elftal in het hart van de verdediging geposteerd. Door twee kinderlijke fouten van de jonge verdediger staat Nederland nog voor rust met 2-0 achter. Even later dringt Davy Klaassen vanaf de rechterkant het strafschopgebied binnen en zet de bal hard en laag in het doelgebied voor. Bast Dost mist de open kans.

In de rust gebeurt er iets raars. Davy Klaassen wordt op de atletiekbaan aangesproken door een oudere, kalende man in een beige regenjas. Hij wisselt enkele woorden met Klaassen, die zichtbaar geschrokken reageert, een korte hoofdknik geeft en op een drafje naar de kleedkamer loopt.

Na rust krijgt Nederland nauwelijks kansen. Klaassen komt niet meer in de buurt van het doelgebied.

Meteen na afloop ontvangt Kluun een appje van Ronald Giphart.

'Exact zoals voorspeld.'

'Ja... Het is verdomme dus gewoon waar.'

'Kluun, zag jij hetzelfde als ik zag onder de rust?'

'Met Klaassen?

'Ja...'

'Doodeng.'

'Wat doen we ermee, Ronald?'

'Kluun, ik vind dat we het moeten publiceren. Eens?'

Het duurt lang voor er reactie komt. Telkens ziet Giphart

in zijn beeldscherm de tekst dat zijn co-auteur aan het typen is. Telkens weer verdwijnt de tekst.

Kluun, vader van drie gezonde dochters, overtuigd levensgenieter en geen fan van fysiek geweld, bedreiging, armoede en tegenslag in de ruimste zin van het woord, twijfelt. Hij heeft net zijn jongste dochter (9) in bed gelegd en voorgelezen uit *De Brief voor de Koning*.

Ruim driekwartier later komt er dan eindelijk een app binnen bij Ronald Giphart.

'Je hebt gelijk. Voor volk en vaderland.'

'Voor volk en vaderland,' appt Giphart terug. Hij zet er een emoji bij van een angstig kijkend gezichtje met een zweetdruppel op zijn hoofd.

Adolf Hitler was een narcistisch, sado-masochistisch moederskind. Zijn politieke en militaire beslissingen waren volstrekt onvoorspelbaar. Dat was een probleem voor zijn generaals, maar ook – en daar hebben we toch net wat meer feeling mee – voor de geallieerden.

De Amerikanen gaven een team van topwiskundigen, de opdracht om een model te ontwikkelen, waarmee Hitlers gedrag inzake militaire beslissingen in kaart te brengen zou zijn. Dit leidde in 1944 tot de speltheorie: een theorie op basis waarvan men de zetten van de tegenstander enigszins zou kunnen voorspellen. In de loop der jaren is de speltheorie wetenschappelijk verder ontwikkeld, onder andere met het Nash-evenwicht, genaamd naar de Amerikaanse wetenschapper en Nobelpijswinnaar John Forbes Nash Jr. Het voert te ver om de hele theorie inclusief de voortschrijdende inzichten hier compleet uit de doeken te doen, maar de leidende gedachte die momenteel de meeste aanhangers heeft is erop gebaseerd dat je altijd uit moet gaan van het resultaat van je vorige zet. Als dat gunstig is, moet je niet van strategie wisselen. Zoekt u op Wikipedia op Speltheorie. Er gaat een wereld voor u open.

Bert van Oostveen, directeur Betaald Voetbal van de KNVB, is een aanhanger van de speltheorie en tot in de finesses op de hoogte van alles wat deze theorie behelst. Van Oostveen studeerde politicologie en bedrijfskunde, specialisatie – onthoud u dit – personeelsbeleid op de Vrije Universiteit in Amsterdam. In zijn studentenjaren was hij Nederlands kampioen Diplomacy, een bordspel waarbij spelers strijden om de heerschappij van Europa. Op buitenlandse reizen met de KNVB stond Van Oostveen bekend om zijn talent bij het pokeren. Er zijn weinig mensen in Nederland die zo goed zijn ingevoerd in de speltheorie als Bert van Oostveen.

We maken even een sprongetje naar september 2016.

'We zijn Bert bijzonder erkentelijk voor zijn bijdrage aan het betaald voetbal. Zijn kennis, kunde en bestuurlijke vaardigheden, gekoppeld aan een tomeloze energie hebben ons veel gebracht.' De tekst werd uitgesproken door de voorzitter van de RvC van de KNVB, bij het afscheid van Bert van Oostveen.

De auteurs, in die periode al volop bezig met het research plegen en informatie verzamelen voor dit boek, herinneren zich dat ze het niet droog hielden bij het horen van deze speech.

Bert van Oostveen.
Bijzonder erkentelijk.
Ons veel gebracht.

Als we kijken wat het bewind van Bert van Oostveen ons heeft gebracht, zullen weinig lezers het met ons oneens zijn dat we Bert van Oostveen verre van erkentelijk zijn voor wat hij Nederland heeft gebracht.

Uitgeschakeld voor het EK 2016 in Frankrijk.
Bijna uitgeschakeld voor het WK 2018 in Rusland.
Op de 32^e plaats op de FIFA-ranglijst.
Bondscoach Guus Hiddink vroegtijdig ontslagen.
Bondscoach Danny Blind vroegtijdig ontslagen.

Laten we met het laatste beginnen. In maart 2014 maakte Van Oostveen bekend dat Guus Hiddink, op dat moment 67 jaar, aangesteld was als de nieuwe bondscoach van Oranje. De gedoodverfde nieuwe bondscoach Ronald Koeman, die met Feyenoord zeer succesvol was geweest en zich publiekelijk aanbood als nieuwe bondscoach, werd tot verbijstering van pers, publiek en ploeg gepasseerd.

Om de beslissing helemaal af te maken, maakte de KNVB bij monde van Bert van Oostveen bekend dat Danny Blind niet alleen tot de nieuwe assistent van Guus Hiddink werd benoemd, maar hem ook zou opvolgen over twee jaar, na het eindtoernooi van 2016. Blind werd dus nu niet goed genoeg bevonden als bondscoach, maar, zo kon de KNVB ons in haar onmetelijk wijsheid voorspellen, als hij nog twee jaartjes aan de hand van papa Hiddink mee zou lopen, dan zou hij de aangewezen man zijn om Oranje naar het eindtoernooi van het WK 2018 te loodsen.

Was getekend, Bert van Oostveen.

Niemand die het begreep, niemand die er enige logica van kon inzien, niemand die ook maar enige fiducie in deze zet van een waanzinnige had.

Ook wij niet, al hebben wij natuurlijk geen bedrijfskunde met als specialisatie personeelsbeleid gestudeerd op de Vrije Universiteit.

Met Hans van Breukelen als nieuwe technisch directeur is bovendien het beleid gewaarborgd. Van Breukelen bouwt met verve door aan het waarmaken van de doelstellingen om het WK van 2018 ten koste van alles te missen, en slaagt er met de soap rond Henk ten Cate en Dick Advocaat bovendien in om de KNVB als werkgever dusdanig belachelijk te maken, dat we de komende jaren gevrijwaard zijn van het risico dat een zichzelf respecterende toptrainer de functie van bondscoach van het Nederlands Elftal zal aandurven. Bert van Oostveen, Hans van Breukelen en de KNVB zijn uitgegroeid tot het lachertje van de voetbalwereld. De Koninklijke Nederlandse Voetbal Bananenrepubliek.

Wij weten we wel beter en u nu ook.. Het lezen van het geheime document KNVB20140311-gh/db-2016/2018/2020/<u>2022</u>

stemt ons tot nederigheid. Bert van Oostveen en Hans van Breukelen hebben de gave over de horizon heen te kijken. Laten wij, het volk, ons daaraan laven.

Op de achterflap van dit boek staat het al. Dit is een *feelgood*-boek. Tachtig jaar lang gezeik: het was allemaal nodig om datgene te bereiken waar gewone zielen als wij van dromen, maar Bert van Oostveen heeft in zijn zes jaar als directeur Technische Zaken minutieus aan dit masterplan gewerkt.

Wereldkampioen 2022.

Natuurlijk had ook Bert het liever sneller gezien, dat wereldkampioen worden, liefst volgend jaar, op het WK 2018 in Rusland. Maar Bert is een visionair, een realist en behept met een bovengemiddeld historisch inzicht.

Bert van Oostveen kent zijn klassiekers, lezen we in het rapport. Uitgebreid wordt stilgestaan bij de redenen van de successen in 1974 en 1988, de toernooien waarin Oranje geschiedenis schreef. 1974 ging de geschiedenis in als het toernooi waarin Nederland met haar totaalvoetbal naam maakte. 1988 bracht ons de Europese titel en gaf het land een gevoel van onverslaanbaarheid.

Beide toernooien werden niet geheel toevallig vooraf gegaan door een periode van diepe crisis. In de zesendertig jaar voorafgaand aan 1974 hadden we ons niet geplaatst. In de jaren voor 1988, de Wijnstekers-Jaren, misten we drie toernooien op rij. En andersom: iedere keer dat we dachten dat dít het toernooi zou zijn om even Europees of wereldkampioen te worden, omdat we er de spelers voor hadden en omdat het twee jaar daarvoor goed ging, ging het faliekant mis.

In 1976, twee jaar na het totaalvoetbal van 1974, maakten we in één wedstrijd gehakt van ons imago van de ploeg van het oogstrelende voetbal van 1974: we schopten op alles wat bewoog en Cruijff en Van Hanegem maakten deze wedstrijd met hun gezever tot het schoolvoorbeeld van Het Eeuwige Gezeik.

In 1980, twee jaar na het zilver van Argentinië, waren we de schlemiel van het toernooi. We bakten er helemaal niets van.

In 1990, twee jaar na de Europese titel, maakten we ons belachelijk met een spelersgroep en coach die elkaar publiekelijk te kakken zetten, waterdragers die koks afzeken, vedetten die tegenstanders bespuugden en voetbal dat om te janken was. In 2012, twee jaar na het zilver van Zuid Afrika, haalden we nul punten uit drie poulewedstrijden.

Het nu volgende citaat komt het KNVB-rapport, bladzijde 19 onderaan:

'Er is geen land ter wereld waar succes direct en aanwijsbaar desastreuze gevolgen heeft. In dat licht bezien was het winnen van de Europese titel van 1988, een toernooi dat internationaal gezien betrekkelijk weinig aanzien geniet, het slechtste dat ons land is overkomen. De Europese titel van 1988 heeft ons een zeker wereldkampioenschap in 1990 gekost. In dat kader moet ten koste van alles worden voorkomen dat Nederland zich de komende jaren kwalificeert voor

weinigzeggende, slechts voor het volk en commercie ter zake doende Europese kampioenschappen. Concreet: de KNVB dient ervoor zorg te dragen dat het Nederlands elftal zich <u>niet</u> plaatst voor het EK van 2016 in Frankrijk. (Hiervoor zijn reeds de eerste stappen gezet door de aanstelling van GH en diens opvolger DB [BvO]).'

Bam.

Het bewust mislopen van het EK 2016 blijkt een van de kerndoelen dat in KNVB20140311-gh/db-2016/2018/2020/2022 wordt gedefinieerd. Een doel waarin de KNVB glorieus is geslaagd, zonder dat het stonk. Het was poulefixing op z'n best. Van opzet leek geen sprake. Goed, het aanstellen van Guus Hiddink lag niet voor de hand, de functie van Danny Blind als stagiair-bondscoach werd en masse gezien als wanbeleid, maar pers en publiek hadden niet in de verste verte door dat dit onderdeel was van een strategie, een staaltje bewuste sabotage.

Guus Hiddink had in ons land nog altijd een naam in 2014. Hij was de man die PSV de Europacup in 1988 bezorgde, Nederland met heerlijk voetbal tot de halve finales had geleid in 1998, nog altijd een held is in Zuid-Korea door zijn halve finaleplaats in 2002, en voor wie de Russen op de Krim (jawel) zelfs een standbeeld hebben opgericht na de halve finaleplaats op het EK 2008.

Maar de kans op succes was miniem, zo lezen we in het rapport op blz 17:

'GH is mentaal al geruime tijd met pensioen. Feitelijk is hij voetbalcoach in ruste. Hij is de ideale bondscoach om kwalificatie voor EK 2016 te voorkomen.'

De KNVB had haar huiswerk goed gedaan. Hiddinks prestaties van de laatste jaren waren rampzalig.

WK 2010: in de kwalificatie uitgeschakeld met Rusland

EK 2012: in de kwalificatie uitgeschakeld met Turkije

2012-2013: trainer coach bij het Russische FC Anzji Machatsjkala. (Wie, zegt u? Juist.)

In de vijf kwalificatiewedstrijden die Oranje tussen september 2014 en 1 juli 2015 onder Hiddink speelde, oogde de ploeg flets, machteloos, krachteloos, hopeloos. Hiddink maakte de indruk van een oude opa die het ook allemaal niet meer wist. IJsland overklaste Oranje uit en thuis en mocht als groepswinnaar van de poule haar eerste eindtoernooi ooit spelen.

Bert van Oostveen zag dat het goed was.

Het volk morde, Bert zag dat de tijd rijp was om zijn volgende troef in te zetten in zijn strategie om ook het WK van 2018 mis te lopen.

Entree Danny Blind, de Kroonprins van de KNVB.

Als coach van Ajax had Blind geen enkel aanzien verworven. Het voetbal was niet om aan te zien, Blind werd ontslagen. Jaren later liep Blind (via een achterdeur weer binnen gekomen bij Ajax) als een van de slachtoffers van de fluwelen revolutie aanzienlijke reputatieschade op. O ja, tussendoor was hij nog een jaar technisch directeur van Sparta geweest, hetgeen een keurige dertiende plek had opgeleverd.

Deze Danny Blind mocht een spelersgroep die volledig de weg kwijt was naar het WK van 2018 in Rusland loodsen.

Een WK dat, zo lezen we in het rapport, door de KNVB officieel als infaam en abject wordt gezien.

'De KNVB houdt zich van oudsher ver van discussies over de morele afwegingen van deelname aan internationale toernooien in landen met een discutabel regime. Deelname aan het WK in Argentinië stond in Zeist niet ter discussie, gezien de kansrijke generatie van het Nederlands Elftal op dat moment. Voor het toernooi van 2018 in Rusland verwacht de KNVB dat de kans groot is dat de druk van politiek en opiniemakers in de maanden voor het toernooi zal toenemen en wellicht tot onhoudbaar kan uitgroeien. Een eventuele kwalificatie zal de discussie in den landen slechts intensiveren, mede door de gevoeligheden van de Russische betrokkenheid bij MH17. De KNVB zal er niet aan ontkomen om deelname aan het toernooi als infaam en abject te zien, maar realiseert zich daarbij dat het innemen van een moreel standpunt verregaande consequenties voor toernooien in de toekomst heeft, met name deelname aan het WK van 2022 in Qatar. Deelname aan dat toernooi is cruciaal en mag in geen geval in gevaar komen.

*Mede gezien het feit dat de bepalende spelers van de
selectie internationaal gezien nu, een jaar voor het
toernooi, al niet meer het gewenste niveau hebben...'*
[noot van de auteurs: op deze plek waren enkele namen weggetypext. Door het papier tegen het licht te houden waren de namen van Van Persie, Sneijder en Robben evenwel eenvoudig te ontcijferen.]

*... 'en de nieuwe generatie spelers telt vooralsnog geen
enkele speler die een basisplaats heeft bij een club die
een rol van betekenis in de Champions League speelt.
Een en ander leidt tot de conclusie dat kwalificatie
voor het WK van 2018 om sportieve en politieke redenen
niet raadzaam is. De KNVB kiest voor de strategie
om ook dit toernooi bewust te laten lopen. Het spreekt
voor zich dat deze strategie op geen enkele wijze naar
buiten mag komen. Met het opvolgen van GH door
DB lijken alle voorzorgsmaatregelen genomen om tot
ongewenste kwalificatie te komen. Doelstelling is om
reeds voor de zomer van 2017 op onoverbrugbare achterstand
in de kwalificatiepoule te staan. Met name
de wedstrijden thuis tegen Frankrijk (10 oktober 2016)
en uit tegen Bulgarije (25 maart 2017) zijn cruciaal in
deze opzet. Beide wedstrijden dienen verloren te gaan.
Met de voor dat doel aangestelde bondscoach wordt de
kans statistisch op minder dan 10% gezien dat Oranje
in de zomer van 2017 nog in de race voor het WK in
Rusland is.'*

Waarschijnlijk gebeurt u op dit moment hetzelfde als de auteurs, toen we het document in maart 2017 onder ogen kregen.

Ongeloof. Verbijstering. Dit was *House of Cards* in de polder.

Maar laat ons eens reëel zijn.

Van Oostveen, die als kind van acht de protesten tegen het WK 1978 van Videla in Argentinië had meegemaakt, had het bij het juiste eind. Konden we de protesten van Bram en Freek in 1978 nog naast ons neerleggen met onuitgesproken argumenten dat Videla ons landje toch niks had aangedaan en dat we bovendien een generatie voetballers hadden waarmee we best kans maakten om te doen wat we in 1974 nalieten: wereldkampioen worden, in 2018 is de situatie compleet anders. Honderdzesennegentig Nederlanders kwamen om bij het neerhalen van de MH17. Alleen in het Kremlin houdt men vol dat de Russen hier niets mee te maken hadden. Vladimir Vladimirovitsj Poetin is een boef en bovendien maken we met deze selectie geen enkele kans om in Rusland te presteren. En om nou Louis van Gaal weer van stal te halen en die met een zes drie één-opstelling de laatste sympathie die we internationaal hebben te grabbel te laten gooien, nee dank u.

Trouwens: met die hoed zou Memphis Depay niet eens worden toegelaten in Rusland.

De conclusie van het hoofdstuk over het WK 2018 in het KNVB-rapport is terecht:

'Het WK 2018 is het verkeerde WK op het verkeerde moment op de verkeerde plek.'

Het EK van 2020 wordt in dertien stadions in dertien steden in dertien landen gehouden. De KNVB, op pag 29:

'De kans dat de nieuwe generatie spelers van Nederland in 2020 al van het niveau is waarop mede gestreden kan worden om de hoogste plaatsten, wordt door de KNVB klein geacht. Bovendien bestaat het risico dat de selectie onverhoopt wél goed presteert, waarmee de kansen op een goed WK in 2022 vanuit historisch perspectief verwaarloosbaar zijn. De KNVB zal ter zijner tijd wederom een nieuwe bondscoach aanwijzen onder wie kwalificatie zeer onwaarschijnlijk is. Te denken valt aan RG, DA of HtC. Tevens is budget vrijgemaakt om arbiters en spelers op sleutelposities financieel te beïnvloeden de wedstrijden naar de juiste kant te doen kantelen.'

We beseffen ons: dit komt hard aan. Onze nationale voetbalbond, die uitslagen en hele kwalificaties manipuleert. Drie eindtoernooien op rij niet meedoen, drie voetbalzomers op rij langs de kant staan. De Nieuwe Wijnstekers-Jaren.

Het zal ons niet verbazen als we in de volgende kwalificatie nog vreemdere eigen doelpunten zien als dat van Michel Valke tegen Oostenrijk, in 1985. Nieuwe penaltydrama's. Rare spelers op cruciale posities. Scheidsrechterlijke dwalingen.

U geloof ons niet?

Kijk nog eens naar de beelden van Bulgarije-Nederland van maart 2017. Denkt u werkelijk dat we zo abominabel slecht zijn?

Het voor de zoveelste keer benaderen van Dick Advocaat (69) als nieuwe trainercoach is als het benaderen van een ex van wie je hoopt dat zij dan tenminste nog seks met je wil, als geen enkele vrouw meer trek in je heeft, wetende dat die seks met die ex in het verleden ook al slecht was. Denkt u nu echt dat de KNVB dit niet ziet, dat ze zelf enig heil in een nieuwe samenwerking met Dick zien?

U kijkt naar fake news.

Matchfixing.

Het is allemaal zo gepland.

Kijkt u eens naar deze grafiek van de plaats van Oranje op de FIFA-ranking. 32^e, achter landen als Iran, Senegal, Bosnië en Noord-Ierland.

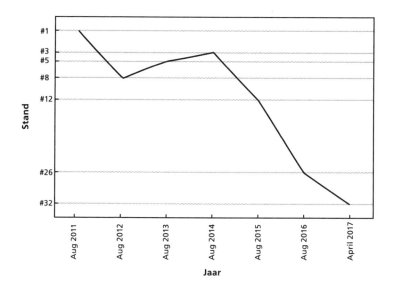

Zie de lijn vanaf 2014. Kaarsrecht naar beneden. Jaar na jaar. In de studie bedrijfskunde op de Vrije Universiteit heet dit beleid.

De dubbelaanstelling van Guus Hiddink en Danny Blind. In de specialisatie Human Resource heet dit lateraal denken.

Bert van Oostveen heeft zichzelf opgeofferd. We hebben in dit boek de KNVB bekritiseerd, beschimpt, bespot, vervloekt, vernederd en veroordeeld. Maar nu moeten we door het stof. Een dubbel mea culpa aan de voetbalbond, met name aan een van de grootste bestuurders ooit in de mondiale voetbalsport.

Bert van Oostveen, we nemen alles terug.

Je bent een genie.

Wij geloven dat jij met je masterplan de basis hebt gelegd voor datgene waar ons land al sinds 1934 naar hunkert. Wereldkampioen worden.

Het is beter zo. Geen EK 2016, geen WK 2018, geen EK 2020.

Maar dan.

Davy Klaassen, Memphis Depay, Stefan de Vrij, Kevin Strootman, Georginio Wijnaldum, Matthijs de Ligt, Daley Blind, Jasper Cillissen, Kenny Tete, Rick Karsdorp, Jens Toornstra, Justin Kluivert, Donny van de Beek, Bart Ramselaar, Davy Pröpper, Tonny Vilhena, Terence Kongolo, Jetro Willems, bondscoach Ronald Koeman en zijn assistenten Robin van Persie, Wesley Sneijder en Arjen Robben: zij kennen het strikt confidentiële rapport KNVB20140311-gh/db-2016/2018/2020/<u>2022</u>

U nu ook.

Alvast proficiat met het wereldkampioenschap van 2022.

Oranje op eindtoernooien

WK 1930 Geen deelname	
WK 1934	
	27-5-1934 Zwitserland-Nederland 3-2
	(29. Smit, 69. Vente)
WK 1938	
	5-6-1938 Tsjecho-Slowakije-Nederland 3-0
WK 1950 Geen deelname	
WK 1954 Geen deelname	
WK 1958 Niet gekwalificeerd	
EK 1960 Niet deelgenomen	
WK 1962 Niet gekwalificeerd	
EK 1964 Niet gekwalificeerd	
WK 1966 Niet gekwalificeerd	
EK 1968 Niet gekwalificeerd	
WK 1970 Niet gekwalificeerd	
EK 1972 Niet gekwalificeerd	
WK 1974	
	15-6-1974 Uruguay-Nederland 0-2
	(7. Rep, 86. Rep)
	19-6-1974 Nederland-Zweden 0-0
	23-6-1974 Bulgarije-Nederland 1-4
	(5. Neeskens, 45. Neeskens, 71. Rep, 78. Krol e.d., 87. De Jong)

	26-6-1974	Nederland-Argentinië 4-0
		(12. Cruijff, 25. Krol, 73. Rep, 88. Cruijff)
	30-6-1974	DDR-Nederland 0-2
		(8. Neeskens, 60. Rensenbrink)
	3-7-1974	Nederland-Brazilië 2-0
		(50. Neeskens, 65. Cruijff)
Finale	7-7-1974	Nederland-West-Duitsland 1-2
		(2. Neeskens)

EK 1976

16-6-1976	Tsjecho-Slowakije-Nederland 3-1 n.v.
	(71. Ondrus e.d.)
19-6-1976	Nederland-Joegoslavië 3-2 n.v.
	(27. Geels, 35. Willy van de Kerkhof, 112. Geels)

WK 1978

	3-6-1978	Nederland-Iran 3-0
		(40. Rensenbrink, 62. Rensenbrink, 79. Rensenbrink)
	7-6-1978	Nederland-Peru 0-0
	11-6-1978	Schotland-Nederland 3-2
		(35. Rensenbrink, 72. Rep)
	14-6-1978	Oostenrijk-Nederland 1-5
		(6. Brandts, 36. Rensenbrink, 37. Rep, 53. Rep, 83. Willy van de Kerkhof)
	18-6-1978	Nederland-West-Duitsland 2-2
		(27. Arie Haan, 84. René van de Kerkhof)
	21-6-1978	Italië-Nederland 1-2
		(19. Brandts e.d., 51. Brandts, 76. Haan)
Finale	25-6-1978	Nederland-Argentinië 1-3
		(82. Nanninga)

EK 1980

	11-6-1980	Nederland-Griekenland 1-0
		(67. Kist)
	14-6-1980	West-Duitsland-Nederland 3-2
		(80. Rep, 86. Willy van de Kerkhof)
	17-6-1980	Nederland-Tsjecho-Slowakije 1-1
		(60. Kist)

WK 1982 Niet gekwalificeerd

EK 1984 Niet gekwalificeerd

WK 1986 Niet gekwalificeerd

EK 1988

	12-6-1988	Sovjet-Unie-Nederland 0-1
	15-6-1988	Engeland-Nederland 1-3
		(43. Van Basten, 74. Van Basten, 76. Van Basten)
	18-6-1988	Ierland-Nederland 0-1
		(82. Kieft)
½	21-6-1988	West-Duitsland-Nederland 1-2
		(75. Ronald Koeman, 89. Van Basten)
Finale	25-6-1988	Nederland-Sovjet-Unie 2-0
		(33. Gullit, 54. Van Basten)

WK 1990

	12-6-1990	Nederland-Egypte 1-1
		(58. Kieft)
	16-6-1990	Engeland-Nederland 0-0
	21-6-1990	Ierland-Nederland 1-1
		(10. Gullit)
	24-6-1990	West-Duitsland-Nederland 2-1
		(89. Koeman)

EK 1992

	12-6-1992	Nederland-Schotland 1-0
		(77. Bergkamp)
	15-6-1992	Nederland-GOS 0-0
	18-6-1992	Nederland-Duitsland 3-1
		(4. Rijkaard, 15. Rob Witschge, 72. Bergkamp)
½	22-6-1992	Nederland-Denemarken 2-2 n.v. 4-5 n.p
		(23. Bergkamp, 86. Rijkaard. Koeman, Bergkamp, Rijkaard en Witschge scoren. Van Basten mist)

WK 1994

	20-6-1994	Nederland-Saoedi-Arabië 2-1
		(50. Jonk, 86. Taument)
	25-6-1994	België-Nederland 1-0
	29-6-1994	Marokko-Nederland 1-2
		(42. Bergkamp, 77. Roy)
⅛	4-7-1994	Nederland-Ierland 2-0
		(10. Bergkamp, 40. Jonk)
¼	9-7-1994	Nederland-Brazilië 2-3
		(65. Bergkamp, 77. Winter)

EK 1996

	10-6-1996	Nederland-Schotland 0-0
	13-6-1996	Zwitserland-Nederland 0-2
		(65. Jordi Cruijff, 78. Bergkamp)
	18-6-1996	Nederland-Engeland 1-4
		(78. Kluivert)
	22-6-1996	Frankrijk-Nederland 0-0 n.v. 5-4 n.p.
¼		(De Kock, Ronald de Boer, Kluivert en Blind scoren. Seedorf mist)

WK 1998

	13-6-1998	Nederland-België 0-0
	20-6-1998	Nederland-Zuid-Korea 5-0
		(38. Cocu, 42. Overmars, 71. Bergkamp, 80. Van Hooijdonk, 83. Ronald de Boer)
	25-6-1998	Nederland-Mexico 2-2
		(4. Cocu, 18. Ronald de Boer)
⅛	29-6-1998	Nederland-Joegoslavië 2-1
		(38. Bergkamp, 90. Davids)
¼	4-7-1998	Nederland- Argentinië 2-1
		(12. Kluivert, 89. Bergkamp)
½	7-7-1998	Brazilië-Nederland 1-1 n.v. 4-2 n.p.
		(87. Kluivert. Penalties: Frank de Boer en Bergkamp scoren. Cocu en Ronald de Boer missen)
3^e/4^e	11-7-1998	Nederland-Kroatië 1-2
		(21. Zenden)

EK 2000

	11-6-2000	Nederland-Tsjechië 1-0
		(89. Frank de Boer)
	16-6-2000	Denemarken-Nederland 0-3
		(57. Kluivert, 66. Ronald de Boer, 77. Zenden)
	21-6-2000	Frankrijk-Nederland 2-3
		(14. Kluivert, 51. Frank de Boer, 59. Zenden)
¼	25-6-2000	Nederland-Joegoslavië 6-1
		(24. Kluivert, 38. Kluivert, 51. Govedarica e.d., 54. Kluivert, 78. Overmars, 90. Overmars)

½	29-6-2000	Italië-Nederland 0-0 n.v. 3-1 n.p. (Kluivert scoort. Frank de Boer, Stam en Bosvelt missen. In reguliere speeltijd misten Frank de Boer en Kluivert al een penalty)

EK 2004

	15-6-2004	Duitsland-Nederland 1-1 (81. Van Nistelrooij)
	19-6-2004	Nederland-Tsjechië 2-3 (4. Bouma, 19. Van Nistelrooij)
	23-6-2004	Nederland-Letland 3-0 (27. Van Nistelrooij, 35. Van Nistelrooij, 84. Makaay)
¼	26-6-2004	Zweden-Nederland 0-0 n.v. 4-5 n.p. (Van Nistelrooij, Heitinga, Reiziger, Makaay en Robben scoren. Cocu mist)
½	30-6-2004	Portugal-Nederland 2-1 (63. Andrade e.d.)

WK 2002 Niet gekwalificeerd

WK 2006

	11-6-2006	Servië en Montenegro-Nederland 0-1 (18. Robben)
	16-6-2006	Nederland-Ivoorkunst 2-1 (23. Van Persie, 27. Van Nistelrooij)
	21-6-2006	Nederland-Argentinië 0-0
¼	25-6-2006	Portugal-Nederland 1-0

EK 2008

	9-6-2008	Nederland-Italië 3-0 (26. Van Nistelrooij, 31. Sneijder, 79. Van Bronckhorst)

	13-6-2008	Nederland-Frankrijk 4-1
		(9. Kuijt, 59. Van Persie, 72. Robben, 90. Sneijder)
	17-6-2008	Nederland-Roemenië 2-0
		(54. Huntelaar, 87. Van Persie)
¼	21-6-2008	Nederland-Rusland 1-3
		(86. Van Nistelrooij)

WK 2010

	14-6-2010	Nederland-Denemarken 2-0
		(46. Agger e.d., 85. Kuijt)
	19-6-2010	Nederland-Japan 1-0
		(53. Sneijder)
	24-6-2010	Kameroen-Nederland 1-2
		(36. Van Persie, 83. Huntelaar)
⅛	28-6-2010	Nederland-Slowakije 2-1
		(18. Robben, 84. Sneijder)
¼	2-7-2010	Nederland-Brazilië 2-1
		(53. Sneijder, 68. Sneijder)
½	6-7-2010	Uruguay-Nederland 2-3
		(18. Van Bronckhorst, 70. Sneijder, 73. Robben)
Finale	11-7-2010	Nederland-Spanje 0-1 n.v.

EK 2012

9-6-2012	Nederland-Denemarken 0-1
13-6-2012	Nederland-Duitsland 1-2
	(73. Van Persie)
17-6-2012	Portugal-Nederland 2-1
	(11. Van der Vaart)

WK 2014

| 13-6-2014 | Spanje-Nederland 1-5 |
| | (44. Van Persie, 53. Robben, 64. De Vrij, 72. Van Persie, 80. Robben) |

	18-6-2014	Australië-Nederland 2-3
		(20. Robben, 58. Van Persie, 68. Depay)
	23-6-2014	Nederland-Chili 2-0
		(77. Fer, 90. Depay)
⅛	29-6-2014	Nederland-Mexico 2-1
		(88. Sneijder, 90. Huntelaar)
¼	5-7-2014	Nederland-Costa Rica 0-0 4-3 n.p.
		(Van Persie, Robben, Sneijder en Kuijt scoren)
½	9-7-2014	Nederland-Argentinië 0-0 2-4 n.p.
		(Robben en Kuijt scoren, Vlaar en Sneijder missen)
3ᵉ 4ᵉ	12-7-2014	Brazilië-Nederland 0-3
		(3. Van Persie, 16. Blind, 90. Wijnaldum)

EK 2016 Niet gekwalificeerd

Bronvermelding en geraadpleegde literatuur

Schrijvers zijn de enige mensen ter wereld die onbestraft mogen jokken. We hebben onze fantasie in dit boek bij tijd en wijle de vrije loop gelaten, zoals bij de internationale golfcarrière van Marco van Basten en vooral het bestaan van een geheim document KNVB20140311-gh/db-~~2016/2018/2020~~/2022, het vermeende masterplan van Bert van Oostveen. Helaas voor u, voor ons en voor Bert: het is fictie.

Vergis u niet in dit boek. Ondanks de enorme dosis gezeik die erin staat beschreven, zijn wij Oranje-supporter. Net als u hopen we dat het ooit zal gebeuren. Maar we vrezen met grote vreze.

Voor dit boek hebben we artikelen in *Voetbal International, Trouw, de Volkskrant, De Telegraaf, Het Parool* en het *Algemeen Dagblad* geraadpleegd. Daarnaast brachten we uren door op YouTube, Voetbalstats.nl, Google, FIFA.com en Porbhub.

We hebben genoten van de serie *Toen Nederland nog meedeed* van Henk Spaan, van *Andere Tijden Sport* van Tom Egbers en de DVD EK'88 Oranje Kampioen hebben we nog twee keer herkeken.

We danken Michel van Egmond, Kees Jansma en Johan Derksen voor hun verhalen, commentaren en anekdotes.

Marieke Derksen, dank voor je tomeloze energie, aanhoudende opgewektheid en onweerstaanbare humor. En bovenal hulde voor de wijze waarop je ons aan onze deadline hebt gehouden.

En we hebben veel gehad aan de volgende boeken:
- Ondertussen, wonderlijke WK-verhalen van W.J.M. Hermans, uitgeverij Hermans, 2014
- Voetbal in een Vuile Oorlog, WK Argentinië 1978, Iwan van Duren en Marcel Rözer, de Buitenspelers, 2008
- Koning Voetbal, Paul Onkenhout/Dick Sintenie/Edwin Struis, uitgeverij Nieuw Amsterdam, 2014
- Rinus Michels, Bas Barkman, de Buitenspelers, 2011
- We waren de besten, Auke Kok, uitgeverij Thomas Rap, 2004
- Wij hielden van Oranje, Auke Kok, uitgeverij Thomas Rap, 2008
- 2000 Het jaar van Oranje, Voetbal International, uitgeverij Strengholt, 2001
- 1974 München, Hans Molenaar en Cees van Nieuwenhuizen, De Boekerij, 1974
- Argentinië 78, Hans Molenaar en Herman Kuiphof, De Boekerij, 1978
- Buiten Beeld, Bert Maalderink, Nieuw Amsterdam, 2010

- De Oranje Rapporten, Martin van Neck, 521 uitgevers, 2004
- De triomftocht van Oranje, Red, Ben de Graaf e.a., Südwest Verlag, 1988
- De Grote Voetbalencyclopedie, Francois Colin en Lex Muller, Houtekiet, 2002